AF277863

1000 Preguntas de examen tipo test sobre la Ley 39/2015, de 1 de octubre, del Procedimiento Administrativo Común de las Administraciones Públicas

Abril, 2024

Curso de test *online* de

Ley 39/2015, de 1 de octubre, del Procedimiento Administrativo Común de las Administraciones Públicas

Este libro incluye un acceso de **30 días GRATIS** al Curso* de test *online* donde encontrarás los siguientes recursos:

- 1000 preguntas EXTRA de MADTEST sobre la Ley 40/2015.
- Preguntas comentadas *online*.
- Acceso a descuentos y ofertas exclusivas.

Accede registrándote en nuestra web:

https://mad.es/iniciar-sesion

Valida en la sección "BIBLIOTECA", el código que encontrarás en la última página interior de tu libro.

Para disfrutar más tiempo de todas estas ventajas, adquiere tu Curso de test *online* por 180 días más pinchando en la opción RENOVAR que aparece en la sección "CURSOS".

NOTA IMPORTANTE:

* El acceso al CURSO tendrá una duración de 30 días RENOVABLES mediante pago, desde la validación de códigos, o hasta el 30 de junio de 2026, lo que se cumpla antes.

MAD se reserva el derecho a ampliar dichas fechas.

1000 Preguntas de examen tipo test sobre la Ley 39/2015, de 1 de octubre, del Procedimiento Administrativo Común de las Administraciones Públicas

Autores

JUAN CARLOS USERO LÓPEZ
Licenciado en Derecho
Funcionario del Cuerpo Superior de Administradores Generales
Consejero Técnico

CLARA INÉS CARRILLO PARDO
Licenciada en Derecho

FRANCISCO JESÚS TORRES FONSECA
Licenciado en Derecho

ENCARNA ROJO FRANCO
Autora de libros de texto: Oposiciones y Certificados de Profesionalidad
Profesora de Derecho Público

Mª VIRGINIA SÁENZ DE MIERA JAÉN
Profesora de Comercio y Marketing
Licenciada en Derecho

JOSÉ LUIS GARRIDO VELA
Licenciado en Derecho

MAGALÍ RIERA ROCA
Licenciada en Derecho

© 7 Editores Recursos para la Cualificación Profesional y el Empleo, S.L. (7 Editores)
© Los autores
Primera edición, abril 2024 (136 páginas)
Derechos de edición reservados a favor de 7 Editores
IMPRESO EN ESPAÑA
Diseño Portada: 7 Editores
Edita: 7 Editores
Avda. San Francisco Javier, 9 · Edificio Sevilla 2 · Planta 11 · Módulos 25-27 · 41018 Sevilla
Teléfono: 954 784 411 · WEB: www.mad.es · e-mail: administracion@7editores.com
ISBN: 978-84-142-8176-5
© "Editorial Mad" y "Eduforma" son nombres comerciales registrados de
7 Editores Recursos para la Cualificación Profesional y el Empleo, S.L.

Presentación

El presente manual contiene una colección de cuestionarios tipo test que incluyen 1000 preguntas sobre cada uno de los Títulos y Disposiciones de la Ley 39/2015, de 1 de octubre, del Procedimiento Administrativo Común de las Administraciones Públicas.

Está especialmente dirigido a opositores de todas las categorías, ya que se trata de una Ley transversal que es requerida en la mayoría de los Programas de las Convocatorias, así como a profesionales del Derecho Administrativo y empleados públicos que quieran profundizar en sus conocimientos sobre la Ley a efectos prácticos.

Con la compra de este manual, tendrás acceso a tu campus online donde encontrarás que todas las preguntas se encuentran referenciadas en los Artículos y Disposiciones de la Ley. Asimismo, las soluciones se hallan comentadas con apoyo en doctrina, sentencias o resoluciones, lo que lo convierte en un manual de uso imprescindible para favorecer la comprensión y un estudio realmente eficaz de la Norma.

Además, también encontrarás 1000 preguntas comentadas extras sobre la Ley 40/2015, de 1 de octubre, de Régimen Jurídico del Sector Público, y una serie de recursos didácticos para completar su preparación, como son la realización de los test online. Consulta las condiciones en el interior de tu manual.

1. Uno de los objetos que regula la Ley 39/2015, de 1 de octubre, es el procedimiento administrativo común a todas las Administraciones Públicas. ¿Cuál es la justificación jurídica de esta reserva material?

a) El Preámbulo de la Ley 30/1992, de 26 de noviembre, de Régimen Jurídico de las Administraciones Públicas y del Procedimiento Administrativo Común.
b) La Ley de Régimen Jurídico de la Administración del Estado, de 26 de julio de 1957.
c) El artículo 149.1.18 de la Constitución española de 1978.
d) La Ley de Procedimiento Administrativo de 17 de julio de 1958.

2. La Ley 39/2015, de 1 de octubre, tiene por objeto regular los requisitos de validez y eficacia de los actos administrativos. ¿A qué se refiere el concepto de validez de un acto administrativo?

a) La validez de un acto administrativo se refiere a la capacidad de este para generar efectos ante terceros.
b) La validez de un acto administrativo se refiere a que la notificación del mismo se haya practicado de forma satisfactoria.
c) La validez de un acto administrativo se refiere a que el acto administrativo se haya publicado si forma parte de un procedimiento selectivo o de concurrencia competitiva de cualquier tipo.
d) La validez de un acto administrativo se refiere a la adecuación a derecho de todos sus elementos.

3. El procedimiento administrativo común a todas las Administraciones Públicas, que es objeto de regulación por la Ley 39/2015, de 1 de octubre, ¿incluye el de reclamación de responsabilidad de las Administraciones Públicas?

a) No, el procedimiento de reclamación de responsabilidad de las Administraciones Públicas se regula en el Real decreto 1398/1993, de 4 de agosto, por el que se aprueba el Reglamento de los procedimientos de las Administraciones Públicas en materia de responsabilidad patrimonial.
b) Sí, el procedimiento de reclamación de responsabilidad de las Administraciones Públicas se incluye en el procedimiento administrativo común aunque la Ley 39/2015, de 1 de octubre, deriva su regulación al Real decreto 429/1993, de 26 de marzo, por el que se aprueba el Reglamento de los procedimientos de las Administraciones Públicas en materia de responsabilidad patrimonial.
c) No, solo incluye el procedimiento sancionador.
d) Sí.

4. La Ley 39/2015, de 1 de octubre, tiene por objeto regular los principios a los que se ha de ajustar el ejercicio de la iniciativa legislativa y la potestad reglamentaria. Entre estos principios NO se encuentra/n:

a) El principio de simplificación administrativa.
b) Los principios de necesidad y eficacia.
c) El principio de proporcionalidad.
d) Los principios de seguridad jurídica, transparencia y eficiencia.

5. ¿Pueden incluirse trámites adicionales o distintos de los contemplados en la Ley 39/2015, de 1 de octubre?

a) Sí, mediante disposición administrativa y de manera motivada.
b) Sí, cuando resulte eficaz, proporcionado y necesario para la consecución de los fines propios del procedimiento.
c) Solo mediante ley cuando resulte eficaz, proporcionado y necesario para la consecución de los fines propios del procedimiento, y con sucinta referencia de hechos y fundamentos de derecho.
d) No, en ningún caso.

6. La Ley 39/2015, de 1 de octubre, ¿es aplicable a la Representación Permanente de España ante la Unión Europea?

a) No, en tanto esta se regula por la Ley 2/2014, de 25 de marzo, de la Acción y del Servicio Exterior del Estado.
b) No, en tanto la Representación Permanente de España ante la Unión Europea no forma parte del sector público.
c) Sí, porque forma parte de la Administración General del Estado en el exterior.
d) No, le es aplicable el Reglamento interno del Consejo Europeo.

7. La Ley 39/2015, de 1 de octubre, ¿es aplicable a la Agencia de defensa del territorio de Mallorca?

a) No, en tanto la Agencia de defensa del territorio de Mallorca no es una entidad integrante en la Administración Local.
b) Sí, en tanto la Agencia de defensa del territorio de Mallorca es un organismo autónomo del Consell de Mallorca.
c) No, en tanto la Agencia de defensa del territorio de Mallorca no forma parte del sector público.
d) Sí, con las particularidades previstas por la Ley 28/2006, de 18 de julio, de Agencias estatales para la mejora de los servicios públicos.

8. La Universidad Nacional de Educación a Distancia:

a) Se rige por la Ley 39/2015, de 1 de octubre, del Procedimiento Administrativo Común de las Administraciones Públicas y, supletoriamente por la Ley orgánica 2/2023, de 22 de marzo, del Sistema Universitario.

b) Se rige por el Decreto 2310/1972, de 18 de agosto, por el que se crea la Universidad Nacional de Educación a Distancia y, supletoriamente por la Ley orgánica 2/2023, de 22 de marzo, del Sistema Universitario.

c) Se rige supletoriamente por la Ley 39/2015, de 1 de octubre, del procedimiento administrativo común de las Administraciones Públicas.

d) Se rige por el Real Decreto 1239/2011, de 8 de septiembre, por el que se aprueban los Estatutos de la Universidad Nacional de Educación a Distancia y supletoriamente por el Decreto 2310/1972, de 18 de agosto, por el que se crea la Universidad Nacional de Educación a Distancia.

9. El art. 2.2.b) de la Ley 39/2015, de 1 de octubre, establece que el sector público institucional se integra por las entidades de Derecho Privado vinculadas o dependientes de las Administraciones Públicas, que quedarán sujetas a lo dispuesto en las normas de esta ley que específicamente se refieran a las mismas, y en todo caso, cuando ejerzan potestades administrativas. ¿Cuál de las siguientes disposiciones de la Ley se refiere específicamente a estas entidades?

a) En los Organismos públicos y entidades de Derecho Público vinculados o dependientes de la Administración General del Estado, ponen fin a la vía administrativa los actos y resoluciones emanados de los máximos órganos de dirección unipersonales o colegiados, de acuerdo con lo que establezcan sus estatutos, salvo que por ley se establezca otra cosa.

b) En el ámbito estatal ponen fin a la vía administrativa los actos y resoluciones emanados de los Ministros y los Secretarios de Estado en el ejercicio de las competencias que tienen atribuidas los órganos de los que son titulares.

c) En los Organismos públicos y entidades de Derecho Público vinculados o dependientes de la Administración General del Estado, serán competentes para la revisión de oficio de las disposiciones y los actos administrativos nulos y anulables, los órganos a los que estén adscritos los Organismos públicos y entidades de Derecho Público, respecto de los actos y disposiciones dictados por el máximo órgano rector de estos.

d) Los procedimientos de naturaleza sancionadora se iniciarán siempre de oficio por acuerdo del órgano competente y establecerán la debida separación entre la fase instructora y la sancionadora, que se encomendará a órganos distintos. Se considerará que un órgano es competente para iniciar el procedimiento cuando así lo determinen las normas reguladoras del mismo.

10. ¿Cuál de las siguientes NO tiene la consideración de Administración Pública?

a) La Junta de Castilla y León.

b) La Universidad Autónoma de Barcelona.

c) El Cabildo de Tenerife.

d) El Instituto de la Cinematografía y de las Artes Audiovisuales.

11. La Cámara de Comercio de España:

a) Se regirá por su normativa específica en el ejercicio de las funciones públicas que les hayan sido atribuidas por Ley o delegadas por una Administración Pública.

b) No se rige por la Ley 39/2015, de 1 de octubre, del procedimiento administrativo común de las Administraciones Públicas.

c) Tiene la consideración de Administración Pública.

d) Forma parte del sector público institucional.

12. Según la redacción del art. 2 de la Ley 39/2015, de 1 de octubre, del procedimiento administrativo común de las Administraciones Públicas:

a) El sector público se clasifica en sector público institucional y sector público administrativo.

b) El concepto de administración pública es equivalente al de sector público.

c) Tienen la consideración de Administraciones Públicas todos los organismos y entidades que forman parte del sector público institucional.

d) El término Administraciones Públicas hace referencia a una parte del sector público.

13. ¿A qué capacidad se refiere el art. 3 de la Ley 39/2015, de 1 de diciembre, en relación con las personas físicas?

a) A la capacidad jurídica.

b) A la capacidad para ser titular de derechos subjetivos.

c) A la capacidad para ser titular de deberes jurídicos.

d) A la capacidad de obrar.

14. Los menores de edad, ¿tienen capacidad de obrar ante las Administraciones Públicas?

a) Sí, en todo caso, para el ejercicio y defensa de aquellos de sus derechos e intereses cuya actuación esté permitida por el ordenamiento jurídico sin la asistencia de la persona que ejerza la patria potestad, tutela o curatela.

b) No, en ningún caso; únicamente tendrán capacidad de obrar ante las Administraciones Públicas, las personas físicas mayores de edad no incapacitadas.

c) Sí, para el ejercicio y defensa de aquellos de sus derechos e intereses cuya actuación esté permitida por el ordenamiento jurídico sin la asistencia de la persona que ejerza la patria potestad, tutela o curatela, aunque sean menores incapacitados, siempre que la extensión de la incapacitación no afecte al ejercicio y defensa de los derechos o intereses de que se trate.

d) Sí, excepto los menores incapacitados.

15. Excepto el supuesto previsto por el artículo 3.b) de la Ley 39/2015, de 1 de octubre, los menores de edad no tienen capacidad de obrar ante las Administraciones Públicas, y necesitan de la asistencia de la persona que ejerza la patria potestad, tutela o curatela. En relación con la patria potestad, señala cuál de los siguientes enunciados es incorrecto:

a) La patria potestad, como responsabilidad parental, se ejercerá siempre en interés de los hijos, de acuerdo con su personalidad, y con respeto a sus derechos, su integridad física y mental.

b) El ejercicio de la patria potestad comprende representar a sus hijos y administrar sus bienes.

c) Los hijos emancipados están bajo la patria potestad de los progenitores.

d) Si los hijos tuvieren suficiente madurez deberán ser oídos siempre antes de adoptar decisiones que les afecten.

16. ¿Quiénes de los siguientes están sujetos a tutela?

a) Los menores emancipados que estén bajo la patria potestad.

b) Los menores no emancipados que no estén bajo la patria potestad.

c) Los menores emancipados que no estén bajo la patria potestad.

d) Los hijos no emancipados.

17. ¿Cuál de las siguientes características se vincula con la institución de la curatela del menor a que hace referencia el art. 3.b) de la Ley 39/2015, de 1 de octubre?

a) El curador no cuida de la persona sujeta a curatela, sino de su patrimonio.

b) La función del curador es la de complementar la capacidad del menor en todos aquellos actos o negocios jurídicos que no puede realizar por sí mismo.

c) El curador tiene cura de la persona sujeta a curatela, pero no de su patrimonio.

d) El curador tiene cura de la persona sujeta a curatela y de su patrimonio.

18. Los patrimonios independientes o autónomos, ¿tienen capacidad de obrar ante las Administraciones Públicas?

a) Sí.

b) No.

c) Siempre que la ley así lo declare expresamente.

d) Los patrimonios independientes o autónomos tienen reconocida capacidad jurídica ante las Administraciones Públicas en aplicación del artículo 3 de la Ley 39/2015, de 1 de octubre.

19. Tendrán capacidad de obrar ante las Administraciones Públicas las personas jurídicas que ostenten capacidad de obrar con arreglo a las normas civiles. ¿En qué momento adquirirán esta capacidad?

a) Desde el instante mismo en que, con arreglo a derecho, hubiesen quedado válidamente constituidas.

b) Las personas jurídicas adquirirán su capacidad de obrar en los mismos términos que las personas físicas.

c) En el momento en que finalice su personalidad.

d) Las personas jurídicas no tienen capacidad de obrar ante las Administraciones Públicas sino capacidad jurídica.

20. En aplicación del art. 3 de la Ley 39/2015, de 1 de octubre, NO tendrán capacidad de obrar ante las Administraciones Públicas:

a) Las personas físicas incapacitadas.

b) Las personas jurídicas que ostenten capacidad de obrar con arreglo a las normas civiles.

c) Los menores de edad para el ejercicio y defensa de aquellos de sus derechos e intereses cuya actuación esté permitida por el ordenamiento jurídico sin la asistencia de la persona que ejerza la patria potestad, tutela o curatela.

d) Las asociaciones de interés público reconocidas por la ley.

21. ¿Una persona declarada pródiga tiene capacidad de obrar plena ante las Administraciones Públicas?

a) Sí; las personas físicas tienen capacidad de obrar ante las Administraciones Públicas.

b) No; puede estar sujeta a tutela.

c) No; puede estar sujeta a curatela.

d) No; está sujeta a la patria potestad de sus progenitores.

22. La Ley 40/2015, de 1 de octubre, de régimen jurídico del sector público, ¿establece alguna regulación sobre la capacidad de obrar de los interesados ante las Administraciones Públicas?

a) Sí, en su artículo 3.

b) Sí, en tanto la Ley 40/2015, de 1 de octubre, tiene por objeto regular el procedimiento administrativo común a todas las Administraciones Públicas.

c) No, en tanto la Ley 40/2015, de 1 de octubre, únicamente tiene por objeto regular los principios a los que se ha de ajustar el ejercicio de la iniciativa legislativa y la potestad reglamentaria.

d) No.

23. Una persona que quiera participar en un proceso selectivo para cubrir plazas en una Administración Pública, ¿se considera interesada en el procedimiento administrativo?

a) Sí, en aplicación del artículo 4.1.a) de la Ley 39/2015, de 1 de octubre.

b) Sí, en aplicación del artículo 4.1.b) de la Ley 39/2015, de 1 de octubre.

c) Sí, en aplicación del artículo 4.1.c) de la Ley 39/2015, de 1 de octubre.

d) No, en tanto el procedimiento lo ha promovido la Administración y no la persona interesada.

24. En un procedimiento de expropiación forzosa, una persona reclama para sí la titularidad de una parcela que no está a su nombre; ¿tendrá la consideración de persona interesada en el procedimiento administrativo?

a) Sí, en aplicación del artículo 4.1.a) de la Ley 39/2015, de 1 de octubre.

b) Sí, en aplicación del artículo 4.1.b) de la Ley 39/2015, de 1 de octubre.

c) Sí, en aplicación del artículo 4.1.c) de la Ley 39/2015, de 1 de octubre.

d) No, en tanto el procedimiento lo ha promovido la Administración y no la persona interesada.

25. En un procedimiento de expropiación forzosa, el titular de un bien inmueble objeto de expropiación, ¿tendrá la consideración de interesado en el procedimiento administrativo?

a) Sí, en aplicación del artículo 4.1.a) de la Ley 39/2015, de 1 de octubre.

b) Sí, en aplicación del artículo 4.1.b) de la Ley 39/2015, de 1 de octubre.

c) Sí, en aplicación del artículo 4.1.c) de la Ley 39/2015, de 1 de octubre.

d) Sí, en aplicación del artículo 4.2 de la Ley 39/2015, de 1 de octubre.

26. ¿Qué interés se reconocería a los Colegios Profesionales para intervenir en el procedimiento de homologación de títulos obtenidos en el extranjero?

a) Interés legítimo individual de cada uno de los profesionales que integran los Colegios Profesionales.

b) Derechos subjetivos de los poseedores de los títulos que van a ser objeto de homologación.

c) Intereses legítimos colectivos.

d) Intereses sociales.

27. La titular de un establecimiento de restauración en Benidorm, quiere solicitar al Ayuntamiento una autorización para proceder a la ocupación de un espacio de uso público con mesas, sillas y sombrillas para su negocio. ¿Tendrá la consideración de interesada en el procedimiento administrativo de autorización?

a) Sí, en aplicación del artículo 4.1.a) de la Ley 39/2015, de 1 de octubre.

b) Sí, en aplicación del artículo 4.1.b) de la Ley 39/2015, de 1 de octubre.

c) Sí, en aplicación del artículo 4.1.c) de la Ley 39/2015, de 1 de octubre.

d) Sí, en aplicación del artículo 4.2 de la Ley 39/2015, de 1 de octubre.

28. La titular de un establecimiento de restauración en Benidorm, quiere solicitar al Ayuntamiento una autorización para proceder a la ocupación de un espacio de uso público con mesas, sillas y sombrillas para su negocio y fallece antes de que el Ayuntamiento le conceda la correspondiente autorización de ocupación, ¿puede su hijo sucederla en la condición de interesado?

a) No, en tanto las autorizaciones de ocupación se conceden con carácter personal.

b) No, en tanto las autorizaciones de ocupación no pueden ser cedidas a terceros.

c) Sí, en tanto se trata de una relación jurídica transmisible.

d) Sí, como legítimo heredero.

29. Un Ayuntamiento procede a iniciar un procedimiento sancionador por una presunta infracción de una ordenanza municipal. ¿Qué precepto de la Ley 39/2015, de 1 de octubre, otorga al presunto infractor la condición de interesado en el procedimiento?

a) El artículo 4.1.b) de la Ley 39/2015, de 1 de octubre.

b) El artículo 4.1.c) de la Ley 39/2015, de 1 de octubre.

c) El artículo 4.2 de la Ley 39/2015, de 1 de octubre.

d) El artículo 4.3 de la Ley 39/2015, de 1 de octubre.

30. La relación jurídica establecida entre el Ayuntamiento y un ciudadano, como presunto infractor de una ordenanza municipal:

a) Tiene la consideración de relación jurídica transmisible, lo que determina que el derecho-habiente sucederá en la condición de interesado del presunto infractor.

b) No tiene la consideración de relación jurídica.

c) Queda fuera de la regulación establecida por la Ley 39/2015, de 1 de octubre, en tanto le será de aplicación la ordenanza municipal correspondiente.

d) No tiene la consideración de relación jurídica transmisible.

31. Según dispone el art. 5.1 de la Ley 39/2015, de 1 de octubre, podrán actuar por medio de representante, entendiéndose con este las actuaciones administrativas, salvo manifestación expresa en contra del interesado:

a) Los interesados que, sin haber iniciado el procedimiento administrativo, tengan derechos que puedan resultar afectados por la decisión que en el mismo se adopte.

b) Las personas físicas con capacidad jurídica que hayan promovido el procedimiento administrativo como titulares de derechos o intereses legítimos.

c) Los interesados con capacidad de obrar.

d) Las personas físicas o jurídicas y las asociaciones y organizaciones representativas de intereses económicos y sociales.

32. ¿Quién NO puede actuar en representación ante las Administraciones Públicas?

a) Las personas físicas con capacidad de obrar.

b) Las corporaciones, asociaciones y fundaciones de interés público reconocidas por la ley, siempre que ello esté previsto en sus Estatutos.

c) Las asociaciones de interés particular, siempre que ello esté previsto en sus Estatutos.

d) Las personas físicas menores de edad.

33. ¿En cuál de los siguientes casos NO será necesario acreditar la representación cuando se realice en nombre de otra persona?

a) Para presentar documentos que acompañen a la solicitud.

b) Para presentar un documento suscrito por un interesado en el que este manifiesta, bajo su responsabilidad, que cumple con los requisitos establecidos en la normativa vigente para obtener el reconocimiento de un derecho o facultad o para su ejercicio, que dispone de la documentación que así lo acredita, que la pondrá a disposición de la Administración cuando le sea requerida, y que se compromete a mantener el cumplimiento de las anteriores obligaciones durante el período de tiempo inherente a dicho reconocimiento o ejercicio.

c) Para interponer un recurso extraordinario de revisión.

d) Para desistir de la solicitud.

34. ¿En cuál de los siguientes supuestos será necesario acreditar la representación?

a) Para renunciar a una devolución tributaria en nombre propio.

b) Para presentar un documento en nombre de un interesado a través del cual este ponga en conocimiento de la Administración Pública competente sus datos identificativos o cualquier otro dato relevante para el inicio de una actividad o el ejercicio de un derecho.

c) Para solicitar una licencia municipal de obras menores en nombre de otra persona.

d) Para interponer un recurso potestativo de reposición en nombre de otra persona.

35. La representación podrá acreditarse mediante cualquier medio válido en Derecho que deje constancia fidedigna de su existencia. ¿Cuál de los siguientes NO tendrá la consideración de medio válido en Derecho?

a) Mediante apoderamiento *apud acta* efectuado por comparecencia personal.

b) Mediante apoderamiento *apud acta* efectuado por comparecencia electrónica en la correspondiente sede electrónica.

c) A través de la acreditación de la inscripción de la representación en el registro electrónico de apoderamiento de cualquier Administración Pública.

d) Mediante apoderamiento *apud acta* efectuado por comparecencia en las oficinas de asistencia en materia de registros.

36. La acreditación de la condición de representante y de los poderes que tiene reconocidos en dicho momento se deberán incorporar al expediente administrativo. ¿A quién se atribuye la realización de dicha incorporación?

a) Al órgano competente para la iniciación del procedimiento.

b) Al órgano competente para la tramitación del procedimiento.

c) Al órgano competente para la resolución del procedimiento.

d) Al órgano competente para la revisión del procedimiento.

37. La falta o insuficiente acreditación de la representación:

a) Impedirá que se tenga por realizado el acto de que se trate.

b) No impedirá que se tenga por realizado el acto de que se trate.

c) Impedirá que se tenga por realizado el acto de que se trate si se aporta la acreditación de la representación o se subsana el defecto dentro del plazo de diez días o de un plazo superior cuando las circunstancias del caso así lo requieran.

d) No impedirá que se tenga por realizado el acto de que se trate si se aporta la acreditación de la representación o se subsana el defecto dentro del plazo de diez días o de un plazo superior cuando las circunstancias del caso así lo requieran.

38. ¿Cómo se computaría el plazo para aportar la acreditación o para subsanar un defecto?

a) Cuando los plazos se señalen por días, se entiende que estos son naturales, incluyéndose en el cómputo los sábados, los domingos y los declarados festivos.

b) Cuando los plazos se señalen por días, se entiende que estos son hábiles, excluyéndose del cómputo los domingos y los declarados festivos.

c) Cuando los plazos se señalen por días, se entiende que estos son hábiles, incluyéndose en el cómputo los sábados, los domingos y los declarados festivos.

d) Cuando los plazos se señalen por días, se entiende que estos son hábiles, excluyéndose en el cómputo los sábados, los domingos y los declarados festivos.

39. Sobre la posibilidad reconocida por el art. 5.7 de la Ley 39/2015, de 1 de octubre, señala la respuesta correcta:

a) Las Administraciones Públicas deberán habilitar con carácter general o específico a personas físicas o jurídicas autorizadas para la realización de determinadas transacciones electrónicas en representación de los interesados.

b) La habilitación con carácter general o específico a personas físicas o jurídicas autorizadas para la realización de determinadas transacciones electrónicas en representación de los interesados, deberá especificar las condiciones y obligaciones a las que se comprometen los que así adquieran la condición de representantes, y determinará la presunción de validez de la representación salvo que la normativa de aplicación prevea otra cosa.

c) Las Administraciones Públicas requerirán la acreditación de la referida representación.

d) La acreditación de la referida representación impedirá que el interesado pueda comparecer por sí mismo en el procedimiento.

40. Un Organismo, ¿puede disponer de su propio registro electrónico de apoderamientos?

a) No, únicamente la Administración General del Estado y las Comunidades Autónomas podrán disponer de un registro electrónico general de apoderamientos.

b) No, únicamente la Administración General del Estado, las Comunidades Autónomas y las Entidades Locales podrán disponer de un registro electrónico general de apoderamientos.

c) Sí, en ellos se inscribirán los poderes otorgados para la realización de trámites específicos en el mismo.

d) No, únicamente se creará el Registro Electrónico de Apoderamientos de la Administración General del Estado del que formarán parte todos los Organismos.

41. Los registros electrónicos generales y particulares de apoderamientos pertenecientes a todas y cada una de las Administraciones, deberán ser plenamente interoperables entre sí, de modo que se garantice su interconexión, compatibilidad informática, así como la transmisión telemática de las solicitudes, escritos y comunicaciones que se incorporen a los mismos. ¿Cuál de los siguientes enunciados NO se refiere a la interoperabilidad?

a) La interacción entre elementos que corresponden a diversas oleadas tecnológicas.

b) La información intercambiada puede ser interpretable de forma automática y reutilizable por aplicaciones que no intervinieron en su creación.

c) La capacidad de las entidades y de los procesos a través de los cuales llevan a cabo sus actividades para colaborar con el objeto de alcanzar logros mutuamente acordados relativos a los servicios que prestan.

d) El proceso tecnológico que permite convertir un documento en soporte papel o en otro soporte no electrónico en uno o varios ficheros electrónicos que contienen la imagen codificada, fiel e íntegra del documento.

42. Los poderes que se inscriban en los registros electrónicos generales y particulares de apoderamientos deberán corresponder a determinadas tipologías (señala cuál de las siguientes es correcta):

a) Un poder para que el poderdante pueda actuar en nombre del apoderado en cualquier actuación administrativa ante una Administración u Organismo concreto.

b) Un poder para que el poderdante pueda actuar en nombre del apoderado únicamente para la realización de determinados trámites especificados en el poder.

c) Un poder para que el poderdante pueda actuar en nombre del apoderado en cualquier actuación administrativa y ante cualquier Administración.

d) Ninguna de las respuestas anteriores es correcta.

43. Señala la respuesta correcta:

a) Los poderes inscritos en el registro tendrán una validez determinada máxima de cuatro años a contar desde la fecha de inscripción.

b) En cualquier momento antes de la finalización del plazo establecido en la alternativa de respuesta a), el poderdante podrá revocar o prorrogar el poder.

c) Las prórrogas otorgadas por el poderdante al registro tendrán una validez determinada máxima de cuatro años desde la fecha de inscripción.

d) El apoderamiento *apud acta* se otorgará mediante comparecencia electrónica en la correspondiente sede electrónica haciendo uso de los sistemas de firma electrónica previstos en la Ley 39/2015, de 1 de octubre, o bien mediante comparecencia personal en las oficinas de asistencia en materia de registros.

44. Señala la respuesta incorrecta. Cuando en una solicitud, escrito o comunicación figuren varios interesados:

a) Las actuaciones a que den lugar se efectuarán con el representante que expresamente hayan señalado.

b) Las actuaciones a que den lugar se efectuarán con el interesado que figure en primer término.

c) Las actuaciones a que den lugar se efectuarán con el interesado que expresamente hayan señalado.

d) En las solicitudes, escritos o comunicaciones pueden figurar varios interesados.

45. Señala la respuesta incorrecta. El art. 22 del Reglamento (UE) n.º 910/2014 del Parlamento Europeo y del Consejo de 23 de julio de 2014 relativo a la identificación electrónica y los servicios de confianza para las transacciones electrónicas en el mercado interior y por la que se deroga la Directiva 1999/93/CE, establece, en relación con las listas de confianza:

a) Cada Estado miembro establecerá, mantendrá y publicará listas de confianza con información relativa a los prestadores cualificados de servicios de confianza con respecto a los cuales sea responsable, junto con la información relacionada con los servicios de confianza cualificados prestados por ellos.

b) Los Estados miembros notificarán a la Comisión, sin retrasos indebidos, información sobre el organismo responsable del establecimiento, mantenimiento y publicación de las listas de confianza nacionales, y detalles relativos al lugar en que se publican dichas listas, los certificados utilizados para firmar o sellar las listas de confianza y cualquier modificación de los mismos.

c) Los Estados miembros establecerán, mantendrán y publicarán, de manera segura, las listas de confianza firmadas o selladas electrónicamente en una forma apropiada para el tratamiento automático.

d) A más tardar fue el 18 de septiembre de 2017 cuando la Comisión, mediante actos de ejecución, especificara la información a que se refiere la letra a).

46. Con carácter general, para realizar cualquier actuación prevista en el procedimiento administrativo, será suficiente con que los interesados acrediten previamente su identidad a través de cualquiera de los medios de identificación previstos en la Ley 39/2015, de 1 de octubre. Las Administraciones Públicas NO requerirán a los interesados el uso obligatorio de firma para:

a) Identificar a las autoridades y al personal al servicio de las Administraciones Públicas bajo cuya responsabilidad se tramiten los procedimientos.

b) Desistir de acciones.

c) Presentar declaraciones responsables o comunicaciones.

d) Formular solicitudes.

47. En relación con la asistencia en el uso de medios electrónicos a los interesados, el art. 12.2 de la Ley 39/2015, de 1 de octubre, dispone que las Administraciones Públicas asistirán en el uso de medios electrónicos:

a) A quienes ejerzan una actividad profesional para la que se requiera colegiación obligatoria, para los trámites y actuaciones que realicen con las Administraciones Públicas en ejercicio de dicha actividad profesional.

b) A ciertos colectivos de personas físicas que por razón de su capacidad económica, técnica, dedicación profesional u otros motivos quede acreditado que tienen acceso y disponibilidad de los medios electrónicos necesarios.

c) A los empleados de las Administraciones Públicas para los trámites y actuaciones que realicen con ellas por razón de su condición de empleado público.

d) A los interesados no incluidos en los apartados 2 y 3 del artículo 14 de la Ley 39/2015, de 1 de octubre, que así lo soliciten, especialmente en lo referente a la identificación y firma electrónica, presentación de solicitudes a través del registro electrónico general y obtención de copias auténticas.

48. Si alguno de los interesados dispone de los medios electrónicos necesarios, su identificación o firma electrónica en el procedimiento administrativo podrá ser válidamente realizada por un funcionario público mediante el uso del sistema de firma electrónica del que esté dotado para ello. En este caso:

a) Será necesario que el interesado que carezca de los medios electrónicos necesarios se identifique ante el funcionario.

b) Será necesario que el interesado que carezca de los medios electrónicos necesarios se identifique ante el funcionario y preste su consentimiento expreso para esta actuación.

c) Será necesario que el interesado que carezca de los medios electrónicos necesarios se identifique ante el funcionario y preste su consentimiento expreso para esta actuación, de lo que deberá quedar constancia para los casos de discrepancia.

d) Será necesario que el interesado que carezca de los medios electrónicos necesarios se identifique ante el funcionario y preste su consentimiento expreso para esta actuación, de lo que deberá quedar constancia para los casos de discrepancia o litigio.

49. Señala la respuesta incorrecta respecto a los interesados:

a) Se consideran interesados en el procedimiento administrativo los que, sin haber iniciado el procedimiento, tengan derechos que puedan resultar afectados por la decisión que en el mismo se adopte.

b) Cuando en una solicitud, escrito o comunicación figuren varios interesados, las actuaciones a que den lugar se efectuarán con el representante o el interesado que expresamente hayan señalado, y, en su defecto, con cualquiera de los demás.

c) Cuando la condición de interesado derivase de alguna relación jurídica transmisible, el derecho-habiente sucederá en tal condición cualquiera que sea el estado del procedimiento.

d) La presentación de una denuncia y la comparecencia en el trámite de información pública, respectivamente, no confieren u otorgan, por sí solas, la condición de interesado en el procedimiento.

50. Si durante la instrucción de un procedimiento, se advierte la existencia de personas que sean titulares de derechos o intereses legítimos y directos cuya identificación resulte del expediente y que puedan resultar afectados por la resolución que se dicte:

a) Se comunicará a dichas personas la tramitación del procedimiento cuando así lo solicite el interesado que inició el procedimiento.

b) Se publicará por edictos.

c) Se comunicará a dichas personas la tramitación del procedimiento cuando este no haya tenido publicidad.

d) No se comunicará, salvo que se presenten en forma legal en el procedimiento.

51. De acuerdo con el artículo 13 de la Ley 39/2015, de 1 de octubre, de Procedimiento Administrativo Común de las Administraciones Públicas, las personas que tienen capacidad de obrar conforme al artículo 3 de la Ley 39/2015, de 1 de octubre, de Procedimiento Administrativo Común de las Administraciones Públicas, en sus relaciones con las Administraciones Públicas, tienen los siguientes derechos:

a) A obtener información y confección de los documentos jurídicos o técnicos que las disposiciones vigentes impongan a los proyectos, actuaciones o solicitudes que se propongan realizar.

b) Al acceso a los registros y archivos de las Administraciones Públicas en los términos previstos en la Constitución y en la Ley 30/1992, de 26 de noviembre.

c) A ser tratados con respeto e indiferencia por las autoridades y funcionarios, que habrán de facilitarles el ejercicio de sus derechos y el cumplimiento de sus obligaciones.

d) Al acceso a la información pública, archivos y registros de acuerdo con lo previsto en la Ley 19/2013, de 9 de diciembre, de transparencia, acceso a la información pública y buen gobierno y el resto del Ordenamiento Jurídico.

52. En relación con la lengua de los procedimientos, señala la afirmación falsa; de acuerdo con el artículo 15 de la Ley 39/2015, de 1 de octubre, de Procedimiento Administrativo Común de las Administraciones Públicas:

a) La lengua de los procedimientos tramitados por la Administración General del Estado será el español.
b) Los interesados que se dirijan a los órganos de la Administración General del Estado con sede en el territorio de una Comunidad Autónoma podrán utilizar también la lengua que sea cooficial en ella.
c) En los procedimientos tramitados por las Administraciones de las Comunidades Autónomas y de las Entidades Locales, el uso de la lengua se ajustará a lo previsto en la legislación autonómica correspondiente.
d) La Administración pública instructora deberá traducir al castellano los documentos, expedientes o partes de los mismos que deban surtir efecto fuera del territorio de la Comunidad Autónoma y los documentos dirigidos a los interesados que así lo soliciten expresamente. Si debieran surtir efectos en el territorio de una Comunidad Autónoma donde sea cooficial esa misma lengua distinta del castellano, no será precisa su traducción.

53. Conforme al artículo 19.1 de la Ley 39/2015, de 1 de octubre, de Procedimiento Administrativo Común de las Administraciones Públicas, la comparecencia de los ciudadanos ante las oficinas públicas solo será obligatoria cuando así esté previsto en una norma con rango de:

a) Ley.
b) Decreto.
c) Orden.
d) Instrucción.

54. Señale la respuesta incorrecta. La Administración está obligada a dictar resolución expresa en todos los procedimientos y a notificarla cualquiera que sea su forma de iniciación. En los casos de prescripción, renuncia del derecho, caducidad del procedimiento o desistimiento de la solicitud, así como la desaparición sobrevenida del objeto del procedimiento, la resolución consistirá, conforme al artículo 21.1 de la Ley 39/2015, de 1 de octubre, de Procedimiento Administrativo Común de las Administraciones Públicas:

a) En la declaración de la circunstancia que concurra en cada caso.
b) Con indicación de los hechos producidos.
c) Con indicación de las normas aplicables.
d) Con indicación de las pruebas practicadas.

55. La Administración está obligada a dictar resolución expresa en todos los procedimientos y a notificarla cualquiera que sea su forma de iniciación. Se exceptúan de esta obligación, de acuerdo con el artículo 21.1 de la Ley 39/2015, de 1 de octubre, de Procedimiento Administrativo Común de las Administraciones Públicas:

a) Los supuestos de terminación del procedimiento por pacto o convenio.
b) Los procedimientos relativos al ejercicio de derechos sometidos únicamente al deber de declaración responsable o comunicación a la Administración.
c) Los procedimientos sancionadores.
d) Las respuestas a) y b) son correctas.

56. Señala la opción incorrecta conforme al artículo 21.2 de la Ley 39/2015, de 1 de octubre, de Procedimiento Administrativo Común de las Administraciones Públicas. El plazo máximo en el que debe notificarse la resolución expresa será:

a) El fijado por la norma reguladora del correspondiente procedimiento.
b) No podrá exceder de seis meses salvo que una norma con rango de ley establezca uno mayor.
c) No podrá exceder de seis meses salvo que venga previsto en la normativa comunitaria europea.
d) Será de tres meses.

57. De acuerdo con el artículo 21.3.a) de la Ley 39/2015, de 1 de octubre, de Procedimiento Administrativo Común de las Administraciones Públicas, el plazo máximo en el que debe notificarse la resolución expresa se contarán en los procedimientos iniciados de oficio:

a) Desde la fecha del acuerdo de iniciación.
b) Desde la fecha en que la solicitud haya tenido entrada en el registro del órgano competente para su tramitación.
c) Desde la fecha en que la solicitud haya tenido entrada en el registro del órgano receptor de la solicitud.
d) Desde la fecha de notificación del acuerdo de iniciación.

58. El plazo máximo en el que debe notificarse la resolución expresa se contarán en los procedimientos a solicitud del interesado:

a) Desde la fecha del acuerdo de iniciación.
b) Desde la fecha en que la solicitud haya tenido entrada en el registro del órgano competente para su tramitación o desde la fecha en que la solicitud haya tenido entrada en el registro electrónico de la Administración u Organismo competente para su tramitación.

c) Desde la fecha en que la solicitud haya tenido entrada en el registro del órgano receptor de la solicitud.
d) Desde la fecha de notificación del acuerdo de iniciación.

59. En todo caso, las Administraciones Públicas informarán a los interesados del plazo máximo normativamente establecido para la resolución y notificación de los procedimientos, así como de los efectos que pueda producir el silencio administrativo, incluyendo dicha mención en la notificación o publicación del acuerdo de iniciación de oficio, o en comunicación que se les dirigirá al efecto dentro de:

a) Los diez días siguientes a la recepción de la solicitud en el registro del órgano competente para su tramitación.
b) Los diez días siguientes a la recepción de la solicitud en el registro del órgano receptor.
c) Los diez días naturales siguientes a la recepción de la solicitud en el registro del órgano competente para su tramitación o en el registro electrónico de la Administración u Organismo competente para su tramitación.
d) Los diez días naturales siguientes a la recepción de la solicitud en el registro del órgano receptor.

60. Señala la respuesta incorrecta. De acuerdo con el artículo 22 de la Ley 39/2015, de 1 de octubre, de Procedimiento Administrativo Común de las Administraciones Públicas, el transcurso del plazo máximo legal para resolver un procedimiento y notificar la resolución se podrá suspender en los siguientes casos:

a) Cuando deba requerirse a cualquier interesado para la subsanación de deficiencias y la aportación de documentos y otros elementos de juicio necesarios, por el tiempo que medie entre la notificación del requerimiento y su efectivo cumplimiento por el destinatario, o, en su defecto, el transcurso del plazo concedido, todo ello sin perjuicio de lo previsto en el artículo 68 de la Ley 39/2015, de 1 de octubre.
b) Cuando deba obtenerse un pronunciamiento previo y preceptivo de un órgano de la Unión Europea, por el tiempo que medie entre la petición, que habrá de comunicarse a los interesados, y la notificación del pronunciamiento a la Administración instructora, que también deberá serles comunicada.

c) Cuando deban solicitarse informes que sean preceptivos y determinantes del contenido de la resolución a órgano de la misma o distinta Administración, por el tiempo que medie entre la petición, que deberá comunicarse a los interesados, y la recepción del informe, que igualmente deberá ser comunicada a los mismos. Este plazo de suspensión no podrá exceder en ningún caso de tres meses.
d) Cuando los interesados promuevan la recusación en cualquier momento de la tramitación de un procedimiento.

61. Conforme al artículo 24.1 de la Ley 39/2015, de 1 de octubre, de Procedimiento Administrativo Común de las Administraciones Públicas, en los procedimientos iniciados a solicitud del interesado, sin perjuicio de la resolución que la Administración debe dictar, el vencimiento del plazo máximo sin haberse notificado resolución expresa legitima al interesado o interesados que hubieran deducido la solicitud para entenderla:

a) Desestimada por silencio administrativo, excepto en los supuestos en los que una norma con rango de ley por razones imperiosas de interés general o una norma de Derecho de la Unión Europea establezcan lo contrario.
b) Estimada por silencio administrativo, excepto en los supuestos en los que una norma con rango de ley por razones imperiosas de interés general o una norma de Derecho comunitario establezcan lo contrario.
c) Caducada por silencio administrativo, excepto en los supuestos en los que una norma con rango de ley por razones imperiosas de interés general o una norma de la Unión Europea o de Derecho Internacional aplicable en España establezcan lo contrario.
d) Prescrita por silencio administrativo, excepto en los supuestos en los que una norma con rango de ley por razones imperiosas de interés general o una norma de la Unión Europea o de Derecho Internacional aplicable en España establezcan lo contrario.

62. Señala la respuesta incorrecta. Asimismo, de acuerdo con el artículo 24.1.de la Ley 39/2015, de 1 de octubre, de Procedimiento Administrativo Común de las Administraciones Públicas el silencio tendrá efecto desestimatorio en los procedimientos:

a) Relativos al ejercicio del derecho de petición, a que se refiere el artículo 29 de la Constitución,
b) Aquellos cuya estimación tuviera como consecuencia que se transfirieran al solicitante o a terceros facultades relativas al dominio público o al servicio público.

c) Los procedimientos de impugnación de actos y disposiciones.

d) Cuando el recurso de alzada se haya interpuesto contra la desestimación por silencio administrativo de una solicitud por el transcurso del plazo, llegado el plazo de resolución, el órgano administrativo competente no dictase y notificase resolución expresa.

63. La obligación de dictar resolución expresa a que se refiere el apartado primero del artículo 21 de la Ley 39/2015, de 1 de octubre, de Procedimiento Administrativo Común de las Administraciones Públicas, se sujetará al siguiente régimen:

a) En los casos de estimación por silencio administrativo, la resolución expresa posterior a la producción del acto se adoptará por la Administración sin vinculación alguna al sentido del silencio.

b) En los casos de desestimación por silencio administrativo, la resolución expresa posterior al vencimiento del plazo solo podrá dictarse de ser confirmatoria del mismo.

c) En los casos de desestimación por silencio administrativo, la resolución expresa posterior al vencimiento del plazo se adoptará por la Administración sin vinculación alguna al sentido del silencio.

d) Prescrita por silencio administrativo, excepto en los supuestos en los que una norma con rango de ley por razones imperiosas de interés general o una norma de la Unión Europea o de Derecho Internacional aplicable en España establezcan lo contrario.

64. En los procedimientos iniciados de oficio, el vencimiento del plazo máximo establecido sin que se haya dictado y notificado resolución expresa, produce los siguientes efectos, en el caso de procedimientos de los que pudiera derivarse el reconocimiento o, en su caso, la constitución de derechos u otras situaciones jurídicas favorable:

a) Desestimada por silencio administrativo.

b) Estimada por silencio administrativo.

c) Caducada por silencio administrativo.

d) Prescrita por silencio administrativo, excepto en los supuestos en los que una norma con rango de ley por razones imperiosas de interés general o una norma de la Unión Europea o de Derecho Internacional aplicable en España establezcan lo contrario.

65. En los procedimientos en que la Administración ejercite potestades sancionadoras o, en general, de intervención, susceptibles de producir efectos desfavorables o de gravamen, se producirá de acuerdo con el artículo 25 de la Ley 39/2015, de 1 de octubre, de Procedimiento Administrativo Común de las Administraciones Públicas:

a) Desestimación por silencio administrativo.

b) Estimación por silencio administrativo.

c) Caducidad por silencio administrativo.

d) Prescrita por silencio administrativo, excepto en los supuestos en los que una norma con rango de ley por razones imperiosas de interés general o una norma de la Unión Europea o de Derecho Internacional aplicable en España establezcan lo contrario.

66. Conforme al artículo 30.2 de la Ley 39/2015, de 1 de octubre, de Procedimiento Administrativo Común de las Administraciones Públicas, siempre que por ley o en el Derecho de la Unión Europea no se exprese otra cosa, cuando los plazos se señalen por días, se entiende que estos son:

a) Hábiles, excluyéndose del cómputo los sábados, domingos y los declarados festivos.

b) Naturales, y se hará constar esta circunstancia en las correspondientes notificaciones.

c) Hábiles, excluyéndose del cómputo los domingos y los declarados festivos.

d) De fecha a fecha.

67. Señala la respuesta incorrecta. De acuerdo con el artículo 30.2 de la Ley 39/2015, de 1 de octubre, de Procedimiento Administrativo Común de las Administraciones Públicas, si el plazo se fija en meses o años, estos se computarán:

a) A partir del día siguiente a aquel en que tenga lugar la notificación del acto de que se trate.

b) A partir del día siguiente a aquel en que tenga lugar la publicación del acto de que se trate.

c) Desde el día siguiente a aquel en que se produzca la estimación o desestimación por silencio administrativo.

d) Desde el día en que se produzca la estimación o desestimación por silencio administrativo.

68. Los registros telemáticos permitirán la entrada de documentos electrónicos a través de redes abiertas de telecomunicación todos los días del año:

a) Durante las veinticuatro horas del día.

b) Desde las 20 a las 24 horas.

c) Desde las 00 hasta las 8 horas.

d) Desde las 15 hasta las 24 horas.

69. Los plazos para iniciar un procedimiento se contabilizarán a partir de la fecha en que la solicitud:

a) Haya tenido entrada en cualquiera de los registros del órgano competente.
b) Haya tenido entrada en cualquiera de los registros de la Administración.
c) Haya tenido entrada en la oficina de Correos.
d) Haya tenido entrada en las oficinas consulares de España en el extranjero.

70. En el procedimiento administrativo, si los plazos se expresan en días, conforme a la Ley 39/2015, de 1 de octubre, del Procedimiento Administrativo Común de las Administraciones Públicas:

a) Se entenderán hábiles excluyéndose los domingos.
b) Se entenderán hábiles excluyéndose los sábados, los domingos y festivos.
c) Se entenderán naturales.
d) Se computarán todos los días del plazo.

71. Si en el mes de vencimiento, no hubiera día equivalente a aquel en que comienza el plazo, este plazo se entenderá que expira:

a) El subsiguiente día hábil.
b) El primer día del mes sucesivo.
c) El día siguiente.
d) El último día del mes.

72. Si el último día del plazo en meses o en años fuere inhábil:

a) Se computa el plazo hasta el último día hábil.
b) Se computará el plazo con un día menos.
c) Se prorrogará al primer día hábil siguiente.
d) Al computarse de fecha a fecha se incluirá en el cómputo.

73. Los plazos expresados en días comenzarán a computarse:

a) A partir del día de la fecha de la notificación.
b) A partir del día siguiente a aquel en que tenga lugar la notificación o publicación del acto de que se trate.
c) A partir de la fecha indicada en la notificación.
d) A partir de la fecha en que se haya dictado.

74. Si un interesado de una Comunidad Autónoma con lengua oficial específica se dirige a un órgano de la Administración General del Estado sito en su Comunidad, y concurren varios interesados y existiera discrepancia en cuanto a la lengua, el procedimiento se ha de tramitar en:

a) Castellano necesariamente.
b) Su lengua oficial exclusivamente.

c) Cualquiera de las dos anteriores, a su opción.
d) La que se le indique por la citada Administración.

75. Según la Ley 39/2015, de 1 de octubre, del Procedimiento Administrativo Común de las Administraciones Públicas, el plazo máximo en el que la Administración debe notificar la resolución no podrá exceder:

a) De seis meses, salvo que una norma con rango de ley establezca uno mayor o así venga previsto en la normativa comunitaria europea.
b) De tres meses, salvo que una norma con rango de ley establezca uno mayor o así venga previsto en la normativa comunitaria europea.
c) De seis meses, salvo que una norma con rango de ley o reglamentaria establezca uno mayor.
d) De tres meses, salvo que una norma con rango de ley o reglamentaria establezca uno mayor.

76. Según Ley 39/2015, de 1 de octubre, del Procedimiento Administrativo Común de las Administraciones Públicas, los acuerdos de ampliación de plazos:

a) Son recurribles en reposición.
b) Son recurribles en alzada o reposición según pongan o no fin a la vía administrativa.
c) No son recurribles.
d) No tienen que ser notificados a los interesados.

77. Tal y como establece la Ley 39/2015, de 1 de octubre, cuando los plazos se señalen por horas, se entienden que son hábiles:

a) Todas las horas del día que formen parte de un día hábil.
b) Desde las 9:00 hasta 20:00 horas de cada día hábil.
c) Los plazos se computan por días, no por horas.
d) Todas las horas del día que formen parte un día (excepto domingos y festivos).

78. Según la Ley 39/2015, de 1 de octubre, en todo caso, estarán obligados a relacionarse a través de medios electrónicos con las Administraciones Públicas para la realización de cualquier trámite de un procedimiento administrativo:

a) Aquellos colectivos de personas físicas que por razón de su capacidad económica, técnica, dedicación profesional u otros motivos quede acreditado que tienen acceso y disponibilidad de los medios electrónicos necesarios.
b) Quienes representen a un interesado.
c) Las entidades sin personalidad jurídica.
d) Las personas físicas.

79. Según lo establecido en la Ley 39/2015, de 26 de octubre, de Procedimiento Administrativo Común de las Administraciones Públicas, en relación con las reclamaciones previas a la vía judicial civil, ¿cuándo podrá el interesado considerar desestimada su reclamación al efecto de formular la correspondiente demanda judicial?

a) Cuando la Administración no notificara su decisión en el plazo de tres meses.

b) Cuando la Administración no notificara su decisión en el plazo de dos meses.

c) En la actualidad, tras la Ley 39/2015, de 26 de octubre, de Procedimiento Administrativo Común de las Administraciones Públicas, no existen reclamaciones previas.

d) Cuando la Administración no notificara su decisión en el plazo de un mes.

80. En cuanto a la obligación de la Administración de dictar Resolución expresa en los procedimientos:

a) Depende de la forma de iniciación del procedimiento.

b) Siempre es obligatorio dictar Resolución expresa, excepto en los supuestos que se mencionan en el párrafo tercero del apartado 1 del artículo 21 de la Ley 39/2015, de 26 de octubre, de Procedimiento Administrativo Común de las Administraciones Públicas.

c) Solo es obligatorio dictar Resolución expresa en los casos de prescripción, renuncia del derecho, caducidad del procedimiento o desistimiento de la solicitud.

d) Solo es obligatorio dictar Resolución expresa en los casos de prescripción, renuncia del derecho, caducidad del procedimiento o desistimiento de la solicitud, además en los casos de desaparición sobrevenida del objeto del procedimiento.

81. El silencio administrativo:

a) Tendrá efectos estimatorios con carácter general.

b) Tendrá efectos desestimatorios con carácter general.

c) Tendrá efectos desestimatorios salvo cuando una norma con rango de ley, por razones imperiosas de interés general o una norma de derecho comunitario establezcan lo contrario.

d) Tendrá efectos estimatorios salvo cuando una norma con rango reglamentario, por razones imperiosas de interés general o una norma de derecho comunitario establezcan lo contrario.

82. La empresa Desarrollos S.A. tiene que presentar una solicitud dirigida al Ministerio de Transportes, Movilidad y Agenda Urbana, dado que tiene su sede junto al Ayuntamiento de Málaga y se plantea si puede presentarla en el Registro del citado ayuntamiento:

a) Sí, siempre que el Ayuntamiento tenga suscrito un convenio a estos efectos con la Administración General del Estado.

b) Sí, porque es posible presentarla en cualquier ayuntamiento con independencia de que exista o no convenio.

c) No, en ningún caso.

d) Sí, porque su población supera los 175.000 habitantes.

83. Se entiende por digitalización a los efectos de lo dispuesto en el artículo 27.3 de la Ley 39/2015, de 1 de octubre, de Procedimiento Administrativo Común de las Administraciones Públicas:

a) El proceso tecnológico que permite convertir un documento en soporte papel o en otro soporte electrónico en un fichero electrónico que contiene la imagen codificada del documento.

b) El proceso tecnológico que permite convertir un documento en soporte papel o en otro soporte no electrónico en un fichero electrónico que contiene la imagen descodificada e íntegra del documento.

c) El proceso tecnológico que permite convertir un documento en soporte papel o en otro soporte no electrónico en un fichero electrónico que contiene la imagen codificada, fiel e íntegra del documento.

d) El proceso tecnológico que permite convertir un documento en soporte papel o en otro soporte no electrónico en un fichero electrónico que contiene la imagen codificada, fiel, auténtica e íntegra del documento.

84. ¿A quiénes obligan los términos y plazos, de acuerdo con lo dispuesto en el artículo 29 de la Ley 39/2015, de 1 de octubre, de Procedimiento Administrativo Común de las Administraciones Públicas?

a) A las autoridades y al personal al servicio de la Administración competente para la tramitación de los asuntos.

b) A los interesados.

c) A las autoridades y al personal al servicio de la Administración competente para la tramitación de los asuntos, así como a los interesados en los mismos.

d) A los órganos competentes.

85. Los plazos, si son fijados por días se computarán, conforme a lo dispuesto en el artículo 30.2 de la Ley 39/2015, de 1 de octubre, de Procedimiento Administrativo Común de las Administraciones Públicas:

a) Por días hábiles.
b) Por días naturales.
c) De fecha a fecha.
d) Por días inhábiles.

86. Señala la respuesta incorrecta. A tenor de lo dispuesto en el artículo 30.3 de la Ley 39/2015, de 1 de octubre, de Procedimiento Administrativo Común de las Administraciones Públicas, los plazos expresados en días se contarán:

a) A partir del día en que tenga lugar la notificación del acto de que se trate.
b) A partir del día siguiente a aquel en que tenga lugar la notificación o publicación del acto de que se trate.
c) Desde el siguiente a aquel en que se produzca la estimación por silencio administrativo.
d) Desde el siguiente a aquel en que se produzca la desestimación por silencio administrativo.

87. Señala la respuesta incorrecta. Si el plazo se fija en meses o años, de acuerdo con lo dispuesto en el artículo 30.4 de la Ley 39/2015, de 1 de octubre, de Procedimiento Administrativo Común de las Administraciones Públicas, se computarán:

a) A partir del día en que tenga lugar la publicación del acto de que se trate.
b) A partir del día siguiente a aquel en que tenga lugar la notificación o publicación del acto de que se trate.
c) Desde el siguiente a aquel en que se produzca la estimación por silencio administrativo.
d) Desde el siguiente a aquel en que se produzca la desestimación por silencio administrativo.

88. Conforme a lo dispuesto en el artículo 30.5 de la Ley 39/2015, de 1 de octubre, de Procedimiento Administrativo Común de las Administraciones Públicas, cuando el último día del plazo sea inhábil:

a) No es susceptible de prórroga.
b) Se entenderá prorrogado al primer día hábil siguiente.
c) Se entenderá prorrogado al primer día natural siguiente.
d) Se entenderá prorrogado al primer día del mes siguiente.

89. El inicio del cómputo de los plazos de los procedimientos electrónicos, conforme a lo dispuesto en el artículo 31.2 de la Ley 39/2015, de 1 de octubre, de Procedimiento Administrativo Común de las Administraciones Públicas, que hayan de cumplir las Administraciones Públicas vendrá determinado:

a) Por la fecha de presentación en el registro de cada Administración u Organismo.
b) Por la fecha y hora de presentación en el registro de cada Administración.
c) Por la fecha y hora de presentación en el registro electrónico de cada Administración u Organismo.
d) Por la fecha y hora de presentación en la oficina de Correos.

90. En el registro electrónico de cada Administración u Organismo, conforme a lo dispuesto en el artículo 31.2 de la Ley 39/2015, de 1 de octubre, de Procedimiento Administrativo Común de las Administraciones Públicas, a los efectos del cómputo de plazo fijado en días hábiles, y en lo que se refiere al cumplimiento de plazos por los interesados, los documentos se considerarán presentados:

a) Por la fecha de presentación en el registro de cada Administración.
b) A las 00.00 horas del día en que se presentan.
c) Por el orden de hora efectiva en el que lo fueron en el día inhábil.
d) Por la fecha de presentación en el registro de cada Organismo.

91. Los acuerdos sobre ampliación de plazos o sobre su denegación, conforme al artículo 32 de la Ley 39/2015, de 1 de octubre, de Procedimiento Administrativo Común de las Administraciones Públicas:

a) No serán susceptibles de recurso.
b) Podrán ser recurridos por el interesado.
c) Podrán exceder de la mitad de los mismos.
d) Podrán ser declarados urgentes.

92. Conforme a lo dispuesto en el artículo 33 de la Ley 39/2015, de 1 de octubre, de Procedimiento Administrativo Común de las Administraciones Públicas, ¿qué recurso cabe contra el acuerdo que declare la ampliación de la tramitación de urgencia al procedimiento?

a) Cabe el recurso de alzada por parte del interesado en el procedimiento.
b) No cabe recurso alguno.

c) La Administración no puede ampliar la tramitación de urgencia.

d) La tramitación de urgencia no existe en la Administración.

93. Completa el texto. En los procedimientos iniciados a solicitud de interesado se establece como regla general en el artículo 24.1 de la Ley 39/2015, de 1 de octubre "...el vencimiento del plazo máximo, sin haberse notificado resolución expresa, legitima al interesado o interesados para entenderla ... por silencio administrativo":

a) Desestimada.

b) Estimada.

c) Anulable.

d) Caducada.

94. El silencio administrativo:

a) No se produce nunca en los procedimientos iniciados de oficio.

b) Se puede producir tanto en los procedimientos iniciados de oficio como en los iniciados a solicitud del interesado.

c) No se produce nunca en los procedimientos iniciados a solicitud del interesado.

d) Siempre se produce en cualquier procedimiento administrativo iniciado de oficio o a solicitud de parte.

95. Se producirá la caducidad del procedimiento iniciado de oficio si, desde su inicio sin dictarse la resolución, transcurre el plazo de:

a) 5 meses.

b) 3 meses.

c) 6 meses.

d) 10 meses.

96. En los procedimientos administrativos iniciados a solicitud de interesado se produce con carácter general:

a) Silencio administrativo positivo.

b) Silencio administrativo negativo.

c) Siempre habrá que estar a lo que disponga la norma reguladora de cada procedimiento.

d) Ninguna es correcta.

97. Conforme a la Ley 39/2015, de 1 octubre, de Procedimiento Administrativo Común de las Administraciones Públicas, en los procedimientos iniciados de oficio, el vencimiento del plazo máximo establecido sin que se haya dictado y notificado resolución expresa producirá los siguientes efectos:

a) Producirá en todo caso su caducidad.

b) Los interesados podrán entender estimadas sus pretensiones por silencio administrativo en todo caso.

c) Producirá la caducidad o podrán los interesados entender desestimadas sus pretensiones por silencio administrativo.

d) Producirá en todo caso su prescripción.

98. Según el artículo 21 de la Ley 39/2015, de 1 octubre, de Procedimiento Administrativo Común de las Administraciones Públicas, la Administración está obligada a dictar resolución expresa:

a) En todos los procedimientos sin excepción.

b) Excepto, entre otros, en los casos de prescripción.

c) Excepto, entre otros, en los casos de caducidad del procedimiento.

d) Excepto, entre otros, en los supuestos de terminación del procedimiento por pacto o convenio.

99. El artículo 30 de la LPAC, en relación con el cómputo de plazos dispone que:

a) Siempre que por Ley o en el Derecho de la Unión Europea no se exprese otro cómputo, cuando los plazos se señalen por días, se entiende que estos son hábiles, excluyéndose del cómputo los domingos y los declarados festivos.

b) Cuando los plazos se hayan señalado por días naturales por declararlo así una ley o por el Derecho de la Unión Europea, se hará constar esta circunstancia en las correspondientes notificaciones.

c) El plazo concluirá el día anterior a aquel en que se produjo la notificación, publicación o silencio administrativo en el mes o el año de vencimiento. Si en el mes de vencimiento no hubiera día equivalente a aquel en que comienza el cómputo, se entenderá que el plazo expira el último día del mes.

d) Siempre que por Ley o en el Derecho de la Unión Europea no se exprese otro cómputo, cuando los plazos se señalen por días, se entiende que estos son naturales, incluyéndose en el cómputo los sábados, los domingos y los declarados festivos.

100. Según la Ley 39/2015, de 1 octubre, de Procedimiento Administrativo Común de las Administraciones Públicas, en procedimientos iniciados a solicitud del interesado el silencio administrativo:

a) Tendrá efecto desestimatorio en los procedimientos de impugnación de actos y disposiciones.

b) Tendrá efecto estimatorio en todos los casos, dada la obligación de la Administración de responder en plazo.

c) Tendrá efecto desestimatorio en procedimientos de petición.

d) Tendrá efecto estimatorio en todos los procedimientos de petición.

101. En relación con la obligación de resolver los procedimientos administrativos regulada en la Ley 39/2015, de 1 octubre, de Procedimiento Administrativo Común de las Administraciones Públicas:

a) La Administración está obligada a dictar resolución expresa en todos los procedimientos excepto en el caso de renuncia del derecho o desistimiento de la solicitud del interesado.

b) El plazo máximo en el que debe notificarse la resolución expresa no podrá exceder de 1 mes.

c) Excepcionalmente podrá emitirse acuerdo de ampliación del plazo máximo de resolución que deberá ser notificado a los interesados y será recurrible en vía administrativa.

d) El personal al servicio de las Administraciones Públicas que tenga a su cargo el despacho de los asuntos, así como los titulares de los órganos administrativos competentes para instruir y resolver son directamente responsables, en el ámbito de sus competencias, del cumplimiento de la obligación legal de dictar resolución expresa en plazo.

102. Según el artículo 30 de la Ley 39/2015, de 1 de octubre, del Procedimiento Administrativo Común de las Administraciones Públicas, si el plazo se fija en meses o años, se computarán:

a) A partir del mismo día en que tenga lugar la notificación o publicación del acto de que se trate, o desde el siguiente a aquel en que se produzca la estimación o desestimación por silencio administrativo.

b) A partir del día siguiente a aquel en que tenga lugar 1a notificación o publicación del acto de que se trate o desde el mismo día en que se produzca la estimación o desestimación por silencio administrativo

c) A partir del siguiente a aquel en que tenga lugar la notificación o publicación del acto que se trate o desde el siguiente a aquel en que se produzca la estimación o desestimación por silencio administrativo.

d) A partir del mismo día en que tenga lugar la notificación o publicación del acto de que se trate, o desde el mismo día en que se produzca la estimación o desestimación por silencio administrativo.

103. Según el artículo 30 de la ley 39/2015, de 1 de octubre, del Procedimiento Administrativo Común de las Administraciones Públicas, si el plazo se fija en meses o años, el plazo concluirá:

a) El día en que se produjo la notificación, publicación o si1encio administrativo en el mes o el año de vencimiento.

b) El mismo día en que se produjo la notificación, publicación o silencio administrativo.

c) Si en el mes o el año de vencimiento no hubiera día equivalente a aquel en que comienza el cómputo, se entenderá que el plazo expira el primer día del mes siguiente.

d) Cuando el último día del plazo sea inhábil, se entenderá que el plazo expira el día hábil anterior.

Soluciones

1. c)	11. a)	21. c)	31. c)	41. d)	51. d)	61. b)	71. d)	81. a)	91. a)
2. d)	12. d)	22. d)	32. d)	42. d)	52. a)	62. d)	72. c)	82. c)	92. b)
3. d)	13. d)	23. b)	33. a)	43. d)	53. a)	63. c)	73. b)	83. c)	93. b)
4. a)	14. c)	24. c)	34. a)	44. b)	54. d)	64. a)	74. a)	84. c)	94. b)
5. c)	15. c)	25. b)	35. c)	45. d)	55. d)	65. d)	75. a)	85. a)	95. b)
6. c)	16. b)	26. c)	36. b)	46. a)	56. d)	66. a)	76. c)	86. a)	96. a)
7. b)	17. b)	27. a)	37. d)	47. d)	57. a)	67. d)	77. a)	87. a)	97. c)
8. c)	18. c)	28. c)	38. d)	48. d)	58. b)	68. a)	78. c)	88. b)	98. d)
9. d)	19. c)	29. a)	39. b)	49. b)	59. a)	69. a)	79. c)	89. c)	99. b)
10. b)	20. a)	30. d)	40. c)	50. c)	60. d)	70. b)	80. b)	90. c)	100. a)

104. Según el artículo 22 de la Ley 39/2015, de 1 de octubre, del Procedimiento Administrativo Común de las Administraciones Públicas, «se suspenderá» el transcurso del plazo máximo legal para resolver un procedimiento y notificar la resolución del mismo:

a) Cuando se soliciten informes preceptivos a un órgano de la misma o distinta Administración, por el tiempo que medie entre la petición y la recepción del informe.

b) Cuando deban realizarse pruebas técnicas o análisis contradictorios o dirimentes propuestos por los interesados, durante el tiempo necesario para la incorporación de los resultados al expediente.

c) Cuando para la resolución del procedimiento sea indispensable la obtención de un previo pronunciamiento parte de un órgano jurisdiccional desde el momento en que se solicita hasta que la Administración tenga constancia del mismo.

d) Cuando los interesados promuevan la recusación en cualquier momento de la tramitación de un procedimiento, desde que esta se plantee hasta que sea resuelta por el superior jerárquico del recusado.

105. Con respecto al funcionamiento del registro electrónico, a los efectos del cómputo de plazo fijado en días hábiles, y en lo que se refiere al cumplimiento de plazos por los interesados, la 39/2015, de 1 de octubre, del Procedimiento Administrativo Común de las Administraciones Públicas, establece que:

a) La presentación en un día inhábil se entenderá realizada ese mismo día, puesto que el registro electrónico permitirá la recepción de documentos todos los días del año durante las veinticuatro horas.

b) La presentación en un día inhábil se entenderá realizada en la misma hora del primer día hábil siguiente, salvo que una norma permita expresamente la recepción en día inhábil.

c) La presentación en un día inhábil se entenderá realizada en la primera hora del primer día hábil siguiente, salvo que una norma permita expresamente la recepción en inhábil.

d) Los documentos se considerarán presentados por el orden de hora en el que lo fueron en el día inhábil. Los documentos presentados en el día inhábil se reputarán posteriores, según el mismo orden, a los que lo fueran el primer día hábil posterior.

106. De acuerdo con el artículo 24.3 de la Ley 39/2015, de 1 de octubre, del Procedimiento Administrativo Común de las Administraciones Públicas, la obligación de dictar resolución expresa a que se refiere el apartado primero del artículo 21 de la misma, se sujetará al siguiente régimen:

a) En los casos de desestimación por silencio administrativo, la resolución posterior al vencimiento del plazo se adoptará por la Administración confirmando la desestimación.

b) En los casos de estimación por silencio administrativo, la resolución expresa posterior a la producción del acto podrá dictarse sin vinculación alguna al sentido del silencio.

c) En los casos de estimación por silencio administrativo, no es necesario dictar la resolución expresa posterior a la producción del acto.

d) En los casos de desestimación por silencio administrativo, la resolución expresa posterior al vencimiento del plazo se adoptará por la Administración sin vinculación alguna al sentido del silencio.

107. Conforme a lo dispuesto en la ley 39/2015, de 1 de octubre, del Procedimiento Administrativo Común de las Administraciones Públicas, la comparecencia de las personas ante las oficinas públicas, ya sea presencialmente o por medios electrónicos:

a) Solo será obligatoria cuando así esté previsto en una norma con rango de ley.

b) Solo será obligatoria cuando lo disponga una disposición de carácter reglamentario.

c) Será potestativa, y a instancia de la unidad administrativa.

d) En todo caso será discrecional del órgano superior jerárquico que adopte la decisión.

108. En todo caso, NO estarán obligados a relacionarse a través de medios electrónicos con las Administraciones Públicas para la realización de cualquier trámite de un procedimiento administrativo, al menos, los siguientes sujetos:

a) Las personas jurídicas.

b) Las entidades sin personalidad jurídica.

c) Quienes ejerzan una actividad profesional para la que se requiera colegiación obligatoria, para los trámites y actuaciones que realicen con las Administraciones Públicas en ejercicio de dicha actividad profesional. En todo caso, dentro de este colectivo se entenderán incluidos los notarios y registradores de la propiedad y mercantiles.

d) Los empleados de las Administraciones Públicas.

109. En relación con la lengua de los procedimientos, señala la respuesta correcta:

a) La lengua de los procedimientos tramitados por la Administración General del Estado será el español.
b) Si concurrieran varios interesados en el procedimiento, el procedimiento se tramitará en castellano.
c) Los interesados que se dirijan a los órganos de la Administración General del Estado con sede en el territorio de una Comunidad Autónoma podrán utilizar también la lengua que sea cooficial en ella.
d) En los procedimientos tramitados por las Administraciones de las Comunidades Autónomas y de las Entidades Locales, el uso de la lengua se ajustará a lo previsto en la legislación básica del Estado.

110. Cada Administración, en los términos establecidos en la normativa reguladora aplicable, deberá mantener un archivo electrónico único de los documentos electrónicos que correspondan a:

a) Procedimientos iniciados.
b) Procedimientos en trámite.
c) Procedimientos finalizados.
d) Procedimientos iniciados, en trámite y finalizados.

111. Conforme a lo dispuesto en la ley 39/2015, de 1 de octubre, del Procedimiento Administrativo Común de las Administraciones Públicas, los interesados en un procedimiento que conozcan datos que permitan identificar a otros interesados que no hayan comparecido en él tienen:

a) El derecho de denunciarlos.
b) El deber de denunciarlos.
c) El derecho de proporcionárselos a la Administración actuante.
d) El deber de proporcionárselos a la Administración actuante.

112. De acuerdo con lo dispuesto en el artículo 21 de la ley 39/2015, de 1 de octubre, del Procedimiento Administrativo Común de las Administraciones Públicas, se exceptúan de la obligación de dictar resolución expresa y a notificarla en todos los procedimientos cualquiera que sea su forma de iniciación, los supuestos de:

a) Prescripción.
b) Renuncia del derecho.
c) Los procedimientos relativos al ejercicio de derechos sometidos únicamente al deber de declaración responsable o comunicación a la Administración.
d) Caducidad del procedimiento.

113. Las Administraciones Públicas informarán a los interesados del plazo máximo establecido para la resolución de los procedimientos y para la notificación de los actos que les pongan término, así como de los efectos que pueda producir el silencio administrativo. Dicha mención NO se incluirá:

a) En la notificación del acuerdo de iniciación de oficio.
b) En la notificación de la resolución del procedimiento.
c) En la publicación del acuerdo de iniciación de oficio.
d) En la comunicación que se dirigirá al efecto al interesado dentro de los diez días siguientes a la recepción de la solicitud iniciadora del procedimiento en el registro electrónico de la Administración.

114. El transcurso del plazo máximo legal para resolver un procedimiento y notificar la resolución se podrá suspender conforme a lo dispuesto en el artículo 22.1 de la ley 39/2015, de 1 de octubre, del Procedimiento Administrativo Común de las Administraciones Públicas, en los siguientes casos:

a) Cuando una Administración Pública requiera a otra para que anule o revise un acto que entienda que es ilegal y que constituya la base para el que la primera haya de dictar en el ámbito de sus competencias.
b) Cuando deba obtenerse un pronunciamiento previo y preceptivo de un órgano de la Unión Europea.
c) Cuando el órgano competente para resolver decida realizar alguna actuación complementaria de las previstas en el artículo 87 de la Ley 39/2015.
d) Cuando los interesados promuevan la recusación en cualquier momento de la tramitación de un procedimiento.

115. Según el artículo 23 de la ley 39/2015, de 1 de octubre, del Procedimiento Administrativo Común de las Administraciones Públicas, contra el acuerdo que resuelva sobre la ampliación de plazos, que deberá ser notificado a los interesados, se podrá interponer el recurso:

a) De alzada.
b) De reposición.
c) No cabrá recurso alguno.
d) Contencioso-administrativo.

116. El certificado acreditativo del silencio producido se expedirá de oficio por el órgano competente para resolver desde que expire el plazo máximo para resolver el procedimiento en el plazo de:

a) Diez días.
b) Quince días.
c) Veinte días.
d) Treinta días.

117. El interesado podrá pedir el certificado acreditativo del silencio producido:

a) En cualquier momento.
b) Quince días.
c) Veinte días.
d) Treinta días.

118. En los procedimientos en que la Administración ejercite potestades sancionadoras o, en general, de intervención, susceptibles de producir efectos desfavorables o de gravamen, se producirá la caducidad. En estos casos, la resolución que declare la caducidad ordenará:

a) La prescripción de las infracciones, con los efectos previstos en el artículo 95.
b) El archivo de las actuaciones, con los efectos previstos en el artículo 95.
c) La prescripción de las sanciones, con los efectos previstos en el artículo 95.
d) La responsabilidad disciplinaria, con los efectos previstos en el artículo 95.

119. En relación con la validez y eficacia de las copias realizadas por las Administraciones Públicas, de acuerdo con el artículo 27 de la ley 39/2015, de 1 de octubre, del Procedimiento Administrativo Común de las Administraciones Públicas. Señala la respuesta incorrecta:

a) Cada Administración Pública determinará los órganos que tengan atribuidas las competencias de expedición de copias auténticas de los documentos públicos administrativos o privados.
b) Las copias auténticas de documentos privados surten efectos en las restantes Administraciones.
c) Las copias auténticas realizadas por una Administración Pública tendrán validez en las restantes Administraciones.
d) A estos efectos, la Administración General del Estado, las Comunidades Autónomas y las Entidades Locales podrán realizar copias auténticas mediante funcionario habilitado o mediante actuación administrativa automatizada.

120. Los interesados podrán solicitar, en cualquier momento, la expedición de copias auténticas de los documentos públicos administrativos que hayan sido válidamente emitidos por las Administraciones Públicas. La solicitud se dirigirá al órgano que emitió el documento original, debiendo expedirse, salvo las excepciones derivadas de la aplicación de la Ley 19/2013, de 9 de diciembre:

a) En el plazo de diez días a contar desde la recepción de la solicitud en el registro electrónico de la Administración u Organismo competente.
b) En el plazo de quince días a contar desde la recepción de la solicitud en el registro electrónico de la Administración u Organismo competente.
c) En el plazo de veinte días a contar desde la recepción de la solicitud en el registro electrónico de la Administración u Organismo competente.
d) En el plazo de treinta días a contar desde la recepción de la solicitud en el registro electrónico de la Administración u Organismo competente.

121. Las copias que aporten los interesados al procedimiento administrativo:

a) Tendrán validez exclusivamente en el ámbito de la actividad de las Administraciones Públicas.
b) Tendrán validez en las restantes Administraciones.
c) Surten únicamente efectos administrativos.
d) Tendrán la consideración de copia auténtica de un documento público.

122. El funcionamiento del registro electrónico, según lo dispuesto en el artículo 31 de la de la ley 39/2015, de 1 de octubre, del Procedimiento Administrativo Común de las Administraciones Públicas, se regirá por las siguientes reglas (señale la incorrecta):

a) Permitirá la presentación de documentos todos los días del año durante las 24 horas.
b) A los efectos del cómputo de plazo fijado en días hábiles, y en lo que se refiere al cumplimiento de plazos por los interesados, la presentación en un día inhábil se entenderá realizada en la primera hora del primer día hábil siguiente, salvo que una norma permita expresamente la recepción en día inhábil.
c) El inicio del cómputo de los plazos que hayan de cumplir las Administraciones Públicas vendrá determinado por la fecha y hora de presentación en el registro electrónico de cada Administración u Organismo. En todo caso, la fecha y hora efectiva de inicio de dicho cómputo deberá ser comunicada a quien presentó el documento.
d) Cuando un día fuese hábil en el municipio o comunidad autónoma en que residiese el interesado, e inhábil en la sede del órgano administrativo, o a la inversa, se considerará inhábil en todo caso.

123. Las Administraciones podrán establecer reglamentariamente la obligación de relacionarse con ellas a través de medios electrónicos para determinados procedimientos, conforme al artículo 14 de la Ley 39/2015, de 1 de octubre, de Procedimiento Administrativo Común de las Administraciones Públicas:

a) Las personas jurídicas.
b) Las entidades sin personalidad jurídica.

c) Para ciertos colectivos de personas físicas que por razón de su capacidad económica, técnica, dedicación profesional u otros motivos quede acreditado que tienen acceso y disponibilidad de los medios electrónicos necesarios.

d) Quienes ejerzan una actividad profesional para la que se requiera colegiación obligatoria, para los trámites y actuaciones que realicen con las Administraciones Públicas en ejercicio de dicha actividad profesional.

124. Conforme el artículo 33 de la de la ley 39/2015, de 1 de octubre, del Procedimiento Administrativo Común de las Administraciones Públicas, cuando razones de interés público lo aconsejen, se podrá acordar, de oficio o a petición del interesado, la aplicación al procedimiento de la tramitación de urgencia, por la cual se reducirán a la mitad los plazos establecidos para el procedimiento ordinario, salvo los relativos a:

a) Presentación de instancias y solicitudes.
b) Presentación de prácticas de pruebas y recursos.
c) Presentación de solicitudes y recursos.
d) Presentación de sugerencias y reclamaciones.

125. Según el artículo 32.5 de la de la ley 39/2015, de 1 de octubre, del Procedimiento Administrativo Común de las Administraciones Públicas, cuando como consecuencia de un ciberincidente se hayan visto gravemente afectados los servicios y sistemas utilizados para la tramitación de los procedimientos y el ejercicio de los derechos de los interesados que prevé la normativa vigente, la Administración podrá:

a) Acordar la suspensión general de plazos de los procedimientos administrativos.
b) Acordar la ampliación general de plazos de los procedimientos administrativos.
c) Acordar la acumulación general de plazos de los procedimientos administrativos.
d) Acordar una ampliación de los plazos establecidos en los procedimientos administrativos, que no exceda de la mitad de los procedimientos administrativos.

126. Señala la respuesta incorrecta. Según el artículo 35 de la Ley 39/2015, de 1 de octubre, de Procedimiento Administrativo Común de las Administraciones Públicas, serán motivados, con sucinta referencia de hechos y fundamentos de Derecho:

a) Los actos que limiten derechos subjetivos o intereses legítimos.
b) Los actos que resuelvan procedimientos de revisión de oficio de disposiciones o actos administrativos, recursos administrativos, reclamaciones previas a la vía judicial y procedimientos de arbitraje.

c) Los actos que se separen del criterio seguido en actuaciones precedentes o del dictamen de órganos consultivos.
d) Los actos declarativos de derechos.

127. De acuerdo con el artículo 39 de la Ley 39/2015, de 1 de octubre, de Procedimiento Administrativo Común de las Administraciones Públicas, con carácter general, los actos de las Administraciones Públicas sujetos al Derecho Administrativo se presumirán válidos y producirán efectos desde:

a) La fecha en que se dicten, salvo que en ellos se disponga otra cosa.
b) Su notificación.
c) Su publicación.
d) La aprobación superior.

128. En relación con las notificaciones en papel, de acuerdo con lo dispuesto en el artículo 42 de la Ley 39/2015, de 1 de octubre, de Procedimiento Administrativo Común de las Administraciones Públicas de los actos administrativos, señala la respuesta incorrecta:

a) Se notificarán a los interesados las resoluciones y actos administrativos que afecten a sus derechos e intereses.
b) Toda notificación deberá ser cursada dentro del plazo de diez días a partir de la fecha en que el acto haya sido dictado.
c) En los procedimientos iniciados a solicitud del interesado, la notificación se practicará en el domicilio del interesado. Cuando ello no fuera posible, en cualquier lugar adecuado a tal fin.
d) Cuando la notificación se practique en el domicilio del interesado, de no hallarse presente este en el momento de entregarse la notificación podrá hacerse cargo de la misma cualquier persona mayor de 14 años que se encuentre en el domicilio y haga constar su identidad.

129. Conforme al artículo 45 de la Ley 39/2015, de 1 de octubre, de Procedimiento Administrativo Común de las Administraciones Públicas, la publicación sustituirá a la notificación surtiendo sus mismos efectos en los siguientes casos:

a) Cuando el acto tenga por destinatario a una persona jurídica.
b) Cuando la Administración estime que la notificación efectuada a un solo interesado es insuficiente para garantizar la notificación a todos, siendo, en este último caso, adicional a la notificación efectuada.
c) En los procedimientos iniciados a solicitud del interesado.
d) Cuando la notificación se practique en el domicilio del interesado.

130. De acuerdo con el artículo 47 de la Ley 39/2015, de 1 de octubre, de Procedimiento Administrativo Común de las Administraciones Públicas, los actos de las Administraciones Públicas son nulos de pleno derecho en los casos siguientes:

a) Los actos de la Administración que incurran en cualquier infracción del ordenamiento jurídico.

b) Los actos dictados por órgano manifiestamente incompetente por razón de la jerarquía.

c) Los actos que tengan un contenido imposible.

d) Los actos de la Administración que incurran en desviación de poder.

131. Son anulables, de acuerdo con el artículo 48.1 de la Ley 39/2015, de 1 de octubre, de Procedimiento Administrativo Común de las Administraciones Públicas:

a) Los actos de la Administración que incurran en cualquier infracción del ordenamiento jurídico, incluso la desviación de poder.

b) Los actos dictados prescindiendo total y absolutamente del procedimiento legalmente establecido o de las normas que contienen las reglas esenciales para la formación de la voluntad de los órganos colegiados.

c) Los actos expresos o presuntos contrarios al ordenamiento jurídico por los que se adquieren facultades o derechos cuando se carezca de los requisitos esenciales para su adquisición.

d) Los actos dictados por órgano manifiestamente incompetente por razón de la materia.

132. Conforme con el artículo 48.2 de la Ley 39/2015, de 1 de octubre, de Procedimiento Administrativo Común de las Administraciones Públicas, el defecto de forma de los actos de las Administraciones Públicas solo determinará la anulabilidad:

a) Siempre.

b) Nunca.

c) Cuando el acto carezca de los requisitos formales, dando lugar a la indefensión de los interesados.

d) Cuando el acto administrativo se notifique fuera de plazo, no siendo esencial el término o plazo.

133. La Administración podrá convalidar los actos anulables, subsanando los vicios de que adolezcan. Si el vicio consistiera en incompetencia no determinante de nulidad, la convalidación podrá realizarse, de conformidad con el artículo 52.3 de la Ley 39/2015, de 1 de octubre, de Procedimiento Administrativo Común de las Administraciones Públicas, por:

a) El órgano competente cuando sea inferior jerárquico del que dictó el acto viciado.

b) El órgano competente cuando sea superior jerárquico del que dictó el acto viciado.

c) El órgano competente por razón de la materia.

d) El órgano competente por razón del territorio.

134. En relación con la forma de los actos administrativos, señala la respuesta incorrecta:

a) Los actos administrativos se producirán por escrito a través de medios electrónicos, a menos que su naturaleza exija otra forma más adecuada de expresión y constancia.

b) En los casos en que los órganos administrativos ejerzan su competencia de forma verbal, la constancia escrita del acto, cuando sea necesaria, se efectuará y firmará por el titular del órgano superior, expresando en la comunicación del mismo la autoridad de la que procede.

c) Si se tratara de resoluciones, el titular de la competencia deberá autorizar una relación de las que haya dictado de forma verbal, con expresión de su contenido.

d) Cuando deba dictarse una serie de actos administrativos de la misma naturaleza, tales como nombramientos, concesiones o licencias, podrán refundirse en un único acto.

135. Son actos anulables de acuerdo con el artículo 48 de la Ley 39/2015, de 1 de octubre, de Procedimiento Administrativo Común de las Administraciones Públicas:

a) Los de contenido imposible.

b) Los que carezcan de los requisitos formales indispensables para alcanzar su fin.

c) Los dictados prescindiendo total y absolutamente de los procedimientos legalmente establecidos para ellos.

d) Los dictados prescindiendo total y absolutamente del procedimiento establecido por las normas que contienen las reglas esenciales para la formación de la voluntad de los órganos colegiados.

136. De todas las resoluciones citadas a continuación, ¿cuáles de ellas no necesitarán ser motivadas?

a) Las que sigan el criterio seguido en actuaciones precedentes.

b) Los acuerdos de suspensión de actos.

c) Las que se dicten en el ejercicio de potestades discrecionales.

d) Las que resuelvan los recursos.

137. ¿En qué casos un defecto de forma determinará la anulabilidad del acto?

a) Cuando carezcan de los requisitos formales indispensables para alcanzar su fin o dé lugar a indefensión.

b) Cuando sean insubsanables.

c) Solo en los casos en los que se dé lugar a indefensión.
d) Solo cuando carezcan de los requisitos formales indispensables.

138. Señala la respuesta incorrecta. Cuando una Administración Pública tenga que dictar, en el ámbito de sus competencias, un acto que necesariamente tenga por base otro dictado por una Administración Pública distinta y aquella entienda que es ilegal:

a) Podrá requerir a la otra Administración previamente para que anule o revise el acto de acuerdo con lo dispuesto en el artículo 44 de la Ley 29/1998, de 13 de julio, reguladora de la Jurisdicción Contencioso-Administrativa.
b) Realizado el requerimiento y al ser rechazado este, podrá interponer recurso contencioso-administrativo.
c) Realizado el requerimiento y al ser rechazado este, podrá interponer recurso de revisión.
d) En estos casos, quedará suspendido el procedimiento para dictar resolución.

139. Las notificaciones administrativas por medios electrónicos requerirán para su validez:

a) El señalamiento explícito de dicho medio de notificación en el momento de iniciación del procedimiento.
b) El establecimiento de este sistema por medio de una norma de rango legal.
c) El acceso a su contenido, momento a partir del cual la notificación se entenderá practicada a todos los efectos legales.
d) El establecimiento de este sistema por medio de una norma de rango reglamentario.

140. Por regla general una notificación electrónica se entenderá rechazada con los efectos previstos en el artículo 43.2 de la Ley 39/2015, de 1 de octubre, del Procedimiento Administrativo Común de las Administraciones Públicas, cuando teniendo constancia de la puesta a disposición transcurran:

a) Diez días hábiles sin que se acceda a su contenido.
b) Diez días naturales desde que se accedió al contenido sin existir respuesta.
c) Diez días naturales sin que se acceda al contenido.
d) Quince días hábiles desde que se accedió al contenido sin existir respuesta.

141. Señala cuál de las siguientes afirmaciones es falsa conforme a la Ley 39/2015, de 1 de octubre:

a) Las resoluciones administrativas de carácter particular no podrán vulnerar lo establecido en una disposición de carácter general, aunque aquellas procedan de un órgano de igual jerarquía al que dictó la disposición general.
b) Toda notificación deberá ser cursada dentro del plazo de quince días a partir de la fecha en que el acto haya sido dictado.
c) Los actos administrativos se producirán por escrito a través de medios electrónicos, a menos que su naturaleza exija otra forma más adecuada de expresión y constancia.
d) Las resoluciones administrativas de carácter particular no podrán vulnerar lo establecido en una disposición de carácter general, aunque aquellas procedan de un órgano de superior jerarquía al que dictó la disposición general.

142. ¿Cuál de los siguientes actos es susceptible de convalidación por parte de la Administración subsanando los vicios de que adolezcan?

a) El dictado por órgano manifiestamente incompetente por razón de la materia.
b) El dictado prescindiendo total y absolutamente de las normas que contienen las reglas esenciales para la formación de la voluntad de los órganos colegiados.
c) El dictado por órgano incompetente en razón de su jerarquía.
d) El dictado por órgano manifiestamente incompetente por razón del territorio.

143. Cuando los actos administrativos limiten derechos subjetivos o intereses legítimos:

a) No tendrán que ser motivados si no ponen fin al procedimiento.
b) Solo serán motivados si no se dictan en el ejercicio de potestades administrativas.
c) Tendrán que ser motivados, con sucinta referencia de hechos y fundamentos de derechos.
d) Tendrán efectos retroactivos.

144. Según establece el artículo 40 de la Ley 39/2015, de 1 de octubre, de Procedimiento Administrativo Común de las Administraciones Públicas, toda notificación deberá ser cursada:

a) Dentro del plazo de 10 días a partir de la fecha en que el acto haya sido dictado.
b) Dentro del plazo de 15 días a partir de la fecha en que el acto haya sido dictado.
c) Dentro del plazo de 1 mes a partir de la fecha en que el acto haya sido dictado.
d) Dentro del plazo de tres meses a partir de la fecha en que el acto haya sido dictado.

145. Según el artículo 35 de la Ley 39/2015, de 1 de octubre, de Procedimiento Administrativo Común de las Administraciones Públicas, los actos que se separen del criterio seguido en actuaciones precedentes o del dictamen de órganos consultivos deben ser:

a) Discrecionales.
b) Motivados.
c) Inválidos.
d) Nulos de pleno derecho.

146. Conforme al artículo 35 de la Ley 39/2015, del Procedimiento Administrativo Común de las Administraciones Públicas, los actos administrativos que resuelven recursos, necesariamente habrán de ser:

a) Inimpugnables.
b) Motivados.
c) Discrecionales.
d) De trámite.

147. Como norma general, los actos administrativos serán válidos y producirán efectos salvo que, en ellos, se disponga otra cosa:

a) Los 20 días de dictarse el acto.
b) Desde que se aprueben por el superior jerárquico.
c) Desde la publicación en el Boletín correspondiente.
d) Desde que se dicten.

148. La nulidad o anulabilidad en parte del acto administrativo:

a) Implicará la de las partes del mismo independientes de aquella.
b) Implicará la de las partes del mismo independientes de aquella, salvo cuando la administración proceda a la convalidación del acto.
c) No implicará necesariamente la de las partes del mismo independientes de aquella.
d) No implicará la de los sucesivos en el procedimiento que sean independientes del primero.

149. Los actos de las Administraciones Públicas no son nulos de pleno derecho en los casos siguientes:

a) Los que lesionen los derechos y libertades susceptibles de amparo constitucional.
b) Los que tengan un contenido imposible.
c) Los dictados prescindiendo total y absolutamente del procedimiento legalmente establecido o de las normas que contienen las reglas esenciales para la formación de la voluntad de los órganos colegiados.
d) Los que sean constitutivos de infracción administrativa y se dicten como consecuencia de esta.

150. En cuanto a los actos dictados por un órgano administrativo incompetente por razón del territorio:

a) Serán anulables.
b) Serán nulos.
c) Habrá una mera irregularidad de forma.
d) Serán plenamente eficaces ya que son susceptibles de convalidación.

151. Según la Ley 39/2015, de 1 de octubre, en alguno de los siguientes supuestos no estamos ante un acto nulo de pleno derecho. Señala en cuál:

a) El dictado por órgano manifiestamente incompetente por razón de materia o territorio.
b) El que lesione derechos o libertades susceptibles de amparo constitucional.
c) El que incurra en cualquier infracción del ordenamiento jurídico.
d) El que sea constitutivo de infracción penal o se dicte como consecuencia de esta.

152. Conforme a la Ley 39/2015, de 1 octubre, de Procedimiento Administrativo Común de las Administraciones Públicas, la notificación a los interesados de las resoluciones y actos administrativos que afecten a sus derechos e intereses deberá ser cursada dentro del plazo de:

a) Diez días naturales a partir de la fecha en que el acto haya sido dictado.
b) Diez días hábiles a partir del día siguiente a aquel en que el acto haya sido dictado.
c) Diez días naturales a partir del día siguiente a aquel en que el acto haya sido dictado.
d) Diez días hábiles a partir de la fecha en que el acto haya sido dictado.

153. El órgano competente para la resolución de un expediente está preparando el oportuno acto administrativo. Indica, según la Ley 39/2015, de 1 octubre, de Procedimiento Administrativo Común de las Administraciones Públicas, qué acto de entre los siguientes estará exento de la obligación de ser motivado:

a) Los que resuelvan procedimientos de arbitraje.
b) Los acuerdos de aplicación de la ampliación de plazos.
c) Los que sigan el dictamen de órganos consultivos.
d) Los acuerdos de suspensión de actos.

154. Según la Ley 39/2015, de 1 octubre, de Procedimiento Administrativo Común de las Administraciones Públicas, podrá quedar demorada la eficacia de un acto administrativo:

a) Cuando esté supeditada a su publicación.
b) Cuando esté supeditada a su aprobación por un órgano inferior.
c) Cuando no lo exija el contenido del acto.
d) Cuando el interesado lo solicite al órgano que lo dicta.

155. Con arreglo al principio de inderogabilidad singular del artículo 37 de la Ley 39/2015, de 1 de octubre, del Procedimiento Administrativo Común de las Administraciones Públicas, las resoluciones administrativas que vulneren lo establecido en una disposición reglamentaria son:

a) Nulas.
b) Anulables.
c) Ineficaces.
d) Inconstitucionales.

156. En relación con la práctica de las notificaciones en papel, el artículo 42.2 de la Ley 39/2015, de 1 de octubre, del Procedimiento Administrativo Común de las Administraciones Públicas, establece que si nadie se hiciera cargo de la notificación, se hará constar esta circunstancia en el expediente, junto con el día y la hora en que se intentó la notificación, intento que se repetirá por una sola vez y en una hora distinta dentro de los:

a) Tres días siguientes. En caso de que el primer intento de notificación se haya realizado antes de las catorce horas, el segundo intento deberá realizarse después de las catorce horas y viceversa, dejando en todo caso al menos un margen de diferencia de tres horas entre ambos intentos de notificación.
b) Dos días siguientes. En caso de que el primer intento de notificación se haya realizado antes de las catorce horas, el segundo intento deberá realizarse después de las catorce horas y viceversa, dejando en todo caso al menos un margen de diferencia de dos horas entre ambos intentos de notificación.
c) Tres días siguientes. En caso de que el primer intento de notificación se haya realizado antes de las quince horas, el segundo intento deberá realizarse después de las quince horas y viceversa, dejando en todo caso al menos un margen de diferencia de tres horas entre ambos intentos de notificación.
d) Tres días siguientes. En caso de que el primer intento de notificación se haya realizado antes de las quince horas, el segundo intento deberá realizarse después de las quince horas y viceversa, dejando en todo caso al menos un margen de diferencia de dos horas entre ambos intentos de notificación.

157. Cuando se ignore el lugar de notificación de los interesados en un procedimiento:

a) Previamente a la publicación de un anuncio en el Boletín Oficial de Estado y con carácter preceptivo las Administraciones deberán publicar un anuncio en el Boletín Oficial de la Comunidad Autónoma del último domicilio del interesado.
b) Previamente a la publicación de un anuncio en el Boletín Oficial de Estado y con carácter preceptivo las Administraciones deberán publicar un anuncio en el Boletín Oficial de la provincia del último domicilio del interesado.
c) La notificación se hará por medio de un anuncio publicado en el Boletín Oficial del Estado.
d) No será preceptivo practicar la notificación.

158. Según establece la Ley 39/2015, de 1 de octubre, de Procedimiento Administrativo Común de las Administraciones Públicas:

a) No podrá ser convalidado en ningún caso el acto anulable viciado por falta de alguna autorización.
b) El órgano que anule las actuaciones dispondrá siempre la conservación de aquellos actos cuyo contenido se hubiera mantenido igual de no haberse cometido la infracción.
c) El defecto de forma determinará en todo caso la anulabilidad del acto administrativo.
d) La realización de actuaciones administrativas fuera del tiempo establecido para ellas implicará, en todo caso, la anulabilidad del acto.

159. Según establece la Ley 39/2015, de 1 de octubre, de Procedimiento Administrativo Común de las Administraciones Públicas, la notificación a los interesados de los actos administrativos que afecten a sus derechos e intereses:

a) Deberá ser cursada dentro del plazo de diez días a partir de la fecha en que el acto haya sido dictado.
b) Deberá ser cursada dentro del plazo de quince días a partir de la fecha en que el acto haya sido dictado.
c) Deberá ser cursada dentro del plazo de veinte días a partir de la fecha en que el acto haya sido dictado.
d) Deberá ser cursada dentro del plazo de un mes a partir de la fecha en que el acto haya sido dictado.

160. Según establece la Ley 39/2015, de 1 de octubre, de Procedimiento Administrativo Común de las Administraciones Públicas:

a) Los actos administrativos se producirán siempre por escrito.
b) En ningún caso podrá otorgarse eficacia retroactiva a los actos administrativos cuando se dicten en sustitución de actos anulados.

c) En todo caso los actos de las Administraciones Públicas sujetos al Derecho Administrativo producirán efectos desde la fecha en que se dicten.

d) Los acuerdos de suspensión de actos administrativos, cualquiera que sea el motivo de esta, serán motivados.

161. De acuerdo con lo establecido en la Ley 39/2015, de 1 de octubre, de Procedimiento Administrativo Común de las Administraciones Públicas, las resoluciones administrativas de carácter particular:

a) No podrán vulnerar lo establecido en una disposición de carácter general.

b) Podrán vulnerar lo establecido en una disposición de carácter general, si la autoridad que la dicta es de igual o superior rango a la que dictó la de carácter general.

c) Podrán vulnerar lo establecido en una disposición de carácter general dependiendo de a quién se refieran.

d) No existen resoluciones administrativas de carácter particular.

162. Conforme a lo establecido en la Ley 39/2015, de 1 de octubre, de Procedimiento Administrativo Común de las Administraciones Públicas, ¿en cuál de estos casos no podrá la Administración Pública convalidar un acto administrativo?

a) Si el acto es anulable subsanando los vicios de que adolezca.

b) Si el acto está dictado por un órgano manifiestamente incompetente por razón de la materia.

c) Si el acto adolece de un defecto de forma porque carece de los requisitos formales indispensables para alcanzar su fin.

d) En ninguno de los casos anteriores.

163. Según la Ley 39/2015, de 1 de octubre, del Procedimiento Administrativo Común de las Administraciones Públicas, cuando la notificación por medios electrónicos sea de carácter obligatorio o elegida por el interesado se podrá entender rechazada cuando hayan transcurrido:

a) Diez días hábiles sin que el interesado acceda a su contenido.

b) Diez días desde la puesta a disposición sin que se acceda a su contenido.

c) Diez días sin que el interesado reciba acuse de recibo.

d) Diez días naturales desde su puesta a disposición sin que se acceda a su contenido.

164. ¿En cuál de estos casos la publicación sustituirá a la notificación administrativa surtiendo sus mismos efectos, según la Ley 39/2015, de 1 octubre, de Procedimiento Administrativo Común de las Administraciones Públicas?

a) Siempre que el acto tenga varios interesados.

b) Cuando el acto forme parte de un procedimiento urgente y sumario.

c) Cuando se trate de actos integrantes de un procedimiento selectivo.

d) En caso de que el interesado o su representante rechacen la notificación de un acto administrativo.

165. Indica qué actos o disposiciones son anulables:

a) Los actos expresos o presuntos contrarios al ordenamiento jurídico por los que se adquieren facultades o derechos cuando se carezca de los requisitos esenciales para su adquisición.

b) Los actos de la Administración que incurran en cualquier infracción del ordenamiento jurídico, incluso la desviación de poder.

c) Las disposiciones administrativas que establezcan la retroactividad de disposiciones sancionadoras no favorables o restrictivas de derechos individuales.

d) Los dictados por órgano manifiestamente incompetente por razón de la materia o del territorio.

166. Según la Ley 39/2015, de 1 octubre, de Procedimiento Administrativo Común de las Administraciones Públicas, ¿cuándo se entiende practicada la notificación por medios electrónicos?

a) A los tres días del envío del aviso de la puesta a disposición del acto objeto de notificación.

b) En el momento en que se accede a la puesta a disposición del interesado del acto objeto de notificación.

c) Cuando, existiendo constancia de la puesta a disposición, transcurrieran cinco días naturales sin que se acceda a su contenido.

d) En el momento en que se produzca el acceso al contenido del acto notificado.

167. En la práctica de las notificaciones por medios electrónicos, según lo establecido en el artículo 43 de la Ley 39/2015, de 1 de octubre, del Procedimiento Administrativo Común de las Administraciones Públicas, señala cuál de las siguientes afirmaciones es incorrecta:

a) Se llevarán a cabo mediante comparecencia en la sede electrónica de la Administración u Organismo actuante, a través de la dirección electrónica habilitada únicamente o mediante ambos sistemas, según disponga cada Administración u Organismo.

b) Se entenderán practicadas en el momento en que se produzca el acceso a su contenido.
c) Cuando la notificación por medios electrónicos sea de carácter obligatorio, se entenderá rechazada cuando hayan transcurrido 10 días hábiles desde la puesta a disposición de la notificación sin que se acceda a su contenido.
d) Cuando la notificación por medios electrónicos haya sido expresamente elegida por el interesado, se entenderá rechazada cuando hayan transcurrido 10 días naturales desde la puesta a disposición de la notificación sin que se acceda a su contenido.

168. De conformidad con lo previsto en el artículo 47.1 de la Ley 39/2015, de 1 de octubre, del Procedimiento Administrativo Común de las Administraciones Públicas, son causas de nulidad de pleno derecho de los actos de las Administraciones Públicas:

a) Los dictados por órgano incompetente por razón del territorio.
b) Los dictados prescindiendo del procedimiento legalmente establecido o de las normas que contienen las reglas para la formación de la voluntad de los órganos colegiados.
c) Los que sean constitutivos de infracción administrativa o se dicten como consecuencia de esta.
d) Cualquier infracción del ordenamiento jurídico.

169. Según el artículo 35 de la Ley 39/2015, de 1 de octubre del Procedimiento Administrativo Común de las AAPP, entre otros, serán motivados los actos administrativos cuando:

a) Resuelvan procedimientos de revisiones de oficio.
b) Admitan las pruebas propuestas por los interesados.
c) Reconozcan derechos subjetivos.
d) Reconozcan intereses legítimos.

170. Indica, de conformidad con el artículo 52 de la Ley 39/2015, de 1 de octubre, del Procedimiento Administrativo Común de las Administraciones Públicas, la respuesta correcta sobre la convalidación de actos:

a) Cuando el vicio consista en incompetencia determinante de nulidad, podrá convalidarse por el órgano superior jerárquico del que dictó el acto viciado.
b) La Administración podrá convalidar los actos nulos de pleno derecho, subsanando los vicios de que adolezcan.
c) Como regla general, la convalidación producirá efecto desde la fecha en que fue dictado el acto convalidado.
d) Si el vicio consistiese en la falta de alguna autorización, se podrá convalidar el acto mediante el otorgamiento de la misma por el órgano competente.

171. Indica qué acto administrativo debe ser objeto de motivación según el artículo 35 de la Ley 39/2015, de 1 de octubre, del Procedimiento Administrativo Común de las Administraciones Públicas:

a) El requerimiento de subsanación de una solicitud presentada por el interesado.
b) Un acto de trámite que no se separe del criterio seguido en actuaciones precedentes.
c) El acto por el que se acuerda la admisión de pruebas propuestas por el interesado.
d) La propuesta de resolución en un procedimiento sancionador.

172. Según el principio de inderogabilidad singular de los reglamentos recogido en la Ley 39/2015, de 1 de octubre, del Procedimiento Administrativo Común de las Administraciones Públicas:

a) Las resoluciones administrativas de carácter particular no podrán vulnerar lo establecido en una disposición de carácter general, aunque aquellas procedan de un órgano de igual o superior jerarquía al que dictó la disposición general.
b) Las resoluciones administrativas de carácter particular pueden contradecir lo establecido en una disposición de carácter general cuando procedan de un órgano de igual o superior jerarquía al que dictó la disposición general.
c) Las resoluciones administrativas de carácter particular solo pueden vulnerar lo establecido en una disposición de carácter general cuando procedan de un órgano superior.
d) Las resoluciones administrativas de carácter particular podrán vulnerar lo establecido en una disposición de carácter general si proviene de un órgano de igual jerarquía al que dictó la disposición general.

173. Según lo dispuesto en la Ley 39/2015, de 1 de octubre, del Procedimiento Administrativo Común de las Administraciones Públicas, señala la respuesta correcta en relación con la práctica de las notificaciones en papel:

a) Cuando la notificación se practique en el domicilio del interesado, de no hallarse presente este en el momento de entregarse la notificación, podrá hacerse cargo de la misma cualquier persona mayor de 13 años que se encuentre en el domicilio y haga constar su identidad.
b) Si nadie se hiciera cargo de la notificación, se hará constar esta circunstancia en el expediente, junto con el día y la hora en que se intentó la notificación, intento que se repetirá por una sola vez y en una hora distinta dentro de las 48 horas siguientes.

c) Si la notificación resulta infructuosa, se entenderá que la misma ha sido rechazada, especificándose las circunstancias del intento de notificación y el medio, dando por efectuado el trámite y siguiéndose el procedimiento.

d) Todas las notificaciones que se practiquen en papel deberán ser puestas a disposición del interesado en la sede electrónica de la Administración u Organismo actuante para que pueda acceder al contenido de las mismas de forma voluntaria.

174. En relación con el artículo 47 de la Ley 39/2015, señala qué actos de las Administraciones Públicas son nulos de pleno derecho en todo caso:

a) Los que incurran en cualquier infracción del ordenamiento jurídico, incluso la desviación de poder.

b) Los que sean dictados fallando alguna autorización.

c) Los actos expresos o presuntos contrarios al ordenamiento jurídico por los que se adquieren facultades o derechos cuando se carezca de los requisitos esenciales para su adquisición.

d) Los dictados con defectos de forma que den lugar a la indefensión de los interesados.

175. La inderogabilidad singular de los reglamentos significa que:

a) Un reglamento no puede derogar parcialmente a otro reglamento.

b) Las resoluciones administrativas de carácter particular no pueden vulnerar lo establecido en una disposición de carácter general, aunque aquellas procedan de un órgano de igual o superior jerarquía al que dictó la disposición general.

c) Las resoluciones administrativas de carácter particular no pueden vulnerar lo establecido en una disposición de carácter general, salvo que aquellas procedan de un órgano de igual o superior jerarquía al que dictó la disposición general.

d) Un reglamento no puede derogar singularmente a otro reglamento.

176. De conformidad con la Ley 39/2015, del Procedimiento Administrativo Común de las Administraciones Públicas, en relación con las resoluciones y actos administrativos y sus notificaciones:

a) Para que sean válidas las resoluciones administrativas de carácter particular que se opongan a lo establecido en una disposición de carácter general, bastará con que procedan de un órgano de igual o superior jerarquía al que dictó la disposición general.

b) La Administración no podrá convalidar en ningún caso los actos anulables, aunque se subsanen los vicios de que adolezcan.

c) Los actos administrativos de las Administraciones Públicas se presumirán válidos y producirán efectos retroactivos desde la fecha en que se inició el procedimiento, salvo que en ellos se disponga otra cosa.

d) Las normas y actos dictados por los órganos de las Administraciones Públicas en el ejercicio de su propia competencia deberán ser observadas por el resto de los órganos administrativos, aunque no dependan jerárquicamente entre sí o pertenezcan a otra Administración.

177. Según establece la Ley 39/2015, del Procedimiento Administrativo Común de las Administraciones Públicas, en relación con notificaciones infructuosas, la notificación, con carácter obligatorio, se hará:

a) Por medio de un anuncio publicado en el Boletín Oficial del Estado.

b) Por medio de un anuncio en el Boletín Oficial del Estado y en el Boletín de la Comunidad Autónoma correspondiente.

c) Por medio de un anuncio en el Boletín Oficial del Estado y en el Boletín de la Comunidad Autónoma correspondiente, así como en el tablón de edictos del Ayuntamiento del último domicilio del interesado.

d) Tras la entrada en vigor de la Ley 39/2015, solo es preceptivo la publicación del anuncio en el boletín correspondiente de la Comunidad Autónoma, así como en el tablón de edictos del Ayuntamiento del último domicilio del interesado.

178. Según dispone la Ley 39/2015, del Procedimiento Administrativo Común de las Administraciones Públicas, cuando el interesado en el procedimiento fuera notificado por distintos cauces, se tomará como fecha de notificación la de aquella que:

a) Se pone a disposición en la sede electrónica de la Administración que tramita el procedimiento.

b) Fue remitida y notificada en papel.

c) Se hubiera producido en primer lugar.

d) Resulte más favorable al interesado.

179. Un acto dictado por un órgano incompetente por razón de la jerarquía:

a) Puede ser convalidado.

b) Solo puede convalidarse si es de trámite.

c) No puede ser convalidado.

d) Produce la invalidez de los actos subsistentes en el procedimiento.

180. De las siguientes respuestas relativas a la nulidad en los actos administrativos, según la Ley 39/2015, del Procedimiento Administrativo Común de las Administraciones Públicas, ¿encuentras alguna que sea incorrecta?

a) El acto nulo no puede ser objeto de convalidación.
b) Los actos nulos que, sin embargo, contengan los elementos constitutivos de otro distinto no producirán los efectos de este.
c) La Administración podrá en cualquier momento declarar la nulidad.
d) Los actos anulables son convalidables.

181. La definición de que los actos de la Administración serán válidos y producirán efectos desde la fecha en que se dicten, salvo que en ellos se disponga otra cosa, responde a determinado principio; ¿sabes cuál es?

a) Presunción de validez de los actos administrativos.
b) Presunción de calidad.
c) Presunción de oficialidad.
d) Presunción de veracidad de los actos administrativos.

182. De acuerdo con la Ley 39/2015, del Procedimiento Administrativo Común de las Administraciones Públicas, son actos anulables:

a) Los de contenido imposible.
b) Los que carezcan de los requisitos formales indispensables para alcanzar su fin.
c) Los dictados prescindiendo total y absolutamente de los procedimientos legalmente establecidos para ellos.
d) Los dictados prescindiendo total y absolutamente del procedimiento establecido por las normas que contienen las reglas esenciales para la formación de la voluntad de los órganos colegiados.

183. No han de ser necesariamente motivados los actos administrativos que:

a) Resuelven recursos.
b) Se separen del dictamen de los órganos consultivos.
c) Limiten derechos subjetivos.
d) Reconozcan el derecho de una licencia de apertura.

184. ¿En cuál de los siguientes supuestos queda demorada la eficacia de un acto administrativo?

a) Si se trata de actos dictados para sustituir a otros que han sido anulados.
b) Cuando dicho acto incurre en desviación de poder.

c) Cuando así lo exija el contenido del acto.
d) Cuando produce efectos favorables al interesado.

185. Conforme al artículo 47 de la Ley 39/2015, del Procedimiento Administrativo Común de las Administraciones Públicas, los actos de la Administración son nulos de pleno derecho si:

a) Se dictan fuera del plazo.
b) Se dictan sin seguir, en forma estricta, el procedimiento establecido.
c) Infringen el ordenamiento jurídico.
d) Los dictados prescindiendo total y absolutamente del procedimiento legalmente previsto.

186. Los actos dictados prescindiendo total y absolutamente de las normas que contienen las reglas esenciales de la formación de la voluntad de los órganos colegiados, según el artículo 47 de la Ley 39/2015, del Procedimiento Administrativo Común de las Administraciones Públicas, son:

a) Anulables.
b) Nulos de pleno derecho.
c) Irregulares.
d) Convalidables.

187. A tenor de lo dispuesto en la Ley 39/2015, del Procedimiento Administrativo Común de las Administraciones Públicas, ¿quién acordará la conservación de los actos?

a) Será el superior jerárquico del autor del acto nulo.
b) Será el propio órgano autor del acto nulo.
c) Será el órgano que acordó la nulidad.
d) Únicamente puede hacerlo la Jurisdicción Contencioso-Administrativa.

188. El ordenamiento jurídico prevé la convalidación de ciertos actos administrativos que adolecen de vicios. Señala cuáles se encuentran en ese supuesto:

a) Los dictados por órgano manifiestamente incompetente por razón de la materia.
b) Los constitutivos de delito.
c) Los de contenido imposible.
d) Los anulables.

189. Un acto que carezca de los requisitos de forma indispensable para alcanzar su fin, según el artículo 48 de la Ley 39/2015, del Procedimiento Administrativo Común de las Administraciones Públicas, es:

a) Nulo.
b) Irregular.

c) Anulable,
d) Perfectamente normal.

190. De acuerdo con el artículo 48 de la Ley 39/2015, del Procedimiento Administrativo Común de las Administraciones Públicas, cuando la Administración dicta un acto administrativo incurriendo en desviación de poder, dicho acto es:

a) Nulo de pleno derecho.
b) Anulable.
c) Impugnable en vía administrativa.
d) Irrecurrible en vía contencioso-administrativa.

191. La conversión de los actos administrativos se aplica, conforme a la Ley 39/2015, del Procedimiento Administrativo Común de las Administraciones Públicas:

a) A los actos nulos solo.
b) A los actos anulables solo.
c) A los actos irregulares, anulables y nulos.
d) A los actos anulables y nulos.

192. Los actos administrativos que limiten derechos subjetivos, necesariamente, según el artículo 35 de la Ley 39/2015, del Procedimiento Administrativo Común de las Administraciones Públicas habrán de ser:

a) Inimpugnables.
b) Motivados.
c) Discrecionales.
d) De trámite.

193. De acuerdo con la Ley 39/2015, del Procedimiento Administrativo Común de las Administraciones Públicas, el contenido del acto administrativo debe ser:

a) Posible, formal y causal.
b) Posible, objetivo y causal.
c) Posible, determinado, causal y formal.
d) Posible, lícito, determinado y adecuado a sus fines.

194. Según la Ley 39/2015, del Procedimiento Administrativo Común de las Administraciones Públicas, el acto de convalidación producirá efectos:

a) Cuando se notifique, salvo lo dispuesto en el artículo 37.3 de la misma ley para la retroactividad de los actos administrativos:
b) Cuando se publique, salvo lo dispuesto en el artículo 39.3 de la misma ley para la retroactividad de los actos administrativos.

c) Desde su fecha, salvo lo dispuesto en el artículo 37.3 de la misma ley para la retroactividad de los actos administrativos.
d) Desde su fecha, salvo lo dispuesto en el artículo 39.3 de la misma ley para la retroactividad de los actos administrativos.

195. No son nulos de pleno derecho los actos administrativos que, según el artículo 47 de la Ley 39/2015, del Procedimiento Administrativo Común de las Administraciones Públicas:

a) Limiten derechos subjetivos.
b) Lesionen derechos y libertades susceptibles de amparo constitucional.
c) Dictados por órgano manifiestamente incompetente por razón de la materia.
d) Dictados por órgano manifiestamente incompetente por razón del territorio.

196. En la notificación de todo acto administrativo no es necesario que conste siempre:

a) Su texto íntegro.
b) Los recursos que contra el mismo procedan.
c) Los motivos en que se basa la decisión.
d) El plazo de interposición de los recursos.

197. Conforme a la Ley 39/2015, del Procedimiento Administrativo Común de las Administraciones Públicas, para que un acto tenga eficacia retroactiva es necesario que:

a) Limite derechos de los particulares.
b) Restrinja el ejercicio de facultades de los particulares.
c) Imponga deberes u obligaciones.
d) No se lesionen derechos legítimos de otras personas.

198. Cuando el Delegado Territorial de una Consejería de Agricultura de una Comunidad Autónoma de una Provincia concreta resuelve una solicitud en materia propia de la Delegación Territorial de una Consejería de Empleo de distinta Provincia, incurre en una incompetencia:

a) Material y jerárquica.
b) Territorial y jerárquica.
c) Material y territorial.
d) Territorial exclusivamente.

199. Cuando un órgano administrativo, al dictar un acto, se desvía de un dictamen vinculante de un órgano consultivo, según el artículo 48 de la Ley 39/2015, del Procedimiento Administrativo Común de las Administraciones Públicas:

a) Vicia el acto de que se trate.
b) Debe motivar el acto.
c) No puede hacerlo.
d) Debe justificar por qué lo hace.

200. Cuando un órgano administrativo, al dictar un acto, se separa de un dictamen facultativo, según el artículo 45 de la Ley 39/2015, del Procedimiento Administrativo Común de las Administraciones Públicas:

a) Vicia el acto.
b) Debe motivarlo.
c) No puede hacerlo.
d) Al ser facultativo, no es necesaria la motivación del acto.

201. Los que tuvieren la condición de interesados en un procedimiento administrativo, podrán conocer del estado de la tramitación del mismo:

a) En el trámite de audiencia.
b) En el trámite de información pública.
c) En cualquier momento
d) Solo cuando lo permita el instructor del procedimiento.

202. Las medidas provisionales adoptadas antes de la iniciación del procedimiento administrativo, deberán ser confirmadas, modificadas o levantadas en el acuerdo de iniciación del procedimiento, que deberá efectuarse:

a) Dentro de los quince días siguientes a su adopción, pudiendo ser recurrido.
b) Dentro de los veinte días siguientes a su adopción, pudiendo de ser recurrido.

c) Dentro de los diez días siguientes a su adopción, sin posibilidad de ser recurrido.
d) Dentro de los veinte días siguientes a su adopción, sin posibilidad de ser recurrido.

203. Cuando el acuerdo de iniciación del procedimiento no contenga un pronunciamiento expreso acerca de las medidas provisionales previas, dichas medidas:

a) Se mantendrán, hasta la fase de alegaciones.
b) Se mantendrán, salvo que haya recurso pendiente.
c) Se prorrogaran por quince días.
d) Quedarán sin efecto.

204. Los procedimientos de naturaleza sancionadora se iniciarán:

a) De oficio o a instancia de parte.
b) Siempre a instancia de parte.
c) Siempre de oficio.
d) En virtud de denuncia.

205. Si la solicitud de iniciación del procedimiento administrativo no reúne los requisitos recogidos en la Ley 39/2015 u otros exigidos por la legislación específica aplicable:

a) Se inadmitirá la solicitud presentada por el interesado.
b) Se le dará un plazo de cinco días para que vuelva a presentar la solicitud correctamente.
c) Se le dará un plazo de veinte días para que subsane la falta o acompañe los documentos preceptivos.
d) Se le dará un plazo de diez días para que subsane la falta o acompañe los documentos preceptivos.

Soluciones

101. d)	111. d)	121. a)	131. a)	141. b)	151. c)	161. a)	171. d)	181. a)	191. d)
102. c)	112. c)	122. d)	132. c)	142. c)	152. d)	162. b)	172. a)	182. b)	192. b)
103. b)	113. b)	123. c)	133. b)	143. c)	153. c)	163. d)	173. d)	183. d)	193. d)
104. d)	114. b)	124. c)	134. b)	144. a)	154. a)	164. c)	174. c)	184. c)	194. d)
105. c)	115. c)	125. b)	135. b)	145. b)	155. a)	165. b)	175. b)	185. d)	195. a)
106. d)	116. b)	126. d)	136. a)	146. b)	156. c)	166. d)	176. d)	186. b)	196. c)
107. a)	117. a)	127. a)	137. a)	147. d)	157. c)	167. d)	177. a)	187. c)	197. d)
108. d)	118. b)	128. c)	138. c)	148. c)	158. b)	168. a)	178. c)	188. d)	198. c)
109. c)	119. b)	129. b)	139. c)	149. c)	159. a)	169. a)	179. a)	189. c)	199. a)
110. c)	120. b)	130. c)	140. c)	150. b)	160. d)	170. b)	180. b)	190. b)	200. b)

206. ¿Suspenderá la tramitación del procedimiento las cuestiones incidentales que se susciten en el mismo?

a) No.
b) Sí.
c) No, salvo las que se refieran a la nulidad de actuaciones.
d) No, incluso las relativas a la recusación no se suspenderán.

207. Señala cuál de las siguientes no podrá adoptarse como medidas provisionales en un procedimiento administrativo:

a) Embargo preventivo de bienes.
b) Inmovilización de cosa mueble.
c) Retirada o intervención de bienes productivos.
d) Suspensión definitiva de actividades.

208. El interesado en el procedimiento administrativo tiene derecho:

a) A formular alegaciones y a utilizar los medios de defensa admitidos por el Ordenamiento Jurídico en cualquier fase del procedimiento.
b) A formular alegaciones, a utilizar los medios de defensa admitidos por el Ordenamiento Jurídico, y a aportar documentos en cualquier fase del procedimiento anterior al trámite de audiencia.
c) A formular alegaciones y a utilizar los medios de defensa admitidos por el Ordenamiento Jurídico en cualquier fase del procedimiento, pero solo podrá aportar documentos con posterioridad al trámite de audiencia.
d) A formular alegaciones y a utilizar los medios de defensa admitidos por el Ordenamiento Jurídico en cualquier fase del procedimiento anterior al dictado de la resolución por la que se pone fin al procedimiento.

209. Contra el acuerdo de acumulación de procedimientos:

a) Cabe recurso de revisión.
b) Cabe recurso extraordinario de revisión.
c) No cabe recurso alguno.
d) Cabe recurso de alzada.

210. Los procedimientos administrativos que no tengan naturaleza sancionadora se podrán iniciar:

a) Por acuerdo del órgano competente o a petición razonada de otros órganos.
b) Por acuerdo del órgano competente, bien por propia iniciativa o como consecuencia de orden superior, a petición razonada de otros órganos o por denuncia.
c) Por denuncia solamente.
d) De oficio siempre.

211. Cuando el procedimiento se iniciara por una denuncia en la que se invocara un perjuicio en el patrimonio de las Administraciones Públicas:

a) La no iniciación del procedimiento deberá ser motivada y se notificará a los denunciantes la decisión de si se ha iniciado o no el procedimiento.
b) La iniciación del procedimiento deberá ser motivada y no se notificará a los denunciantes, si el instructor lo considera oportuno.
c) La no iniciación del procedimiento quedará a la decisión del instructor, sin necesidad de motivarla, salvo a petición del denunciante.
d) La no iniciación del procedimiento nunca deberá ser motivada.

212. Los interesados podrán solicitar el inicio de un procedimiento de responsabilidad patrimonial:

a) Siempre.
b) Dentro de los cuatro años siguientes a aquel en que se produjo el acto que motiva la indemnización.
c) Si así se dispone por sentencia.
d) Cuando no haya prescrito su derecho a reclamar.

213. El plazo de subsanación de la solicitud de iniciación del procedimiento podrá ampliarse prudencialmente, cuando la aportación de los documentos requeridos presente dificultades especiales:

a) Hasta cinco días.
b) Hasta diez días.
c) Hasta quince días.
d) Siempre por diez días más.

214. En los procedimientos de naturaleza sancionadora, ¿cuál de los siguientes no es un derecho de los presuntos responsables?

a) A ser notificado de la identidad del instructor.
b) A saber quién es la autoridad competente para imponer la sanción.
c) A ser informado de sus derechos procesales penales.
d) A ser notificado de los hechos que se le imputen.

215. ¿Hay presunción de existencia de responsabilidad administrativa mientras no se demuestre lo contrario?

a) Sí, salvo excepciones.
b) Nunca.
c) Solo en los procedimientos de naturaleza sancionadora.
d) Siempre.

216. Iniciado el procedimiento administrativo, pueden adoptarse medidas provisionales, ¿por qué órgano?

a) Por el órgano administrativo competente para resolver.
b) Por el órgano administrativo competente para instruir.
c) Por cualquier órgano administrativo.
d) No podrán adoptarse medidas provisionales.

217. En caso de daños de carácter físico o psíquico a las personas, el derecho a reclamar en un procedimiento de responsabilidad patrimonial prescribe:

a) A los cinco años a contar desde la completa curación.
b) No prescriben nunca, cuando sean de carácter psíquico.
c) Al año a contar desde la curación o la determinación del alcance de las secuelas.
d) A los dos años a contar desde la curación o la determinación del alcance de las secuelas.

218. Señala cuál de las siguientes puede ser una definición de expediente administrativo:

a) Diligencias encaminadas a ejecutar la resolución administrativa, medidas adoptadas para ello y anotaciones practicadas.
b) El conjunto de actuaciones que sirven de antecedente y fundamento a la resolución administrativa.
c) Documentos que se aportan por las partes para dictar resolución administrativa.
d) El conjunto ordenado de documentos y actuaciones que sirven de antecedente y fundamento a la resolución administrativa, así como las diligencias encaminadas a ejecutarla.

219. ¿En virtud de qué principio administrativo se puede acordar en un solo acto todos los trámites que, por su naturaleza, admitan un impulso simultáneo y no sea obligado su cumplimiento sucesivo?

a) Principio de simplificación administrativa.
b) Principio de eficacia administrativa.
c) Principio de eficiencia administrativa.
d) Principio de racionalidad.

220. Por regla general, salvo en el caso de que en la norma correspondiente se fije plazo distinto, los trámites que deban ser cumplimentados por los interesados deberán realizarse en el plazo de:

a) 20 días.
b) 15 días.
c) 10 días.
d) 5 días.

221. Señala la respuesta incorrecta. En la iniciación del procedimiento administrativo a instancia de parte, la solicitud que se formule deberá contener, entre otros:

a) Lugar y fecha.
b) Nombre y sexo del interesado.
c) Nombre y apellidos de la persona que represente al interesado.
d) Hechos, razones y petición en que se concrete, con toda claridad, la solicitud.

222. Los interesados en un procedimiento administrativo, ¿tienen que presentar los documentos originales?

a) Sí, como regla general.
b) No, como regla general.
c) Sí, siempre, salvo dispensa.
d) Nunca.

223. El interesado en el procedimiento administrativo, en el caso de que la Administración no dicte ni notifique resolución expresa en plazo, tiene derecho:

a) A conocer el sentido del silencio administrativo que corresponda.
b) A impugnar la falta de resolución expresa, mediante recurso de apelación.
c) A exigir responsabilidad civil a la Administración por falta de resolución.
d) A solicitar resolución expresa.

224. ¿Cómo se denomina al periodo que el órgano competente podrá abrir, con anterioridad al inicio del procedimiento, con el fin de conocer las circunstancias del caso concreto y la conveniencia o no de iniciar el procedimiento?

a) Período de información o actuaciones previas.
b) Período de iniciación.
c) Período preliminar.
d) Período voluntario.

225. Señala cuál de las siguientes no es una medida provisional que se pueda adoptar en el procedimiento administrativo:

a) Prestación de fianzas.
b) Suspensión temporal de servicios por razones de sanidad, higiene o seguridad.
c) Cierre definitivo del establecimiento por razones de sanidad, higiene o seguridad.
d) Embargo preventivo de rentas.

226. ¿Cuándo podrán ser alzadas o modificadas las medidas provisionales?

a) Solo al final del procedimiento.
b) Durante la tramitación del procedimiento.
c) Tras la firmeza de resolución.
d) Cuando se inicie el procedimiento.

227. En todo caso, se extinguirán las medidas provisionales:

a) Cuando surta efectos la resolución administrativa que ponga fin al procedimiento correspondiente.
b) Cuando lo solicite la parte interesada.
c) Cuando se interponga resolución contra los actos de trámite.
d) Cuando se impugnen esas medidas.

228. ¿Cómo se denomina en el ámbito administrativo, al acto por el que cualquier persona, en cumplimiento o no de una obligación legal, pone en conocimiento de un órgano administrativo la existencia de un determinado hecho que pudiera justificar la iniciación de oficio de un procedimiento administrativo?

a) Demanda.
b) Escrito de iniciación.
c) Denuncia.
d) Querella.

229. Los trámites que deban ser cumplimentados por los interesados deberán realizarse en el plazo establecido por la ley, pero ¿desde cuándo comenzará a contarse este plazo?

a) A partir del mismo día de la notificación del correspondiente acto.
b) A partir del día siguiente al del que se dicta la resolución.
c) A partir del día siguiente al de la notificación del correspondiente acto.
d) A partir del mismo día en que se dicta la resolución.

230. Las medidas provisionales que, una vez iniciado el procedimiento administrativo puede imponer el órgano competente, han de cumplir los principios de:

a) Igualdad, eficacia y menor onerosidad.
b) Proporcionalidad, efectividad y menor onerosidad.
c) Eficiencia, efectividad y mayor onerosidad.
d) Igualdad y necesidad.

231. Cuando la Administración considere que alguno de los actos de los interesados no reúne los requisitos necesarios, ¿qué hará?

a) Inadmitirá el acto.
b) Le podrá declarar decaído en su derecho al trámite correspondiente.

c) Lo pondrá en conocimiento de su autor, concediéndole un plazo de cinco días para cumplimentarlo.
d) Lo pondrá en conocimiento de su autor, concediéndole un plazo de diez días para cumplimentarlo.

232. Señala la respuesta incorrecta. En la iniciación del procedimiento administrativo a instancia de parte, la solicitud que se formule deberá contener, entre otros:

a) Firma del solicitante o acreditación de la autenticidad de su voluntad expresada por cualquier medio.
b) Órgano, centro o unidad administrativa a la que se dirige y su correspondiente código de identificación.
c) Nombre y apellidos del interesado.
d) Teléfono fijo de contacto.

233. Señala cuál de las siguientes no es una medida provisional que se pueda adoptar en el procedimiento administrativo:

a) Retirada de bienes productivos.
b) Intervención de bienes productivos.
c) Depósito de cosa mueble.
d) Embargo de cosas infungibles.

234. En los procedimientos de responsabilidad patrimonial, ¿qué no debe contener la petición?

a) La relación de causalidad entre la lesión producida y el funcionamiento del servicio público.
b) La lesión producida en una persona o grupo de personas.
c) Su evaluación económica, en todo caso.
d) El momento en que la lesión se produjo.

235. La presentación de una denuncia:

a) No confiere, por sí sola, la condición de interesado en el procedimiento.
b) Confiere, por sí sola, la condición de interesado en el procedimiento.
c) Confiere, por sí sola, capacidad de obrar al interesado en el procedimiento.
d) Confiere, por sí sola, capacidad jurídica al interesado en el procedimiento.

236. En los procedimientos de naturaleza sancionadora:

a) Solo hay una fase sancionadora.
b) Deberá separarse la fase instructora y la sancionadora.
c) La fase instructora y la sancionadora se practican juntas.
d) Se separan las fases preliminar, instructora, mediadora y sancionadora.

237. Quienes se relacionen con las Administraciones Públicas a través de medios electrónicos, tendrán derecho a consultar la información:

a) En el Punto Electrónico de Información de la Administración.
b) En el Punto de Acceso Telemático de la Administración.
c) En el Punto Neutro de la Administración.
d) En el Punto de Acceso General electrónico de la Administración.

238. En caso de que el interesado en el procedimiento administrativo, excepcionalmente, deban presentar un documento original, tendrán derecho:

a) A obtener una copia autenticada de este.
b) A que se queden con una copia y le devuelvan el original.
c) No tendrá derecho alguno a copia.
d) A obtener una fotocopia de este.

239. El interesado en el procedimiento administrativo, ¿tiene derecho a identificar a las autoridades y al personal al servicio de las Administraciones Públicas bajo cuya responsabilidad se tramiten los procedimientos?

a) No.
b) Sí.
c) Solo en los procedimientos declarativos.
d) Solo en los procedimientos sancionadores.

240. Los procedimientos podrán iniciarse:

a) De oficio en todo caso.
b) A solicitud del interesado, siempre.
c) Por querella del tercero no interesado.
d) De oficio o a solicitud del interesado.

241. Iniciado el procedimiento, el órgano administrativo competente podrá adoptar medidas provisionales:

a) Siempre de oficio.
b) De oficio o a instancia de parte y de forma motivada.
c) Siempre a instancia de parte, de forma motivada.
d) Sin necesidad de motivarlas.

242. Señala cuál de las siguientes no es una medida provisional que se pueda adoptar en el procedimiento administrativo:

a) Intervención de bienes improductivos.
b) Consignación de depósito de las cantidades que se reclamen.

c) La retención de ingresos a cuenta que deban abonar las Administraciones Públicas.
d) Retención de cosa mueble.

243. Señala la respuesta incorrecta. En el caso de procedimientos de naturaleza sancionadora, las actuaciones previas se orientarán a:

a) Determinar la sanción que recaerá en la resolución final.
b) Determinar, con la mayor precisión posible, los hechos susceptibles de motivar la incoación del procedimiento.
c) La identificación de la persona o personas que pudieran resultar responsables.
d) Las circunstancias relevantes que concurran en los hechos o las personas responsables.

244. En el ámbito administrativo, ¿en los términos previstos en qué ley podrán acordarse medidas provisionales?

a) En la Ley de responsabilidad Civil.
b) En la Ley de Expropiación Forzosa.
c) En la Ley de Enjuiciamiento Civil.
d) En la Ley de Enjuiciamiento Criminal.

245. La intervención y depósito de ingresos obtenidos mediante una actividad que se considere ilícita y cuya prohibición o cesación se pretenda, puede imponerse:

a) No podrá imponerse en el ámbito administrativo.
b) Como medida provisional.
c) Como medida preliminar.
d) Como medida definitiva.

246. No se podrán adoptar medidas provisionales:

a) Que puedan causar perjuicio de difícil o imposible reparación a los interesados.
b) Que no impliquen violación de derechos.
c) Que no causen perjuicio o pueda ser reparable.
d) Que puedan causar perjuicio reparable.

247. El órgano administrativo que inicie o tramite un procedimiento, cualquiera que haya sido la forma de su iniciación, podrá disponer su acumulación a otros con los que guarde identidad sustancial o íntima conexión:

a) En todo caso.
b) Siempre que sea diferente el órgano que deba tramitar el procedimiento del que deba resolverlo.
c) Siempre que sea el mismo órgano quien deba tramitar y resolver el procedimiento.

d) Siempre que así se prevea expresamente en la norma que regula ese procedimiento, con independencia de que sean los mismos o diferentes los órganos que instruyan y resuelvan.

248. ¿Cómo se denomina la propuesta de iniciación del procedimiento formulada por cualquier órgano administrativo que no tiene competencia para iniciar el mismo y que ha tenido conocimiento de las circunstancias, conductas o hechos objeto del procedimiento, bien ocasionalmente o bien por tener atribuidas funciones de inspección, averiguación o investigación?

a) Inicio del procedimiento por petición razonada de otro órgano.
b) Inicio del procedimiento por petición fundada de otro órgano.
c) Inicio del procedimiento por petición motivada de otro órgano.
d) Inicio del procedimiento por petición consensuada de otro órgano.

249. Señala la respuesta incorrecta. En los procedimientos de naturaleza sancionadora, las peticiones razonadas de iniciación por otro órgano deberán especificar:

a) La persona o personas presuntamente responsables.
b) Las conductas o hechos que pudieran constituir infracción administrativa y su tipificación.
c) La cuantía exacta de la multa a imponer.
d) El lugar, la fecha, fechas o período de tiempo continuado en que los hechos se produjeron.

250. En los procedimientos de naturaleza sancionadora:

a) Se encomiendan a órganos distintos la fase instructora y la sancionadora.
b) Un solo órgano instruye y sanciona.
c) Se encomiendan a órganos distintos la fase instructora, la sancionadora y la de revisión.
d) Al haber una sola fase, solo existe un órgano competente.

251. La acumulación de un procedimiento con otros con los que guarde identidad sustancial o íntima conexión se llevará a cabo:

a) Siempre de oficio.
b) A instancia de parte, salvo en los procedimientos sancionadores, que se hará solo de oficio.
c) A instancia de parte, en todo caso.
d) De oficio o a instancia de parte.

252. La petición de inicio del procedimiento por petición razonada de otro órgano:

a) Vincula al órgano competente para iniciar el procedimiento.
b) No vincula al órgano competente para iniciar el procedimiento.
c) Vincula al órgano competente para resolver el procedimiento.
d) No es posible esta forma de iniciar el procedimiento administrativo.

253. Señale la opción incorrecta. En la iniciación del procedimiento administrativo mediante denuncia, esta deberá expresar en todo caso:

a) La identidad de la persona que la presentan.
b) El relato de los hechos que se ponen en conocimiento de la Administración.
c) La identidad de la persona responsable.
d) Si la presentan un grupo de personas, la identidad de todas las personas que la presentan.

254. ¿Podrá imponerse una sanción sin que se haya tramitado el oportuno procedimiento administrativo sancionador?

a) Sí.
b) En ningún caso.
c) No, salvo excepciones.
d) Sí, salvo excepciones.

255. ¿Cómo denomina la Ley 39/2015 al documento suscrito por un interesado en el que este manifiesta, bajo su responsabilidad, que cumple con los requisitos establecidos en la normativa vigente para obtener el reconocimiento de un derecho o facultad o para su ejercicio, que dispone de la documentación que así lo acredita, que la pondrá a disposición de la Administración cuando le sea requerida, y que se compromete a mantener el cumplimiento de las anteriores obligaciones durante el período de tiempo inherente a dicho reconocimiento o ejercicio?

a) Declaración jurada.
b) Declaración responsable.
c) Comunicación.
d) Declaración *apud acta*.

256. Señala la respuesta incorrecta. El acuerdo de iniciación del procedimiento sancionador ha de contener, entre otros:

a) Identificación del instructor del procedimiento.
b) Identificación del Secretario del procedimiento.

c) Identificación de la persona o personas presuntamente responsables.

d) Medidas de carácter provisional que se hayan acordado por el órgano competente para resolver el procedimiento sancionador.

257. En el procedimiento sancionador, ¿cuándo se podrá realizar la calificación de los hechos en una fase posterior al acuerdo de iniciación?

a) Como regla general, siempre que lo determine el instructor.

b) Excepcionalmente, cuando en el momento de dictar el acuerdo de iniciación no existan elementos suficientes para identificar a todos los presuntos responsables.

c) Siempre.

d) Excepcionalmente, cuando en el momento de dictar el acuerdo de iniciación no existan elementos suficientes para la calificación inicial de los hechos que motivan la incoación del procedimiento.

258. Cuando las Administraciones Públicas decidan iniciar de oficio un procedimiento de responsabilidad patrimonial será necesario:

a) Que no haya prescrito el derecho a la reclamación del interesado.

b) Que no haya caducado el derecho a la reclamación del interesado.

c) Que no haya prescrito la sanción aplicable a dicho procedimiento.

d) Que no haya prescrito el hecho constitutivo de sanción.

259. Cuando las pretensiones correspondientes a una pluralidad de personas tengan un contenido y fundamento idéntico o sustancialmente similar:

a) Deberán ser formuladas en distintas solicitudes.

b) Podrán ser formuladas en una única solicitud, salvo que la norma disponga lo contrario.

c) Nunca podrán ser formuladas en una única solicitud.

d) El instructor decidirá si se pueden presentar en una o varias solicitudes.

260. ¿Cómo se denomina a la posibilidad de que el órgano administrativo que inicie o tramite un procedimiento administrativo disponga, de oficio o a instancia de parte, que se tramite junto a otros con los que guarde identidad sustancial o íntima conexión?

a) Reunificación.

b) Unificación.

c) Tramitación solidaria.

d) Acumulación.

261. La petición de inicio del procedimiento por petición razonada de otro órgano no vincula al órgano competente para iniciar el procedimiento, pero deberá:

a) Remitir el expediente al órgano que hubiera formulado la petición.

b) Comunicar al órgano que hubiera formulado la petición, los motivos por los que no procede la iniciación.

c) Remitir el expediente al órgano que hubiera formulado la petición, motivando la remisión.

d) Archivar la petición.

262. Cuando la Administración en un procedimiento concreto establezca expresamente modelos específicos de presentación de solicitudes:

a) Serán de uso potestativo por los interesados.

b) Serán de uso obligatorio por los interesados.

c) Son facilitados por la Administración, con carácter orientativo para el administrado.

d) Pueden presentarse en modelo diferente, siempre y cuando se hagan constar los datos exigidos por la norma.

263. Cuando el administrado se relacione con las Administraciones Públicas a través de medios electrónicos, se entenderá cumplida la obligación de la Administración de facilitar copias de los documentos contenidos en los procedimientos, mediante la puesta a disposición de las mismas:

a) En el Punto de Acceso General electrónico de la Administración competente.

b) En la sede física de la Administración competente.

c) En el Punto Neutro General de la Administración Pública.

d) En el Punto General Electrónico de la Administración Pública.

264. Los interesados en el procedimiento administrativo tienen derecho:

a) A actuar asistido de asesor cuando lo consideren conveniente en defensa de sus intereses.

b) A obtener fotocopia del documento original que ha de presentar siempre.

c) A conocer el órgano competente para resolver, antes de iniciar el procedimiento.

d) A conocer el órgano competente para instruir, antes de iniciar el procedimiento.

265. ¿Cuándo puede el órgano competente para iniciar o instruir el procedimiento, adoptar de forma motivada las medidas provisionales que resulten convenientes?

a) Al finalizar el procedimiento administrativo.
b) De instancia de parte en todo caso, y antes de la iniciación del procedimiento administrativo.
c) Antes de la iniciación del procedimiento administrativo.
d) De oficio en todo caso, y antes de la iniciación del procedimiento administrativo.

266. ¿Pueden las medidas provisionales ser alzadas o modificadas durante la tramitación del procedimiento?

a) Sí, de oficio, en virtud de circunstancias que pudieron ser tenidas en cuenta en el momento de su adopción.
b) Sí, a instancia de parte, en virtud de circunstancias que pudieron ser tenidas en cuenta en el momento de su adopción.
c) Sí, de oficio o a instancia de parte, en virtud de circunstancias ya existentes que pudieron ser tenidas en cuenta en el momento de su adopción.
d) Sí, de oficio o a instancia de parte, en virtud de circunstancias sobrevenidas o que no pudieron ser tenidas en cuenta en el momento de su adopción.

267. Señala la respuesta incorrecta. El acuerdo de iniciación del procedimiento sancionador, ha de contener, entre otros:

a) Expresa indicación del régimen de recusación de los presuntos responsables.
b) Órgano competente para la resolución del procedimiento.
c) La posible calificación de los hechos y las sanciones que pudieran corresponder, sin perjuicio de lo que resulte de la instrucción.
d) Los hechos que motivan la incoación del procedimiento.

268. ¿Qué harán las Administraciones Públicas si alguno de los sujetos que están obligados a relacionarse electrónicamente con las Administraciones Públicas presenta su solicitud presencialmente?

a) Inadmitirán la solicitud por defecto de forma.
b) Requerirán al interesado para que la subsane a través de su presentación electrónica.
c) Requerirán al interesado para que la subsane a través de su presentación presencial.
d) Admitirán la presentación presencial, advirtiéndole de que el resto de los trámites deberán hacerse telemáticamente.

269. ¿Cómo denomina la Ley 39/2015 al documento mediante el que los interesados ponen en conocimiento de la Administración Pública competente sus datos identificativos o cualquier otro dato relevante para el inicio de una actividad o el ejercicio de un derecho?

a) *Apud acta*.
b) *Poder in legis*.
c) Declaración responsable.
d) Comunicación.

270. ¿Cuándo se considerará que un órgano es competente para iniciar el procedimiento administrativo?

a) Cuando a él vaya dirigida la denuncia del interesado.
b) Cuando así lo determine el órgano superior.
c) Cuando así lo disponga la resolución de inhibición.
d) Cuando así lo determinen las normas reguladoras del procedimiento.

271. La inexactitud, falsedad u omisión, de carácter esencial, de cualquier dato o información que se incorpore a una declaración responsable, ¿qué consecuencias conllevará?

a) La imposibilidad de continuar con el ejercicio del derecho o actividad afectada.
b) La subsanación, durante el periodo establecido por la Administración, de dicha inexactitud.
c) La posibilidad de presentar la documentación omitida.
d) El archivo del procedimiento si no se subsana en tiempo.

272. Cuando en virtud de una norma sea preciso remitir el expediente electrónico, se hará de acuerdo con lo previsto en el Esquema Nacional de Interoperabilidad y en las correspondientes Normas Técnicas de Interoperabilidad, y se enviará:

a) Completo y en un solo archivo firmado digitalmente por el órgano emisor.
b) Completo, firmado y acompañado de un índice de los documentos que contenga.
c) Completo y acompañado de un índice de los documentos que contenga.
d) Completo, foliado, autentificado y acompañado de un índice, asimismo autentificado, de los documentos que contenga.

273. Señala la respuesta incorrecta. El acuerdo de iniciación del procedimiento sancionador ha de contener, entre otros:

a) Norma que le atribuya la competencia para resolver al órgano competente.

b) Indicación de que, en caso de no efectuar alegaciones en el plazo previsto sobre el contenido del acuerdo de iniciación, este podrá ser considerado propuesta de resolución aun cuando no contenga un pronunciamiento preciso acerca de la responsabilidad imputada.

c) Indicación del derecho a formular alegaciones.

d) Ha de recoger la posibilidad de que el presunto responsable pueda reconocer voluntariamente su responsabilidad.

274. En el procedimiento sancionador, cuando se realice la calificación de los hechos en una fase posterior al acuerdo de iniciación, esta se llevará a cabo mediante la elaboración de:

a) Un Pliego de cargos.

b) Una Propuesta de sanción.

c) Un Pliego de sanciones.

d) Una Proposición de responsabilidades.

275. Cuando las Administraciones Públicas requieran, para la presentación telemática, a alguno de los sujetos que están obligados a relacionarse electrónicamente con ellas y que hubieran presentado su solicitud presencialmente, ¿cuál será la fecha en la que se considerará presentada la solicitud?

a) La fecha en que se le haya requerido para la subsanación.

b) La fecha en que se hizo la primera presentación presencial.

c) La fecha en que se presentó inicialmente.

d) La fecha en la que haya sido realizada la subsanación.

276. Con carácter general, los actos de instrucción necesarios para la determinación, conocimiento y comprobación de los hechos en virtud de los cuales deba pronunciarse la resolución, se realizarán, por el órgano que tramite el procedimiento:

a) A instancia de parte y a través de medios electrónicos.

b) De oficio y a través de medios electrónicos.

c) De oficio o a instancia de parte y a través de cualquier medio que deje constancia de la resolución.

d) Siempre de oficio y a través del medio que elija el administrado.

277. En cualquier caso, el órgano instructor durante los actos de instrucción, adoptará las medidas necesarias para lograr el pleno respeto a los principios de:

a) Legalidad y proporcionalidad.

b) Eficacia y eficiencia durante la instrucción.

c) Contradicción y de igualdad de los interesados en el procedimiento.

d) Proporcionalidad e igualdad de los interesados en el procedimiento.

278. ¿Transcurrido cuánto tiempo sin que el particular requerido realice las actividades necesarias para reanudar la tramitación, la Administración acordará el archivo de las actuaciones, notificándoselo al interesado?

a) Treinta días.

b) Tres meses.

c) Seis meses.

d) Doce meses.

279. ¿En qué momento del procedimiento podrán los interesados aducir alegaciones y aportar documentos u otros elementos de juicio?

a) En cualquier momento del procedimiento, en virtud del principio de flexibilidad.

b) En cualquier momento del procedimiento anterior al trámite de audiencia.

c) Únicamente en la fase de alegaciones.

d) Durante la fase de alegaciones y el trámite de audiencia.

280. ¿Cuándo podrán los interesados alegar los defectos de tramitación, como los que supongan paralización, infracción de los plazos preceptivamente señalados o la omisión de trámites que pueden ser subsanados antes de la resolución definitiva del asunto?

a) En cualquier momento.

b) Únicamente durante el periodo de prueba.

c) En cualquier momento del procedimiento anterior al trámite de audiencia.

d) Siempre durante el periodo de emisión de informes.

281. En el caso de reclamaciones en materia de responsabilidad patrimonial del Estado por el funcionamiento anormal de la Administración de Justicia, el plazo para dictar resolución quedará suspendido por el tiempo que medie entre la solicitud, del informe y su recepción, no pudiendo exceder dicho plazo de:

a) Tres meses.

b) Dos meses.

c) Un mes.

d) Veinte días naturales.

282. Cuando la Administración no tenga por ciertos los hechos alegados por los interesados o la naturaleza del procedimiento lo exija, el instructor del mismo, a fin de que puedan practicarse cuantas pruebas juzgue pertinentes, acordará la apertura de un período de prueba:

a) Por un plazo no superior a treinta días ni inferior a diez.
b) Por un plazo no superior a treinta días ni inferior a quince.
c) Por un plazo no superior a veinte días ni inferior a siete.
d) Por un plazo no superior a veinte días ni inferior a cinco.

283. Cuando lo considere necesario, el instructor del procedimiento, a petición de los interesados, podrá decidir la apertura de un período extraordinario de prueba:

a) Por un plazo no superior a treinta días.
b) Por un plazo no superior a veinte días.
c) Por un plazo no superior a quince días.
d) Por un plazo no superior a diez días.

284. Los hechos relevantes para la decisión de un procedimiento podrán acreditarse por cualquier medio de prueba admisible en Derecho, cuya valoración se realizará de acuerdo con los criterios establecidos en:

a) El Real decreto de 14 de septiembre de 1882 por el que se aprueba la Ley de Enjuiciamiento Criminal.
b) La Ley 40/2015, de 1 de octubre, de Régimen Jurídico del Sector Público.
c) La Ley 1/2000, de 7 de enero, de Enjuiciamiento Civil.
d) La Ley 7/1985, de 2 de abril, reguladora de las Bases del Régimen Local.

285. ¿Cuándo establece el art. 78.1 de la Ley 39/2015, de 1 de octubre, que la Administración comunicará a los interesados el inicio de las actuaciones necesarias para la realización de las pruebas que hayan sido admitidas:

a) Con una antelación mínima de treinta días.
b) Con una antelación mínima de veinte días.
c) Con una antelación mínima de quince días.
d) Con antelación suficiente.

286. Salvo disposición expresa en contrario, los informes serán:

a) Obligatorios y vinculantes.
b) Obligatorios pero no vinculantes.
c) Facultativos y no vinculantes.
d) Facultativos y vinculantes.

287. Salvo que una disposición o el cumplimiento del resto de los plazos del procedimiento permita o exija otro plazo mayor o menor, los informes serán emitidos:

a) A través de cualquier medio que permita su constancia y en el plazo de veinte días.
b) A través de cualquier medio que permita su constancia y en el plazo de diez días.
c) A través de medios electrónicos y en el plazo de veinte días.
d) A través de medios electrónicos y en el plazo de diez días.

288. En el procedimiento administrativo, las actuaciones complementarias deberán practicarse en un plazo:

a) No superior a quince días.
b) No inferior a quince días.
c) No superior a veinte días.
d) De entre diez y veinte días.

289. En el caso de los procedimientos de responsabilidad patrimonial será preceptivo solicitar informe al servicio cuyo funcionamiento haya ocasionado la presunta lesión indemnizable:

a) No pudiendo exceder de treinta días el plazo de su emisión.
b) No pudiendo exceder de veinte días el plazo de su emisión.
c) No pudiendo exceder de quince días el plazo de su emisión.
d) No pudiendo exceder de diez días el plazo de su emisión.

290. Será preceptivo solicitar dictamen del Consejo de Estado o, en su caso, del órgano consultivo de la Comunidad Autónoma, cuando las indemnizaciones reclamadas sean:

a) De cuantía igual o superior a 50.000 euros o a la que se establezca en la correspondiente legislación autonómica.
b) De cuantía igual o superior a 36.000 euros o a la que se establezca en la correspondiente legislación autonómica.
c) De cuantía igual o superior a 30.000 euros o a la que se establezca en la correspondiente legislación autonómica.
d) De cuantía igual o superior a 25.000 euros o a la que se establezca en la correspondiente legislación autonómica.

291. ¿De quién será preceptivo su informe en el caso de reclamaciones en materia de responsabilidad patrimonial del Estado por el funcionamiento anormal de la Administración de Justicia?

a) Del Ministro de Hacienda y Función Pública.
b) Del Ministro de Justicia.
c) Del Consejo General del Poder Judicial.
d) Del Consejo de Estado.

292. ¿En qué plazo máximo será evacuado el informe por el órgano preceptivo en el caso de reclamaciones en materia de responsabilidad patrimonial del Estado por el funcionamiento anormal de la Administración de Justicia?

a) Tres meses.
b) Dos meses.
c) Un mes.
d) Veinte días naturales.

293. ¿Pueden dar lugar las alegaciones que presenten los interesados por defectos de tramitación que supongan paralización, infracción de los plazos preceptivamente señalados o la omisión de trámites, a algún tipo de responsabilidad?

a) No.
b) Sí, a responsabilidad penal.
c) Sí, a responsabilidad disciplinaria.
d) Sí, a responsabilidad penal y disciplinaria.

294. Durante el trámite de audiencia, los interesados podrán alegar y presentar los documentos y justificaciones que estimen pertinentes, en un plazo:

a) No superior a treinta días.
b) No superior a veinte días.
c) No inferior a diez días ni superior a quince.
d) No inferior a siete días ni superior a veinte.

295. ¿A quién corresponde establecer los órganos a quien atañe la resolución de los procedimientos de responsabilidad patrimonial en el caso de las Entidades de Derecho Público?

a) Al Consejo de Ministros.
b) Al Ministerio de Hacienda.
c) A quien determinen las normas de su régimen jurídico.
d) A los órganos correspondientes de las Entidades que integran la Administración Local de donde radiquen.

296. Con respecto a la información pública:

a) El órgano al que corresponda la instrucción del procedimiento, cuando la naturaleza de este lo requiera, podrá acordar un período de información pública.
b) El período de información pública se publicará mediante un anuncio en un diario de la localidad a fin de que cualquier persona física o jurídica pueda examinar el expediente, o la parte del mismo que se acuerde.
c) La incomparecencia en este trámite impedirá a los interesados interponer los recursos procedentes contra la resolución definitiva del procedimiento.
d) El anuncio señalará el lugar de exhibición, debiendo estar en todo caso a disposición de las personas que lo soliciten a través de medios electrónicos en la sede electrónica correspondiente, y determinará el plazo para formular alegaciones.

297. El plazo para formular alegaciones previsto en el trámite de información pública, en ningún caso podrá ser inferior a:

a) Treinta días.
b) Veinte días.
c) Quince días.
d) Diez días.

298. La resolución de un procedimiento administrativo:

a) Ha de limitarse a lo solicitado por el interesado.
b) No puede conceder más de lo pedido.
c) No puede conceder otra cosa de lo solicitado.
d) Debe resolver lo solicitado y cuanto se derive del propio expediente.

299. La audiencia al interesado es:

a) Potestativa siempre.
b) Obligatoria en todo caso.
c) Obligatoria en ocasiones.
d) Puede no darse en determinados supuestos tasados.

300. Los gastos de la práctica de las pruebas corren a cargo:

a) Del interesado.
b) Del interesado y de la Administración Pública, según los casos.
c) De la Administración Pública.
d) Se reparten proporcionalmente.

301. Cuando la sanción tenga únicamente carácter pecuniario o bien quepa imponer una sanción pecuniaria y otra de carácter no pecuniario pero se ha justificado la improcedencia de la segunda, el pago voluntario por el presunto responsable, en cualquier momento anterior a la resolución, implicará la terminación del procedimiento, salvo en lo relativo a la reposición de la situación alterada o a la determinación de la indemnización por los daños y perjuicios causados por la comisión de la infracción. En ambos casos, cuando la sanción tenga únicamente carácter pecuniario, el órgano competente para resolver el procedimiento aplicará reducciones de:

a) Al menos, el 20% sobre el importe de la sanción propuesta.
b) Al menos, el 25% sobre el importe de la sanción propuesta.
c) Como máximo, el 30% sobre el importe de la sanción propuesta.
d) Como máximo, el 50% sobre el importe de la sanción propuesta.

302. ¿Podrá ser incrementado el porcentaje de reducción previsto en la Ley 39/2015, de 1 de octubre, para las sanciones pecuniarias?

a) En ningún caso.
b) Sí, mediante ley.
c) Sí, mediante reglamento.
d) Sí, con el visto bueno del Ministerio de Hacienda.

303. El acuerdo de realización de actuaciones complementarias se notificará a los interesados, concediéndoseles un plazo para formular las alegaciones que tengan por pertinentes tras la finalización de las mismas, de:

a) Veinte días.
b) Quince días.

c) Diez días.
d) Siete días.

304. A tenor del art. 80.4 de la Ley 39/2015, de 1 de octubre, el informe emitido fuera de plazo:

a) No será tenido en cuenta al adoptar la correspondiente resolución.
b) Podrá no ser tenido en cuenta al adoptar la correspondiente resolución.
c) Deberá ser tenido en cuenta al adoptar la correspondiente resolución.
d) Siempre, los informes emitidos fuera de plazo, y salvo que en un Juzgado de lo Contencioso-Administrativo determine lo contrario, no se tendrá en cuenta para adoptar la oportuna resolución.

305. A tenor del art. 100 de la Ley 39/2015, de 1 de octubre, la ejecución forzosa por las Administraciones Públicas se efectuará, respetando siempre el principio de:

a) Legalidad.
b) Lesividad.
c) Subsidiariedad.
d) Proporcionalidad.

306. ¿Transcurrido qué plazo desde que se inició el procedimiento en materia de responsabilidad patrimonial sin que haya recaído y se notifique resolución expresa o, en su caso, se haya formalizado el acuerdo, podrá entenderse que la resolución es contraria a la indemnización del particular?

a) Un mes.
b) Tres meses.
c) Cinco meses.
d) Seis meses.

Soluciones

201. c)	211. a)	221. b)	231. d)	241. b)	251. d)	261. b)	271. a)	281. b)	291. c)
202. a)	212. d)	222. b)	232. d)	242. a)	252. b)	262. b)	272. d)	282. a)	292. b)
203. d)	213. a)	223. a)	233. d)	243. a)	253. c)	263. a)	273. b)	283. d)	293. c)
204. c)	214. c)	224. a)	234. c)	244. c)	254. b)	264. a)	274. a)	284. c)	294. c)
205. d)	215. b)	225. c)	235. a)	245. b)	255. b)	265. c)	275. d)	285. d)	295. c)
206. a)	216. a)	226. b)	236. b)	246. a)	256. d)	266. d)	276. b)	286. c)	296. d)
207. d)	217. d)	227. a)	237. d)	247. c)	257. d)	267. a)	277. c)	287. b)	297. b)
208. b)	218. d)	228. c)	238. a)	248. a)	258. a)	268. b)	278. b)	288. a)	298. d)
209. c)	219. c)	229. c)	239. b)	249. c)	259. b)	269. d)	279. b)	289. d)	299. d)
210. b)	220. c)	230. b)	240. d)	250. a)	260. d)	270. d)	280. a)	290. a)	300. b)

307. En el ámbito de la Administración General del Estado, los procedimientos de responsabilidad patrimonial se resolverán por:

a) El Presidente del Gobierno.

b) El Ministro respectivo o por el Consejo de Ministros, previo informe favorable del Ministerio de Hacienda.

c) El Ministro respectivo o por el Consejo de Ministros en los casos del artículo 32.3 de la Ley de Régimen Jurídico del Sector Público o cuando una ley así lo disponga.

d) El Ministro respectivo o por el Consejo de Ministros en los casos del artículo 32.3 de la Ley de Régimen Jurídico del Sector Público o cuando una ley así lo disponga, previo informe favorable del Consejo de Estado.

308. ¿Cuándo se podrá prescindir del trámite de audiencia?

a) Cuando así lo declare expresamente la Administración.

b) Únicamente en los procedimientos de responsabilidad patrimonial a los que se refiere el artículo 32.9 de la Ley de Régimen Jurídico del Sector Público.

c) Cuando no figuren en el procedimiento ni sean tenidos en cuenta en la resolución otros hechos ni otras alegaciones y pruebas que las aducidas por el interesado.

d) Siempre será necesario agotar los tiempos previstos para el trámite de audiencia, de lo contrario podría dar lugar a la anulación de lo actuado.

309. Señala la respuesta incorrecta respecto al desistimiento y la renuncia:

a) Si el escrito de iniciación se hubiera formulado por dos o más interesados, el desistimiento o la renuncia efectuada por uno de ellos afectará a todos los demás.

b) Todo interesado podrá desistir de su solicitud o, cuando ello no esté prohibido por el ordenamiento jurídico, renunciar a sus derechos.

c) Tanto el desistimiento como la renuncia podrán hacerse por cualquier medio que permita su constancia, siempre que incorpore las firmas que correspondan de acuerdo con lo previsto en la normativa aplicable.

d) Si la cuestión suscitada por la incoación del procedimiento entrañase interés general o fuera conveniente sustanciarla para su definición y esclarecimiento, la Administración podrá limitar los efectos del desistimiento o la renuncia al interesado y seguirá el procedimiento.

310. La Administración aceptará de plano el desistimiento o la renuncia, y declarará concluso el procedimiento salvo que, habiéndose personado en el mismo terceros interesados, instasen estos su continuación:

a) En el plazo de diez días desde que fueron notificados del desistimiento o renuncia.

b) En el plazo de quince días desde que fueron notificados del desistimiento o renuncia.

c) En el plazo de veinte días desde que fueron notificados del desistimiento o renuncia.

d) En el plazo de un mes desde que fueron notificados del desistimiento o renuncia.

311. En los procedimientos iniciados a solicitud del interesado, cuando se produzca su paralización por causa imputable al mismo, la Administración le advertirá que se producirá la caducidad del procedimiento, transcurridos:

a) Treinta días.

b) Tres meses.

c) Seis meses.

d) Doce meses.

312. Los actos de instrucción que requieran la intervención de los interesados habrán de practicarse:

a) En la forma que resulte más conveniente para los interesados y sea compatible, en la medida de lo posible, con sus obligaciones laborales o profesionales.

b) En la forma que resulte más conveniente para los interesados y para la Administración.

c) Como resulte más rápido y eficaz para la finalización de la instrucción.

d) En la forma que resulte más conveniente para los interesados y sea compatible, en la medida de lo posible, con sus obligaciones familiares, laborales o profesionales.

313. ¿Puede acordarse la caducidad por la simple inactividad del interesado en la cumplimentación de trámites?

a) No, en ningún caso.

b) Sí, siempre.

c) No, siempre que no sean indispensables para dictar resolución.

d) Sí, siempre que así se acuerde expresamente por el órgano instructor, y contra dicho acuerdo no quepa recurso alguno.

314. ¿Cuándo podrán las Administraciones Públicas acordar, de oficio o a solicitud del interesado, la tramitación simplificada del procedimiento?

a) Únicamente cuando razones de interés público así lo aconsejen.

b) Cuando razones de interés público o la falta de complejidad del procedimiento así lo aconsejen.

c) Cuando razones de interés público o particular así como la falta de complejidad del procedimiento así lo aconsejen.

d) La tramitación simplificada del procedimiento solo lo pueden acordar de oficio las Administraciones Públicas, nunca a instancia de parte.

315. ¿Puede el órgano competente para la tramitación simplificada del procedimiento administrativo común, acordar continuar con arreglo a la tramitación ordinaria?

a) No, una vez iniciada la tramitación simplificada del procedimiento no puede cambiarse.

b) Sí, en cualquier momento.

c) Sí, en cualquier momento del procedimiento anterior a su resolución.

d) Sí, en cualquier momento del procedimiento anterior al trámite de audiencia.

316. Señala la respuesta correcta respecto a la tramitación simplificada del procedimiento administrativo común:

a) Cuando la Administración acuerde de oficio la tramitación simplificada del procedimiento deberá notificarlo a los interesados. Si alguno de ellos manifestara su oposición expresa, la Administración deberá pronunciarse en el plazo de cinco días desde la manifestación.

b) Cuando la Administración acuerde de oficio la tramitación simplificada del procedimiento deberá notificarlo a los interesados. Si alguno de ellos manifestara su oposición expresa, la Administración deberá pronunciarse en el plazo de siete días hábiles desde la manifestación.

c) Cuando la Administración acuerde de oficio la tramitación simplificada del procedimiento deberá notificarlo a los interesados y contra tal acuerdo no cabe recurso alguno.

d) Cuando la Administración acuerde de oficio la tramitación simplificada del procedimiento deberá notificarlo a los interesados. Si alguno de ellos manifestara su oposición expresa, la Administración deberá seguir la tramitación ordinaria.

317. Los interesados podrán solicitar la tramitación simplificada del procedimiento. Si el órgano competente para la tramitación aprecia que no concurren razones para su apreciación, podrá desestimar dicha solicitud, en el plazo de:

a) Cinco días desde su presentación, sin que exista posibilidad de recurso por parte del interesado.

b) Siete días desde su presentación, sin que exista posibilidad de recurso por parte del interesado.

c) Cinco días desde su presentación, con posibilidad de plantear los recursos admisibles en derecho por parte del interesado.

d) Siete días desde su presentación, con posibilidad de plantear los recursos admisibles en derecho por parte del interesado.

318. Los interesados podrán solicitar la tramitación simplificada del procedimiento. Se entenderá desestimada la solicitud cuando hayan transcurrido desde su presentación:

a) Dos días.

b) Tres días.

c) Cuatro días.

d) Cinco días.

319. En el caso de procedimientos de naturaleza sancionadora, se podrá adoptar la tramitación simplificada del procedimiento cuando el órgano competente para iniciar el procedimiento considere que, de acuerdo con lo previsto en su normativa reguladora, y sin que quepa la oposición expresa por parte del interesado, existen elementos de juicio suficientes para calificar la infracción como:

a) Muy grave.

b) Grave.

c) Menos grave.

d) Leve.

320. Salvo que reste menos para su tramitación ordinaria, los procedimientos administrativos tramitados de manera simplificada deberán ser resueltos en:

a) Treinta días, a contar desde el siguiente al que se notifique al interesado el acuerdo de tramitación simplificada del procedimiento.

b) Treinta días, a contar desde el día en que se notifique al interesado el acuerdo de tramitación simplificada del procedimiento.

c) Veinte días, a contar desde el siguiente al que se notifique al interesado el acuerdo de tramitación simplificada del procedimiento.

d) Veinte días, a contar desde el día en que se notifique al interesado el acuerdo de tramitación simplificada del procedimiento.

321. Los actos de instrucción que requieran la intervención de los interesados habrán de practicarse en la forma que resulte más conveniente para ellos y sea compatible, en la medida de lo posible, con sus obligaciones:

a) Administrativas.
b) Personales.
c) Familiares.
d) Laborales o profesionales.

322. La Administración comunicará a los interesados el inicio de las actuaciones necesarias para la realización de las pruebas que hayan sido admitidas:

a) Con 24 horas de antelación.
b) Con 48 horas de antelación.
c) Con 72 horas de antelación.
d) Con antelación suficiente.

323. Si el informe debiera ser emitido por una Administración Pública distinta de las que tramita el procedimiento en orden a expresar el punto de vista correspondiente a sus competencias respectivas, y transcurriera el plazo sin que aquel se hubiera emitido:

a) Se suspenderá el procedimiento.
b) Se podrán proseguir las actuaciones.
c) Se podrá ampliar el plazo para emitir el informe hasta 5 días más.
d) Se podrá ampliar el plazo para emitir el informe hasta 10 días más.

324. En el caso de los procedimientos de responsabilidad patrimonial será:

a) Facultativo solicitar informe al servicio cuyo funcionamiento haya ocasionado la presunta lesión indemnizable, no pudiendo exceder de 10 días el plazo de su emisión.
b) Facultativo solicitar informe al servicio cuyo funcionamiento haya ocasionado la presunta lesión indemnizable, no pudiendo exceder de 5 días el plazo de su emisión.
c) Preceptivo solicitar informe al servicio cuyo funcionamiento haya ocasionado la presunta lesión indemnizable, no pudiendo exceder de 10 días el plazo de su emisión.
d) Preceptivo solicitar informe al servicio cuyo funcionamiento haya ocasionado la presunta lesión indemnizable, no pudiendo exceder de 5 días el plazo de su emisión.

325. El trámite de audiencia se realiza:

a) Inmediatamente antes de redactar la propuesta de resolución.
b) Inmediatamente antes de la información pública.
c) Inmediatamente después de la práctica de la prueba.
d) Inmediatamente después del acuerdo de iniciación del procedimiento.

326. Señala la respuesta incorrecta. Pondrán fin al procedimiento:

a) El desistimiento.
b) La renuncia al derecho en que se funde la solicitud, cuando tal renuncia esté prohibida por el ordenamiento jurídico.
c) La resolución.
d) La declaración de caducidad.

327. La Ley 39/2015, de 1 de octubre, del Procedimiento Administrativo Común de las Administraciones Públicas, en su art. 85 establece, respecto a la terminación en los procedimientos sancionadores, que:

a) Iniciado un procedimiento sancionador, si el infractor reconoce su responsabilidad, se podrá resolver el procedimiento con la imposición de la sanción que proceda.
b) Iniciado un procedimiento sancionador, en todo caso se podrá resolver el procedimiento con la imposición de una sanción.
c) Iniciado un procedimiento sancionador, en ningún caso se podrá resolver el procedimiento con la imposición de una sanción.
d) Iniciado un procedimiento sancionador, aunque el infractor no reconozca su responsabilidad, se podrá resolver el procedimiento con la imposición de la sanción que proceda.

328. Las Administraciones Públicas podrán celebrar acuerdos, pactos, convenios o contratos, con el alcance, efectos y régimen jurídico específico que, en su caso, prevea la disposición que lo regule:

a) No pudiendo tales actos tener la consideración de finalizadores de los procedimientos administrativos o insertarse en los mismos con carácter previo, vinculante o no, a la resolución que les ponga fin.
b) No pudiendo tales actos tener la consideración de finalizadores de los procedimientos administrativos o insertarse en los mismos con carácter posterior, vinculante, a la resolución que les ponga fin.

c) Pudiendo tales actos tener la consideración de finalizadores de los procedimientos administrativos o insertarse en los mismos con carácter previo, vinculante o no, a la resolución que les ponga fin.

d) Pudiendo tales actos tener la consideración de finalizadores de los procedimientos administrativos o insertarse en los mismos con carácter posterior, vinculante, a la resolución que les ponga fin.

329. En ningún caso podrá la Administración abstenerse de resolver so pretexto de silencio, oscuridad o insuficiencia de los preceptos legales aplicables al caso:

a) Aunque podrá acordarse la inadmisión de las solicitudes de reconocimiento de derechos no previstos en el ordenamiento jurídico o manifiestamente carentes de fundamento, sin perjuicio del derecho de petición previsto por el art. 27 de la Constitución.

b) Aunque podrá acordarse la inadmisión de las solicitudes de reconocimiento de derechos no previstos en el ordenamiento jurídico o manifiestamente carentes de fundamento, sin perjuicio del derecho de petición previsto por el art. 29 de la Constitución.

c) Ni podrá acordarse la inadmisión de las solicitudes de reconocimiento de derechos no previstos en el ordenamiento jurídico o manifiestamente carentes de fundamento, sin perjuicio del derecho de petición previsto por el art. 27 de la Constitución.

d) Ni podrá acordarse la inadmisión de las solicitudes de reconocimiento de derechos no previstos en el ordenamiento jurídico o manifiestamente carentes de fundamento, sin perjuicio del derecho de petición previsto por el art. 29 de la Constitución.

330. Los acuerdos, pactos, convenios o contratos que celebren las Administraciones Públicas:

a) Deberán publicarse cuando así se establezcan en los mismos.

b) Deberán publicarse o no según su naturaleza y las personas a las que estuvieran destinados.

c) Deberán publicarse en el Diario Oficial correspondiente en el plazo de 10 días desde su firma.

d) Deberán publicarse en la sede electrónica correspondiente en el plazo de 10 días desde su firma.

331. Respecto de la propuesta de resolución en los procedimientos de carácter sancionador, señala la respuesta incorrecta:

a) La propuesta de resolución deberá indicar la puesta de manifiesto del procedimiento y el plazo para formular alegaciones y presentar los documentos e informaciones que se estimen pertinentes.

b) En el caso de procedimientos de carácter sancionador, una vez concluida la instrucción del procedimiento, el órgano instructor formulará una propuesta de resolución que no se notificará a los interesados.

c) En la propuesta de resolución se fijarán de forma motivada los hechos que se consideren probados y su exacta calificación jurídica, se determinará la infracción que, en su caso, aquellos constituyan, la persona o personas responsables y la sanción que se proponga.

d) En la propuesta de resolución se fijará la valoración de las pruebas practicadas, en especial aquellas que constituyan los fundamentos básicos de la decisión, así como las medidas provisionales que, en su caso, se hubieran adoptado.

332. Cuando la resolución sea ejecutiva, se podrá suspender cautelarmente, si el interesado manifiesta a la Administración su intención de:

a) Interponer recurso contencioso-administrativo contra la resolución firme en vía administrativa.

b) Interponer recurso de alzada contra la resolución firme en vía administrativa.

c) Interponer recurso de alzada contra la resolución que no sea firme en vía administrativa.

d) Interponer recurso contencioso-administrativo contra la resolución que no sea firme en vía administrativa.

333. En el ámbito autonómico y local, los procedimientos de responsabilidad patrimonial se resolverán por:

a) Las asambleas parlamentarias mediante consenso.

b) Los órganos correspondientes de las Comunidades Autónomas o de las Entidades que integran la Administración Local.

c) Los órganos de gobierno si se trata de casos de cuantía elevada.

d) Una comisión especializada creada para la ocasión.

334. En los procedimientos iniciados de oficio:

a) La Administración no podrá desistir en ningún caso del procedimiento.

b) La Administración podrá desistir, sin necesidad de motivación, en los supuestos y con los requisitos previstos en las leyes.

c) La Administración podrá desistir libremente cuando lo considere conveniente.

d) La Administración podrá desistir, motivadamente, en los supuestos y con los requisitos previstos en las leyes.

335. Si la cuestión suscitada por la incoación del procedimiento entrañase interés general o fuera conveniente sustanciarla para su definición y esclarecimiento:

a) La Administración podrá limitar los efectos del desistimiento o la renuncia al interesado y seguirá el procedimiento.

b) La Administración podrá limitar los efectos del desistimiento o la renuncia al interesado finalizado el procedimiento.

c) La Administración suspenderá el procedimiento por el tiempo necesario.

d) La Administración no podrá limitar los efectos del desistimiento o la renuncia al interesado por tratarse de derechos indisponibles.

336. Si fueran varios los medios de ejecución admisibles por las Administraciones Públicas se elegirá:

a) El menos gravoso para el administrado.

b) El más rápido en su ejecución.

c) El menos restrictivo de la libertad individual.

d) El que prefiera el administrado.

337. A la hora de efectuar la ejecución forzosa por parte de las Administraciones Públicas, si fuese necesario entrar en el domicilio del afectado o en los restantes lugares que requieran la autorización de su titular, las Administraciones Públicas deberán:

a) Obtener la oportuna autorización judicial o, en su defecto, el consentimiento del afectado.

b) Obtener el consentimiento del afectado o, en su defecto, la oportuna autorización judicial.

c) Obtener el consentimiento del afectado y la oportuna autorización judicial.

d) Siempre obtener el consentimiento del afectado o de su abogado.

338. Si en virtud de acto administrativo hubiera de satisfacerse cantidad líquida se seguirá el procedimiento previsto en las normas reguladoras de:

a) La ejecución subsidiaria.

b) La multa coercitiva.

c) El procedimiento de apremio.

d) La compulsión sobre las personas.

339. A tenor del art. 104 de la Ley 39/2015, de 1 de octubre, los actos administrativos que impongan una obligación personalísima de no hacer o soportar podrán ser ejecutados por compulsión

directa sobre las personas en los casos en que la ley expresamente lo autorice, y dentro siempre de:

a) El respeto debido a la dignidad de las personas y a los derechos reconocidos en la Constitución.

b) El respeto debido a la dignidad de las personas y a los principios de legalidad y proporcionalidad.

c) El respeto debido a la dignidad y libertad de las personas y a los principios de igualdad y proporcionalidad.

d) El respeto debido a la dignidad y libertad de las personas y al principio de eficacia y eficiencia.

340. La caducidad:

a) No producirá por sí sola la prescripción de las acciones del particular o de la Administración, pero los procedimientos caducados no interrumpirán el plazo de prescripción.

b) Producirá por sí sola la prescripción de las acciones del particular o de la Administración, pero los procedimientos caducados interrumpirán el plazo de prescripción.

c) No producirá por sí sola la prescripción de las acciones del particular o de la Administración, pero los procedimientos caducados interrumpirán el plazo de prescripción.

d) Producirá por sí sola la prescripción de las acciones del particular o de la Administración, pero los procedimientos caducados no interrumpirán el plazo de prescripción.

341. Respecto de la caducidad no es correcto:

a) La inactividad del interesado en la cumplimentación de trámites no tendrá otro efecto que la pérdida de su derecho al referido trámite.

b) Consumido el plazo para que se produzca la caducidad sin que el particular requerido realice las actividades necesarias para reanudar la tramitación, la Administración acordará el archivo de las actuaciones, notificándoselo al interesado.

c) No podrá acordarse la caducidad por la simple inactividad del interesado en la cumplimentación de trámites, aunque sean indispensables para dictar resolución.

d) Podrá no ser aplicable la caducidad en el supuesto de que la cuestión suscitada afecte al interés general, o fuera conveniente sustanciarla para su definición y esclarecimiento.

342. Las Administraciones Públicas podrán acordar la tramitación simplificada del procedimiento:

a) De oficio, cuando razones de interés público así lo aconsejen.

b) De oficio, cuando la falta de complejidad del procedimiento así lo aconseje.

c) De oficio o a solicitud del interesado, cuando la falta de complejidad del procedimiento así lo aconsejen.

d) De oficio o a solicitud del interesado, cuando razones de interés público o la falta de complejidad del procedimiento así lo aconsejen.

343. Cuando la tramitación simplificada del procedimiento sea acordada por la Administración:

a) A solicitud de los interesados, deberá notificarlo a estos y aunque alguno de ellos manifestara su oposición expresa, la Administración seguirá con la tramitación simplificada.

b) A solicitud de los interesados, deberá notificarlo a estos, si alguno de ellos manifestara su oposición expresa, la Administración deberá seguir la tramitación ordinaria.

c) De oficio, deberá notificarlo a los interesados, si alguno de ellos manifestara su oposición expresa, la Administración deberá seguir la tramitación ordinaria.

d) De oficio, deberá notificarlo a los interesados, aunque si alguno de ellos manifestara su oposición expresa, la Administración seguirá con la tramitación simplificada.

344. Transcurrido el plazo que tiene el órgano competente para poder desestimar la solicitud de la tramitación simplificada del procedimiento:

a) Se producirá la caducidad de la solicitud.

b) Se entenderá desestimada la solicitud.

c) Se entenderá estimada la solicitud.

d) Se producirá la suspensión de la solicitud.

345. Señala la respuesta incorrecta. Los procedimientos administrativos tramitados de manera simplificada constarán de:

a) Resolución.

b) Informe del Consejo General del Poder Judicial, en todo caso.

c) Informe del servicio jurídico, cuando sea preceptivo.

d) Dictamen del Consejo de Estado u órgano consultivo equivalente de la Comunidad Autónoma en los casos en que sea preceptivo.

346. Respecto a la resolución en los procedimientos sancionadores:

a) Cuando la resolución sea ejecutiva, se podrá suspender cautelarmente, si el interesado manifiesta a la Administración su intención de no interponer recurso contencioso-administrativo contra la resolución firme en vía administrativa.

b) En la resolución se podrán aceptar hechos distintos de los determinados en el curso del procedimiento, con independencia de su diferente valoración jurídica.

c) En la resolución que ponga fin al procedimiento se podrán adoptar las disposiciones cautelares precisas para garantizar su eficacia cuando sea ejecutiva y que podrán consistir en el mantenimiento de las medidas provisionales que en su caso se hubieran adoptado.

d) La resolución que ponga fin al procedimiento será ejecutiva cuando no quepa contra ella ningún recurso ordinario en vía administrativa.

347. Respecto a la propuesta de resolución en los procedimientos de carácter sancionador no es correcto afirmar que:

a) Cuando las conductas sancionadas hubieran causado daños o perjuicios a las Administraciones y la cuantía destinada a indemnizar estos daños no hubiera quedado determinada en el expediente, se fijará mediante un procedimiento complementario, cuya resolución será inmediatamente ejecutiva.

b) Este procedimiento será susceptible de terminación convencional, esta o la aceptación por el infractor de la resolución que pudiera recaer implicarán el reconocimiento voluntario de su responsabilidad.

c) La resolución del procedimiento pondrá fin a la vía administrativa.

d) La resolución que ponga fin al procedimiento será ejecutiva cuando no quepa contra ella ningún recurso ordinario en vía administrativa, pudiendo adoptarse en la misma las disposiciones cautelares precisas para garantizar su eficacia en tanto no sea ejecutiva y que podrán consistir en el mantenimiento de las medidas provisionales que en su caso se hubieran adoptado.

348. Señala la respuesta correcta. Respecto a la propuesta de resolución en los procedimientos de carácter sancionador, el órgano instructor resolverá la finalización del procedimiento, con archivo de las actuaciones, sin que sea necesaria la formulación de la propuesta de resolución, cuando en la instrucción del procedimiento se ponga de manifiesto que concurre alguna de las siguientes circunstancias:

a) La inexistencia de los hechos que pudieran constituir la infracción.

b) Cuando los hechos resulten acreditados.

c) Los hechos probados constituyan, de modo manifiesto, infracción administrativa.

d) Cuando se haya podido identificar a la persona o personas responsables y no aparezcan exentos de responsabilidad.

349. Respecto al contenido de la resolución, cuando se trate de cuestiones conexas que no hubieran sido planteadas por los interesados, el órgano competente podrá pronunciarse sobre las mismas, poniéndolo antes de manifiesto a aquellos para que formulen las alegaciones que estimen pertinentes y aporten, en su caso, los medios de prueba por un plazo:

a) Superior a diez días.
b) No superior a diez días.
c) Superior a quince días.
d) No superior a quince días.

350. Respecto a las actuaciones complementarias:

a) El acuerdo de realización de actuaciones complementarias se notificará a los interesados, concediéndoseles un plazo de diez días para formular las alegaciones que tengan por pertinentes tras la finalización de las mismas.
b) Antes de dictar resolución, el órgano competente para resolver podrá decidir, mediante acuerdo motivado, la realización de las actuaciones complementarias indispensables para resolver el procedimiento.
c) Los informes que preceden inmediatamente a la resolución final del procedimiento tendrán la consideración de actuaciones complementarias.
d) Las actuaciones complementarias deberán practicarse en un plazo no superior a veinte días.

351. La revisión de las disposiciones dictadas por las Administraciones Públicas en vía administrativa supone:

a) La anulabilidad de los actos y disposiciones siempre que no hayan sido recurridos en plazo.
b) La estimación de las reclamaciones efectuadas por los particulares cuando haya transcurrido el plazo sin que se hubiera dictado la resolución correspondiente.
c) La declaración de oficio de la nulidad de los actos administrativos que pongan fin a la vía administrativa.
d) La posibilidad de que la nulidad de los actos administrativos sea declarada mediante dictamen del Consejo de Estado u órgano consultivo equivalente de la Comunidad Autónoma.

352. Transcurridos seis meses desde que la Administración inició de oficio el procedimiento de revisión de una disposición administrativa o un acto nulo, sin dictarse resolución, se producirá:

a) La prescripción del derecho del interesado a reclamar.
b) La nulidad *ipso iure* de la disposición o acto.
c) La desestimación de la pretensión ejercitada en el mismo.
d) La caducidad del procedimiento.

353. En los procedimientos de revisión de disposiciones administrativas y actos nulos, no será preceptiva la intervención del Consejo de Estado u órgano equivalente de la Comunidad Autónoma:

a) Cuando la nulidad sea declarada de oficio pero a instancias de interesado.
b) Para acordar motivadamente la inadmisión a trámite de las solicitudes formuladas por los interesados, siempre que no se basen en una nulidad de pleno derecho.
c) En los supuestos en que la nulidad dimane de una vulneración de normas de rango superior.
d) Para acordar motivadamente la inadmisión a trámite de las solicitudes formuladas por los interesados en cualquier caso.

354. Cuando una disposición administrativa haya sido declarada nula, el particular afectado por el acto en cuestión:

a) Tendrá derecho a ser indemnizado, siempre que el daño causado sea efectivo, evaluable, individualizado y no hubiera tenido el deber jurídico de soportarlo.
b) Será indemnizado, si en la resolución que así lo declare se reconoce ese derecho.
c) No será indemnizado en ningún caso, pues subsisten las consecuencias de los actos firmes dictados en aplicación de la misma.
d) Deberá ser indemnizado en todo caso y por el simple hecho de la declaración de nulidad, pues al serle aplicada una norma manifiestamente ilegal, el perjuicio o daño se presume.

355. El plazo para declarar de oficio la nulidad de los actos administrativos que hayan puesto fin a la vía administrativa o que no hayan sido recurridos en su momento oportuno, es:

a) De seis meses.
b) De cuatro años.
c) De cuatro años para los que no hayan sido recurridos en plazo e indefinidamente para los que pongan fin a la vía administrativa.
d) *Sine die*, es decir, no existe plazo alguno para ello.

356. La declaración de lesividad de los actos administrativos favorables a los interesados:

a) Supone la nulidad automática de los mismos, sin necesidad de recabar dictamen del Consejo de Estado u órgano consultivo equivalente de la Comunidad Autónoma.
b) Reconoce el derecho de los particulares a ser indemnizados como consecuencia de los daños y perjuicios que les haya causado la aplicación de los actos declarados nulos.

c) Permite a las Administraciones Públicas impugnar ante la Jurisdicción Contencioso-Administrativa dichos actos.
d) Es la Resolución por la que se declara la anulabilidad de los mismos.

357. Los actos administrativos con defectos de forma pero con los requisitos formales indispensables para alcanzar su fin, sin causar indefensión de los interesados:

a) Serán declarados lesivos para el interés público si ha beneficiado al interesado o interesados.
b) Son anulables, previa declaración de lesividad y el dictamen favorable del Consejo de Estado u órgano consultivo equivalente de la Comunidad Autónoma.
c) Son nulos de pleno derecho.
d) No son anulables, por lo general.

358. La lesividad de un acto administrativo podrá declararse:

a) A los cuatro años desde su dictado.
b) Antes de los seis meses desde que se dictó.
c) Cuatro años después de conocido el vicio que lo invalida.
d) En cualquier momento.

359. El transcurso del plazo previsto para la resolución del procedimiento en el que se declare la lesividad del acto, sin haberse acordado la misma, supone:

a) La anulabilidad del acto administrativo.
b) La nulidad del acto administrativo.
c) La firmeza del acto administrativo.
d) La caducidad del procedimiento administrativo.

360. La competencia para declarar la lesividad de un acto emanado de una entidad de las que integran la Administración Local corresponde:

a) Al Alcalde de la Corporación.
b) Al Pleno de la Corporación.
c) Al órgano individual superior de la Corporación.
d) Al Consejo de Estado u órgano consultivo equivalente de la Comunidad Autónoma.

361. La suspensión de la ejecución de los actos administrativos sobre los que se haya iniciado un procedimiento de revisión de oficio se podrá acordar:

a) Siempre, cuando así discrecionalmente lo decida la Administración.
b) En ningún caso, pues no es posible su suspensión.

c) Cuando así lo solicite el interesado, previo aval que garantice las responsabilidades que se pudieran derivar.
d) Si se pudieran causar perjuicios de imposible o difícil reparación.

362. Los errores materiales, de hecho o aritméticos existentes en los actos administrativos podrán ser rectificados:

a) Siempre que no haya transcurrido el plazo de prescripción.
b) En cualquier momento.
c) Cuando no constituya exención o dispensa contraria a la ley.
d) Si no atenta contra la igualdad, el interés público o el ordenamiento jurídico.

363. No es un límite al ejercicio de las facultades de revisión de actos administrativos expresamente previsto en la Ley 39/2015, de 1 octubre:

a) El interés público.
b) La equidad.
c) La buena fe.
d) Los derechos de los ciudadanos.

364. La competencia para la revisión de oficio de las disposiciones y de actos nulos y anulables dictados por los Secretarios de Estado de la Administración General la ostenta:

a) El Consejo de Ministros.
b) El máximo órgano rector colegiado del Ministerio al que se encuentren adscritos.
c) Ellos mismos.
d) El Ministro del que dependan.

365. ¿Qué recurso o recursos se pueden oponer contra los actos administrativos de trámite que no se encuentren afectos de nulidad ni anulabilidad?

a) Alzada.
b) Reposición.
c) Ninguno, sin perjuicio de alegar el defecto que corresponda al recurrir contra la resolución que ponga fin al procedimiento, en su caso.
d) Alzada y potestativo de reposición.

366. La competencia para resolver sobre un recurso administrativo fundado únicamente en la nulidad de una disposición administrativa de carácter general la ostenta:

a) El órgano superior jerárquico de aquel que dictó la disposición impugnada.
b) El órgano superior jerárquico de aquel que dictó el acto impugnado.

c) Nadie, pues no es posible impugnar, ni directa ni indirectamente, una disposición de carácter general.
d) El órgano que dictó la disposición de carácter general afectada de nulidad.

367. Son actos que ponen fin a la vía administrativa, salvo que la ley disponga otra cosa:

a) La resolución administrativa de los procedimientos de responsabilidad patrimonial.
b) Las resoluciones de los órganos administrativos que carezcan de superior jerárquico.
c) La resolución de los procedimientos complementarios en materia sancionadora.
d) Las resoluciones de los recursos de alzada o recursos sustitutivos de estos.

368. Los vicios y defectos que hagan anulable un acto administrativo no podrán ser alegados:

a) Por la Administración autora del mismo.
b) Por los interesados.
c) Por quienes los hubieren causado.
d) Por el interesado que lo hubiere dejado firme.

369. No es causa de inadmisión de los recursos administrativos:

a) El transcurso del plazo para su interposición.
b) La incompetencia del órgano al que se remite, siempre.
c) La carencia de legitimación del recurrente.
d) La ausencia de calificación del recurso o el error cometido en la misma.

370. Cuando un recurso administrativo carezca manifiestamente de fundamento, procederá:

a) Su desestimación.
b) Su caducidad.
c) Su inadmisión.
d) Su tramitación hasta el dictado de la resolución que corresponda.

371. Por regla general, la interposición de cualquier recurso administrativo:

a) Suspenderá la ejecución del acto impugnado, en todo caso.
b) No suspenderá la ejecución del acto recurrido, salvo que se disponga otra cosa.
c) No suspenderá la ejecución del acto impugnado en ningún caso.
d) Suspenderá la ejecución del acto recurrido, salvo que una norma disponga expresamente lo contrario.

372. La ejecución de un acto administrativo objeto de recurso administrativo por incurrir en desviación de poder que pudiera causar perjuicios de difícil o imposible reparación, podrá ser suspendido:

a) Por el órgano superior jerárquico al que dictó el acto.
b) Por el órgano a quien competa resolver el recurso.
c) Por el órgano autor del acto.
d) En ningún caso.

373. Transcurrido un mes desde que se solicite la suspensión de la ejecución de un acto administrativo, sin que el órgano a quien competa resolver el recurso haya notificado resolución expresa al respecto:

a) El solicitante podrá interesar la certificación del silencio para recurrir los actos ejecutivos que se dicten en aplicación del mismo.
b) La Administración dispondrá de diez días para informar al interesado del plazo máximo establecido para la resolución del procedimiento conforme al art. 21.4 de la LPACAP.
c) Se producirá la suspensión del acto por silencio administrativo.
d) Se entenderá desestimada la solicitud por silencio administrativo.

374. El acuerdo de suspensión de la ejecución de un acto administrativo:

a) Conllevará obligatoriamente la adopción de medidas cautelares que aseguren la eficacia del mismo.
b) Deberá ser publicado en el periódico oficial en el que se hizo este, si afecta a una pluralidad de personas.
c) Prolongará su eficacia en todo caso hasta después de agotada la vía administrativa.
d) Solo surtirá efectos si se ha prestado caución o garantía suficiente por el impugnante, aun cuando no se derive perjuicio alguno de la misma.

375. En la tramitación de los recursos administrativos, el trámite de audiencia de los interesados:

a) Es obligatoria su práctica, en todo caso, por un plazo no inferior a diez días ni superior a quince.
b) Se corresponde con el trámite de aportación de las pruebas de que intenten valerse los mismos, y que por cualquier causa no se hayan practicado en el expediente.
c) Solo se concede al impugnante.
d) Solo se dará cuando hayan de tenerse en cuenta nuevos hechos o documentos no recogidos en el expediente originario.

376. Cuando no se estime procedente resolver sobre el fondo del recurso administrativo planteado, por apreciarse vicio de forma, la resolución del mismo:

a) Lo estimará íntegramente.
b) Ordenará la retroacción del procedimiento al momento en el que el vicio fue cometido.
c) Lo estimará parcialmente.
d) Declarará su inadmisión.

377. Cuando deban resolverse una pluralidad de recursos administrativos que traigan causa de un mismo acto administrativo, y se hubiera interpuesto un recurso judicial contra el mismo, el órgano encargado de resolver:

a) Ordenará la suspensión del plazo para resolver hasta que recaiga resolución judicial.
b) Emplazará a los demás impugnantes a personarse ante el Juzgado para que sea este quien resuelva la *litis*.
c) Acumulará todos los procedimientos al que se está sustanciando judicialmente para su resolución conjunta.
d) Deberá resolver cada uno de los procedimientos según su curso sin atender a las disposiciones judiciales.

378. A efecto del recurso de alzada, los superiores jerárquicos de los Tribunales y órganos de selección del personal al servicio de las Administraciones Públicas que no se encuentren adscritos a ningún órgano de las mismas, serán:

a) Ellos mismos, al carecer de superior jerárquico.
b) El órgano competente en materia de personal de la Administración de que se trate.
c) La Oficina de Recursos Humanos de la Administración que corresponda.
d) El órgano que haya nombrado al presidente de los mismos.

379. El recurso de alzada podrá interponerse ante:

a) Cualquier órgano de la Administración a la que se encuentre adscrita el autor del acto impugnado.
b) Exclusivamente ante el órgano competente para su resolución.
c) Solo ante el órgano autor del acto impugnado.
d) Indistintamente, ante el órgano competente para su resolución o ante el autor del acto recurrido.

380. El plazo para la interposición del recurso de alzada contra los actos tácitos será:

a) De un mes desde su eficacia por silencio.
b) De tres meses desde que el mismo despliega sus efectos.

c) De un mes desde la certificación del silencio administrativo.
d) Cualquier momento desde el día siguiente a aquel en que produzca sus efectos.

381. El plazo para entender desestimado el recurso de alzada interpuesto contra la desestimación por silencio administrativo de una solicitud de acceso a información pública es:

a) De tres meses.
b) Ninguno, pues en ese caso habrá de entenderse estimado, por regla general.
c) De un mes.
d) De tres meses y un día.

382. El recurso de reposición es potestativo debido a que:

a) Se trata de una excepción al agotamiento de la vía administrativa.
b) Es voluntad del administrado su interposición o acudir directamente a la vía judicial.
c) Solo cabe cuando no existe otro recurso.
d) Su resolución o no es una potestad administrativa.

383. Interpuesto recurso de reposición, la vía judicial contencioso-administrativa:

a) No se podrá ejercitar hasta tanto se dicte resolución expresa de aquel o transcurra el plazo para el dictado de la misma.
b) Se puede acudir paralelamente a la tramitación de aquel.
c) Queda desierta, entendiéndose que se renuncia a la misma por haber optado a la resolución administrativa del conflicto.
d) Quedará en suspenso y la sentencia que en ella recaiga deberá acomodarse a la resolución administrativa que se dicte en aquel.

384. Los plazos para la interposición y resolución del recurso de reposición contra un acto expreso son:

a) De un mes y tres meses, respectivamente.
b) De un mes, salvo que se interponga contra la resolución de un recurso de alzada, y un mes, respectivamente.
c) De un mes, en ambos casos.
d) De 30 días y un mes, respectivamente.

385. En vía administrativa, contra la resolución de un recurso de reposición:

a) No cabe recurso alguno.
b) Es posible interponer recurso contencioso-administrativo.

c) Se podrá interponer nuevamente recurso de reposición.

d) Solo cabe recurso extraordinario de revisión.

386. El recurso extraordinario de revisión cabe:

a) Contra los actos que agotan la vía administrativa.

b) Contra cualquier acto administrativo en el que concurra alguna circunstancia de las legalmente fijadas.

c) Contra los actos firmes en vía administrativa si se dan determinadas circunstancias.

d) Contra los actos sobre los que se hayan previamente agotado todos los recursos posibles.

387. El recurso extraordinario de revisión se podrá interponer cuando concurra la circunstancia consistente en:

a) Dictarse un acto incurriendo en error de hecho, que resulte de documentos no incorporados al expediente.

b) Aparecer documentos de valor esencial para la resolución del asunto, siempre que sean anteriores al dictado de la resolución recurrida y evidencien el error de la misma.

c) El dictado de una Sentencia firme, que sea posterior a la resolución del mismo, que declare falsos documentos o testimonios que hayan influido esencialmente en esta.

d) Recaiga Sentencia firme que declare la comisión de un delito al dictarse la resolución recurrida.

388. ¿Qué delito, una vez reconocida su comisión por sentencia firme, permitiría la interposición del recurso extraordinario de revisión?

a) La estafa.

b) El cohecho.

c) La malversación de fondos públicos.

d) Cualquiera cuya conducta punible hubiera determinado el dictado de la resolución.

389. Si apareciese un documento de fecha posterior a una resolución administrativa firme, que evidencie el error de hecho cometido al dictado del acto administrativo, el plazo para la interposición del recurso extraordinario de revisión será:

a) Ninguno, pues no es causa legalmente tasada para ello.

b) De tres meses.

c) De cuatro años.

d) De un mes.

390. El plazo para recurrir en vía administrativa, un acto firme que a su dictado se hubiera incurrido en error de hecho que resulte de los propios documentos incorporados al expediente será y empezará a contar:

a) Cuatro años desde la fecha de la notificación de la resolución impugnada.

b) Tres meses desde que se tuvo conocimiento del error de hecho cometido.

c) Cuatro años desde que se pudo conocer el documento causante del error.

d) Tres meses desde que se incorporó al expediente el documento en que se basa la impugnación.

391. El ejercicio del recurso extraordinario de revisión es compatible:

a) Con la interposición del recurso contencioso-administrativo.

b) Con la interposición del recurso potestativo de reposición.

c) Con el ejercicio del derecho de revisión y/o rectificación de errores.

d) Con ningún otro recurso o instancia.

392. Interpuesto un recurso extraordinario de revisión sobre el que se había solicitado, previamente, la declaración de oficio de nulidad de un acto administrativo, la sustanciación de dicha solicitud:

a) Quedará en suspenso hasta la resolución del recurso.

b) Será archivada.

c) Dejará en suspenso la tramitación del recurso hasta su resolución.

d) Deberá ser tramitada y resuelta con independencia del recurso.

393. En la Administración General del Estado, será órgano competente para la resolución del recurso extraordinario de revisión:

a) El que dictó el acto impugnado.

b) El Consejo de Estado.

c) El superior jerárquico a aquel que dictó el acto impugnado, o aquel al que se encuentre vinculado, si careciese del mismo.

d) El Consejo de Ministros, respecto de los dictados por los Ministros, y los Secretarios de Estado, respecto de aquellos que de ellos dependan.

394. En la tramitación de un recurso extraordinario de revisión, no será necesaria la emisión de dictamen, por el órgano que corresponda, para acordar motivadamente su inadmisión:

a) En ningún caso.

b) En todo caso.

c) Cuando la misma se funde en la prescripción del derecho.
d) Cuando la impugnación no tenga causa en alguna de las circunstancias que permiten dicho recurso.

395. ¿Cuál es el plazo y sentido del silencio administrativo de la resolución del recurso extraordinario de revisión?

a) De un mes y desestimatorio.
b) De tres meses y estimatorio.
c) De tres meses y desestimatorio.
d) De un mes y estimatorio.

396. Contra la desestimación del recurso extraordinario de revisión:

a) No cabe recurso judicial ni administrativo alguno.
b) Cabe recurso potestativo de reposición o contencioso-administrativo.
c) Cabe recurso de alzada.
d) Solo cabe recurso contencioso-administrativo.

397. La nulidad de las disposiciones administrativas que establezcan la retroactividad de disposiciones sancionadoras no favorables o restrictivas de derechos individuales podrá declararse:

a) A instancias de la Administración solamente.
b) A instancias de la Administración o los particulares.
c) A instancias de la Administración o de uno o varios interesados.
d) A instancias de los interesados, exclusivamente.

398. ¿Cuál de los siguientes medios revisorios permite a la Administración impugnar un acto administrativo favorable a los interesados?

a) El recurso extraordinario de revisión.
b) El recurso potestativo de revisión.
c) La revisión de oficio.
d) La declaración de lesividad.

399. El motivo en el que ha de basar la Administración la declaración de lesividad de un acto administrativo es:

a) La nulidad del mismo.
b) El interés público.
c) La contravención del ordenamiento jurídico otorgando facultades o derechos careciendo de los requisitos esenciales para su adquisición.
d) Que sean constitutivos de infracción penal o se dicten como consecuencia de esta.

400. Si la Administración inicia con fecha 9 de diciembre de 2013 un procedimiento para la declaración de lesividad de un acto administrativo dictado el día 9 de junio del mismo año, sin que a día de hoy se haya resuelto, entonces:

a) El acto deviene inatacable.
b) Se ha producido la caducidad del procedimiento, sin perjuicio de iniciar uno nuevo a tal fin.
c) El acto es anulado por silencio administrativo.
d) El acto es nulo de pleno derecho.

401. Contra el acuerdo de lesividad de un acto administrativo adoptado sin audiencia de los interesados:

a) Cabe recurso de alzada.
b) Es posible interponer recurso extraordinario de revisión.
c) Cabe recurso potestativo de revisión o de alzada.
d) No cabe recurso alguno.

402. Una vez declarada la lesividad de un acto administrativo por razones de interés público:

a) Se produce la anulabilidad del mismo.
b) La Administración dispone de dos meses para interponer el recurso contencioso-administrativo oportuno.
c) Deviene nulo el mismo.
d) El acuerdo es susceptible de recurso de alzada.

Soluciones

301. a)	**311.** b)	**321.** d)	**331.** b)	**341.** c)	**351.** c)	**361.** d)	**371.** b)	**381.** b)	**391.** c)
302. c)	**312.** a)	**322.** d)	**332.** a)	**342.** d)	**352.** d)	**362.** b)	**372.** d)	**382.** b)	**392.** d)
303. d)	**313.** c)	**323.** b)	**333.** b)	**343.** c)	**353.** b)	**363.** a)	**373.** c)	**383.** a)	**393.** a)
304. b)	**314.** b)	**324.** c)	**334.** d)	**344.** b)	**354.** a)	**364.** d)	**374.** b)	**384.** c)	**394.** d)
305. d)	**315.** c)	**325.** a)	**335.** a)	**345.** b)	**355.** d)	**365.** c)	**375.** d)	**385.** d)	**395.** c)
306. d)	**316.** d)	**326.** b)	**336.** c)	**346.** d)	**356.** c)	**366.** d)	**376.** b)	**386.** c)	**396.** d)
307. c)	**317.** a)	**327.** a)	**337.** b)	**347.** b)	**357.** d)	**367.** d)	**377.** a)	**387.** d)	**397.** a)
308. c)	**318.** d)	**328.** c)	**338.** c)	**348.** a)	**358.** a)	**368.** c)	**378.** d)	**388.** d)	**398.** d)
309. a)	**319.** d)	**329.** b)	**339.** a)	**349.** d)	**359.** d)	**369.** d)	**379.** d)	**389.** b)	**399.** b)
310. a)	**320.** a)	**330.** b)	**340.** a)	**350.** b)	**360.** b)	**370.** c)	**380.** d)	**390.** a)	**400.** a)

403. En el procedimiento de revisión de oficio de los actos administrativos, el dictamen del Consejo de Estado u Órgano consultivo equivalente de las Administraciones Públicas es:

a) Preceptivo y vinculante.
b) Potestativo.
c) No vinculante.
d) Preceptivo y no vinculante.

404. La resolución administrativa que declare la nulidad de una disposición conllevará la declaración de la responsabilidad patrimonial de la Administración:

a) En todo caso.
b) En ningún caso.
c) Siempre que se hayan causado perjuicios a los interesados o a terceros.
d) Solo cuando se cumplan los requisitos para ello.

405. Contra la desestimación presunta de una solicitud de revisión de oficio de un acto administrativo de la Administración del Estado, el interesado podrá interponer:

a) Recurso de alzada.
b) Recurso potestativo de revisión.
c) Recurso contencioso-administrativo.
d) Recurso extraordinario de revisión.

406. ¿Cuál de los siguientes medios impugnatorios de derecho administrativo, únicamente puede ser iniciado a instancia de la Administración?

a) El procedimiento de revisión de oficio de actos nulos.
b) La reclamación económico-administrativa.
c) El procedimiento de rectificación de errores materiales, de hecho o aritméticos.
d) El procedimiento para la declaración de lesividad.

407. El órgano competente para la revisión de oficio de los actos nulos en la Administración Local es:

a) El que haya dictado el acto.
b) El Pleno de la Corporación.
c) El Alcalde o Presidente.
d) El Consejo de Gobierno.

408. La notificación a los interesados del acuerdo de declaración de lesividad de un acto administrativo adoptado por la Administración:

a) Supone el inicio del cómputo del plazo de caducidad del recurso contencioso-administrativo.
b) Es imperativa.

c) Es presupuesto previo y preceptivo para el ejercicio de la acción judicial.
d) Es meramente facultativa.

409. Será competente para declarar la suspensión de un acto administrativo sobre el que se sigue el procedimiento de declaración de lesividad:

a) La autoridad judicial competente para conocer de la impugnación.
b) El órgano autor del acto.
c) El órgano competente para declarar la lesividad.
d) La Abogacía del Estado.

410. La revocación por las Administraciones Públicas de sus actos de gravamen o desfavorables podrá llevarse a cabo:

a) En cualquier momento.
b) En tanto no resulte contraria a la equidad.
c) Mientras no haya transcurrido el plazo de prescripción.
d) Solo cuando constituya dispensa o exención.

411. La reclamación previa y potestativa ante el Consejo de Transparencia y Buen Gobierno contra las resoluciones de acceso a la información pública prevista en el art. 24 de la Ley de Transparencia, Acceso a la Información y Buen Gobierno debe considerarse:

a) Requisito de admisibilidad para la impugnación judicial de la resolución.
b) Sustitutiva del recurso de alzada.
c) Sustitutiva del recurso de reposición.
d) Necesaria para el agotamiento de la vía administrativa.

412. Las resoluciones dictadas por autoridades y órganos inferiores de las Entidades Locales por delegación del Alcalde o Presidente de la Corporación:

a) No son recurribles en vía administrativa.
b) Son susceptibles de recurso de alzada ante el Alcalde o Presidente.
c) Solo da pie al recurso extraordinario de revisión, en su caso.
d) Agotan la vía administrativa.

413. Para la interposición de cualquiera de los recursos administrativos previstos en la ley, será condición exigible:

a) El uso obligatorio de firma.
b) La utilización de medios electrónicos.
c) La comparecencia mediante Procurador.
d) La correcta identificación del medio impugnatorio utilizado.

414. La resolución de un recurso administrativo que agrave la situación inicial del recurrente determina:

a) La inadmisión del recurso.
b) La estimación del recurso.
c) La nulidad del acto impugnado.
d) La nulidad de la dicha resolución.

415. Si, por considerarse que no se debe resolver sobre el fondo de un recurso administrativo al estimar que existe un vicio de forma afectante de nulidad, y se ordena la retroacción del procedimiento:

a) Se podrá acordar la convalidación de las actuaciones por el órgano competente.
b) Se deberá continuar el mismo desde el momento anterior al que el vicio fue cometido.
c) Se entenderá estimado el recurso, y no se podrá volver a interponer otro de la misma clase.
d) La resolución que se dicte solo puede ser favorable al administrado.

416. Cuando una resolución de un recurso administrativo debiera pronunciarse sobre cuestiones que no hayan sido alegadas por el recurrente:

a) Habrá que retrotraer las actuaciones al momento de interposición del recurso para que sean alegadas por este.
b) Se desestimará el recurso por defecto en la determinación del objeto del mismo.
c) Se procederá a la inadmisión del recurso por falta de los presupuestos procesales exigidos para ello.
d) Se oirá a este con carácter previo a su dictado.

417. En el pie de recurso de la resolución no firme de un recurso potestativo de reposición, interpuesto contra un acto administrativo, se señalará que procede contra la misma:

a) Recurso de alzada.
b) Recurso contencioso-administrativo.
c) Recurso extraordinario de revisión.
d) Recurso de alzada o potestativo de reposición.

418. Contra la resolución de un recurso de alzada dictada de forma expresa hace un mes y un día, podrá interponerse:

a) Recurso contencioso-administrativo únicamente.
b) Recurso potestativo de reposición o contencioso-administrativo.
c) Recurso potestativo de reposición, extraordinario de revisión o contencioso-administrativo.
d) Recurso extraordinario de revisión o contencioso-administrativo.

419. Contra un acto administrativo de trámite que procede al archivo del procedimiento, por no presentar el interesado en el plazo concedido una documentación no necesaria solicitada por la Administración, el cual no es firme pero sí causante de indefensión, es posible interponer:

a) Recurso de alzada o de reposición.
b) Recurso extraordinario de revisión.
c) Recurso de reposición.
d) Recurso de alzada.

420. Para lograr el cese de los efectos de una disposición administrativa de carácter general, los interesados:

a) Recurrirán en Alzada.
b) Interpondrán recurso de reposición.
c) Podrán impugnar los actos que se dicten en aplicación de la misma.
d) No dispondrán de recurso alguno.

421. Contra un Reglamento administrativo que incurra en vicio de nulidad:

a) Podrá interponerse recurso administrativo directamente ante el órgano que la haya dictado.
b) Se podrá interponer recurso potestativo de revisión o recurso contencioso-administrativo.
c) No cabe recurso alguno ni administrativa ni judicialmente, sin perjuicio de impugnar los actos que se dicten en aplicación de la misma.
d) Cabe recurso contencioso-administrativo.

422. Contra la Resolución desestimatoria de una reclamación patrimonial de la Administración, se interpuso, en tiempo y forma, recurso potestativo de reposición ante Órgano incompetente, el cual remitió el recurso al que sí lo era, pero una vez transcurrido el plazo para la impugnación por esta vía, por lo que el encargado de resolver debe:

a) Inadmitir el recurso por extemporáneo.
b) Tramitar el recurso conforme a derecho.
c) Requerirá al interesado para que lo presente debidamente ante este último.
d) Devolver el recurso al Órgano ante el que se presentó para que lo inadmita por extemporáneo.

423. En el procedimiento establecido para los recursos administrativos, el trámite de prueba:

a) Se practicará en todo caso.
b) No está expresamente regulado.
c) Solo se concederá si no se hubiese practicado, en el procedimiento en el que se dictó el acto impugnado, por culpa de la Administración.

d) Solo podrá solicitarse cuando aparezcan hechos nuevos o de nueva noticia posteriores al dictado de la resolución impugnada.

424. La suspensión de la ejecución de un acto una vez agotada la vía administrativa:

a) No podrá prolongarse en ningún caso.

b) Deberá alzarse en cualquier caso, sin perjuicio de que la solicitud se reproduzca ante el Órgano judicial que conozca del recurso contencioso-administrativo.

c) Se ampliará a la vía judicial y hasta recaiga Sentencia definitiva u otra resolución que ponga fin al proceso.

d) Se prolongará hasta que el órgano judicial se pronuncie sobre el particular, si así se hubiese solicitado.

425. La revocación de actos administrativos exige:

a) La previa declaración de nulidad o anulabilidad de estos.

b) Que se trate de actos afectados de nulidad favorables a los interesados.

c) Que sean actos de gravamen o desfavorables al interesado.

d) La previa su declaración de lesividad para el interés público.

426. ¿Qué título y norma regula la iniciativa legislativa y la potestad para dictar reglamento y otras disposiciones?

a) El Título VI de la LRJSP.

b) El Título III de la LPACAP.

c) El Título IV de la Ley del Gobierno.

d) El Título VI de la LPACAP.

427. El Gobierno de la Nación:

a) Ejercerá la iniciativa legislativa, mediante la elaboración y aprobación de los anteproyectos de ley y podrá aprobar reales decretos-leyes y reales decretos legislativos en los términos previstos en la Constitución.

b) Podrá aprobar los proyectos de ley y los reales decretos-leyes en los términos previstos en la Constitución.

c) Ejercerá la iniciativa legislativa prevista en la Constitución mediante la elaboración y aprobación de los anteproyectos de ley y podrá aprobar los proyectos de ley.

d) Podrá aprobar los reales decretos-leyes y reales decretos legislativos en los términos previstos en la Constitución.

428. El ejercicio de la potestad reglamentaria corresponde:

a) Al Gobierno de la Nación.

b) Al Gobierno de la Nación y a los órganos de Gobierno de las CCAA, de conformidad con lo establecido en sus respectivos Estatutos de Autonomía.

c) A los órganos de Gobierno de las CCAA, de conformidad con lo establecido en sus respectivos Estatutos de Autonomía.

d) Al Gobierno de la Nación, a los órganos de Gobierno de las CCAA, de conformidad con lo establecido en sus respectivos Estatutos, a los órganos de gobierno locales, de acuerdo con lo previsto en la Constitución, los Estatutos de Autonomía y la Ley 7/1985, de 2 de abril, reguladora de las Bases del Régimen Local, así como por órganos y autoridades distintas de los Gobiernos respectivos.

429. ¿Qué artículo y norma regula el ejercicio de la potestad reglamentaria por órganos y autoridades distintas de los Gobiernos respectivos?

a) El art. 128.2 de la LPACAP.

b) El art. 128.1. de la LRJSP.

c) El art. 129.4 de la LPACAP.

d) El art. 129.4. de la LRJSP.

430. De conformidad con la LPACAP, los órganos de gobierno de las CCAA podrán aprobar:

a) Reales decretos-leyes y reales decretos legislativos, de conformidad con lo establecido en la Constitución y en sus respectivos Estatutos de Autonomía.

b) Anteproyectos de ley, reales decretos-leyes y reales decretos legislativos, de conformidad con lo establecido en la Constitución y en sus respectivos Estatutos de Autonomía.

c) Proyectos de ley y reales decretos-leyes, de conformidad con lo establecido en la Constitución y en sus respectivos Estatutos de Autonomía.

d) Anteproyectos de ley y reales decretos legislativos, de conformidad con lo establecido en la Constitución y en sus respectivos Estatutos de Autonomía.

431. La aprobación de los reglamentos y disposiciones administrativas quedan sometidos a una serie de limitaciones, que suponen que los citados reglamentos y disposiciones administrativas no podrán:

a) Vulnerar la CE ni regular aquellas materias que los Estatutos de Autonomía reconoce de la competencia de las Asambleas Legislativas de las CCAA o de las Entidades Locales.

b) Vulnerar la CE o las leyes, regular aquellas materias que la CE o los Estatutos de Autonomía reconocen de la competencia de las Cortes Generales o de las Asambleas Legislativas de las CCAA y vulnerar los preceptos de otra de rango superior.

c) Vulnerar las leyes,; regular aquellas materias que la CE reconoce de la competencia de las Cortes Generales o de las Asambleas Legislativas de las CCAA; y vulnerar los preceptos de otra de rango inferior.

d) Vulnerar la CE o las leyes, ni vulnerar los preceptos de cualquier otra norma, ya sean de rango superior o inferior.

432. Los reglamentos y disposiciones administrativas:

a) Podrán tipificar infracciones administrativas, pero no podrán tipificar delitos y faltas.

b) No podrán tipificar delitos, pero sí faltas e infracciones administrativas.

c) No podrán tipificar delitos, faltas o infracciones administrativas, pero podrán establecer tributos, exacciones parafiscales u otras cargas o prestaciones personales o patrimoniales de carácter público.

d) No podrán tipificar delitos, faltas o infracciones administrativas, ni podrán establecer penas o sanciones, ni tributos, exacciones parafiscales u otras cargas o prestaciones personales o patrimoniales de carácter público.

433. En el ejercicio de la iniciativa legislativa y la potestad reglamentaria, las Administraciones Públicas (en adelante, AAPP) actuarán de acuerdo con los principios de:

a) Necesidad, eficacia, proporcionalidad, seguridad jurídica, transparencia, y eficiencia.

b) Celeridad, eficacia, proporcionalidad y seguridad jurídica.

c) Simplificación administrativa, eficacia y proporcionalidad.

d) Seguridad jurídica, transparencia e igualdad.

434. Cuando la iniciativa normativa afecte a los gastos o ingresos públicos presentes o futuros se deberán:

a) Cuantificar y valorar sus repercusiones y efectos, y supeditarse al cumplimiento de los principios de sostenibilidad presupuestaria y de estabilidad financiera.

b) Cuantificar sus repercusiones y valorar sus efectos, y supeditarse al cumplimiento del principio de estabilidad financiera.

c) Cuantificar y valorar sus repercusiones y efectos, y supeditarse al cumplimiento de los principios de estabilidad presupuestaria y de sostenibilidad financiera.

d) Valorar sus repercusiones y cuantificar sus efectos, y supeditarse al cumplimiento del principio de sostenibilidad financiera.

435. Cada uno de los principios que rigen el ejercicio de la iniciativa legislativa y la potestad reglamentaria ha de quedar justificado en:

a) La memoria justificativa de la iniciativa.

b) La exposición de motivos de los anteproyectos de ley o en el preámbulo de los proyectos de reglamento.

c) El texto de la iniciativa.

d) El Plan Anual Normativo, respecto de las iniciativas legales o reglamentarias que vayan a ser elevadas para su aprobación en el año siguiente.

436. Las AAPP revisarán su normativa vigente para adaptarla a los principios de buena regulación. El resultado de la evaluación se plasmará en:

a) Un informe que se publicará, anualmente, por el órgano que determine la normativa reguladora de la Administración correspondiente.

b) Un informe que se publicará, bianualmente, por el órgano que determine la normativa reguladora de la Administración correspondiente.

c) Un informe que se publicará, cada cinco años, por el órgano que determine la normativa reguladora de la Administración correspondiente.

d) Un informe que se hará público, con el detalle, periodicidad y por el órgano que determine la normativa reguladora de la Administración correspondiente.

437. ¿Qué será necesario para que las normas con rango de ley, los reglamentos y disposiciones administrativas entren en vigor?

a) Habrán de publicarse en el diario oficial correspondiente. Adicionalmente, y de manera facultativa, las AAPP podrán establecer otros medios de publicidad complementarios.

b) Habrán de publicarse en el diario oficial correspondiente. Adicionalmente, y de manera preceptiva, las AAPP establecerán otros medios de publicidad complementarios.

c) Habrán de publicarse en el diario oficial correspondiente, preceptivamente, en edición impresa. Adicionalmente, y de manera facultativa, podrán publicarse en las sedes electrónicas de la Administración, Órgano, Organismo público o Entidad competente.

d) Habrán de publicarse en el diario oficial correspondiente, preceptivamente, en las sedes electrónicas de la Administración, Órgano, Organismo público o Entidad competente. Adicionalmente, y de manera facultativa, se podrán publicar en el diario oficial en edición impresa.

438. Las AAPP harán público el Plan Normativo:

a) Anualmente y contendrá las iniciativas legales o reglamentarias que vayan a ser elevadas para su aprobación en los años siguientes. Una vez aprobado, el Plan Anual Normativo se publicará en el diario oficial correspondiente.

b) Anualmente y contendrá las iniciativas legales o reglamentarias que vayan a ser elevadas para su aprobación en el año siguiente. Una vez aprobado, el Plan Anual Normativo se publicará en las sedes electrónicas de la Administración, Órgano, Organismo público o Entidad competente.

c) Anualmente y contendrá las iniciativas legales o reglamentarias que vayan a ser elevadas para su aprobación en el año siguiente. Una vez aprobado, el Plan Anual Normativo se publicará en el Portal de la Transparencia de la Administración Pública correspondiente.

d) Cada dos años y contendrá las iniciativas legales o reglamentarias que vayan a ser elevadas para su aprobación en los años siguientes. Una vez aprobado, el Plan Anual Normativo se publicará en el diario oficial correspondiente.

439. La consulta pública, que se realiza con carácter previo a la elaboración del proyecto o anteproyecto de ley o de reglamento, pretende recabar la opinión de:

a) Los ciudadanos afectados, cuando la norma afecte a sus derechos e intereses legítimos.

b) Los sujetos y de las organizaciones más representativas potencialmente afectados por la futura norma.

c) Los ciudadanos afectados y otras personas o entidades, cuando la norma afecte a sus derechos e intereses legítimos.

d) Los ciudadanos afectados; a otras personas o entidades, cuando la norma afecte a sus derechos e intereses legítimos y a organizaciones o asociaciones reconocidas por ley que agrupen o representen a las personas cuyos derechos o intereses legítimos se vieren afectados por la norma y cuyos fines guarden relación directa con su objeto.

440. Se podrá omitir la consulta pública, con carácter previo a la elaboración del proyecto o anteproyecto de ley o de reglamento:

a) Cuando concurran razones graves de interés financiero que lo justifiquen, en el caso de normas tributarias u organizativas de la Administración General del Estado, la Administración autonómica, la Administración local o de las organizaciones dependientes o vinculadas a estas.

b) Cuando la propuesta normativa no tenga un impacto significativo en la actividad administrativa.

c) Cuando no imponga obligaciones relevantes a los destinatarios.

d) Cuando regule la totalidad de los aspectos de una materia.

441. La iniciativa normativa debe estar justificada por una razón de interés general, basarse en una identificación clara de los fines perseguidos y ser el instrumento más adecuado para garantizar su consecución, en virtud de los principios de:

a) Necesidad y eficacia.

b) Proporcionalidad y seguridad jurídica.

c) Necesidad y proporcionalidad.

d) Seguridad jurídica y eficacia.

442. Cuando en materia de procedimiento administrativo la iniciativa normativa establezca trámites adicionales o distintos a los contemplados en esta ley, estos deberán ser justificados atendiendo a:

a) La singularidad de la materia o a los fines perseguidos por la propuesta.

b) La singularidad de la materia o a la eficacia de la propuesta.

c) La eficacia de la propuesta.

d) La eficacia, proporcionalidad y necesariedad de la propuesta.

443. Quedará suficientemente justificada la adecuación de la iniciativa legislativa y la potestad reglamentaria a los principios de buena regulación:

a) En el preámbulo, en los anteproyectos de ley y en los proyectos de reglamentos.

b) En la exposición de motivos, en los proyectos de reglamentos.

c) En el preámbulo, en los anteproyectos de ley.

d) En la exposición de motivos, en los anteproyectos de ley.

444. ¿Cuál de los principios de buena regulación supone que la iniciativa que se proponga deba contener la regulación imprescindible para atender la necesidad a cubrir con la norma, tras constatar que no existen otras medidas menos restrictivas de derechos, o que impongan menos obligaciones a los destinatarios?

a) El principio de seguridad jurídica.
b) El principio de necesidad.
c) El principio de eficacia.
d) El principio de proporcionalidad.

445. La iniciativa normativa se ejercerá de manera coherente con el resto del ordenamiento jurídico, nacional y de la Unión Europea, para generar un marco normativo estable, predecible, integrado, claro y de certidumbre, que facilite su conocimiento y comprensión y, en consecuencia, la actuación y toma de decisiones de las personas y empresas por aplicación del:

a) Principio de seguridad jurídica.
b) Principio de necesidad.
c) Principio de eficacia.
d) Principio de proporcionalidad.

446. En el marco de la "participación de los ciudadanos en el procedimiento de elaboración de normas con rango de Ley y reglamentos", la audiencia se recabará de:

a) Los ciudadanos afectados y de otras personas o entidades que puedan hacer aportaciones adicionales.
b) Los sujetos y de las organizaciones más representativas potencialmente afectados por la futura norma.
c) Las organizaciones o asociaciones reconocidas por ley que agrupen o representen a las personas cuyos derechos o intereses legítimos se vieren afectados por la norma y cuyos fines guarden relación directa con su objeto.
d) Los ciudadanos, en general, y de las organizaciones o asociaciones reconocidas por ley.

447. La opinión de "las organizaciones o asociaciones reconocidas por ley que agrupen o representen a las personas cuyos derechos o intereses legítimos se vieren afectados por la norma y cuyos fines guarden relación directa con su objeto" podrá recabarse:

a) Directamente.
b) A través del portal web correspondiente.
c) A través del boletín oficial correspondiente.
d) Directamente o a través del portal web correspondiente.

448. La iniciativa normativa debe estar justificada por una razón de interés general, basarse en una identificación clara de los fines perseguidos y ser el instrumento más adecuado para garantizar su consecución en virtud de:

a) El principio de seguridad jurídica.
b) El principio de proporcionalidad.
c) El principio de transparencia.
d) Los principios de necesidad y eficacia.

449. En aplicación del principio de transparencia, las AAPP posibilitarán el acceso:

a) Sencillo, universal y actualizado a la normativa en vigor y los documentos propios de su proceso de elaboración.
b) Rápido, universal y actualizado a la normativa en vigor y los documentos propios de su proceso de elaboración.
c) Sencillo, individualizado y actualizado a la normativa en vigor y los documentos propios de su proceso de elaboración.
d) Rápido, individualizado y actualizado a la normativa en vigor y los documentos propios de su proceso de elaboración.

450. Entre las principales normas modificadas por la LPACAP se encuentran:

a) La Ley 2/2011, de 4 de marzo, de Economía Sostenible y la Ley 50/1997, de 27 de noviembre, del Gobierno.
b) La Ley 50/1997, de 27 de noviembre, del Gobierno y la Ley 22/2003, de 9 de julio, Concursal.
c) La Ley 59/2003, de 19 de diciembre, de firma electrónica y la Ley 36/2011, de 10 de octubre, reguladora de la jurisdicción social.
d) La Ley 11/2007, de 22 de junio, de acceso electrónico de los ciudadanos a los Servicios Públicos y la Ley 22/2003, de 9 de julio, Concursal.

451. ¿Qué principios rigen el ejercicio de la potestad reglamentaria?

a) Los principios de jerarquía, reserva de ley y de competencia.
b) Los principios de necesidad, eficacia, proporcionalidad, seguridad jurídica, transparencia, y eficiencia.
c) Los principios de simplificación administrativa, eficacia y proporcionalidad.
d) Los principios de jerarquía, reserva de ley, competencia, seguridad jurídica y transparencia.

452. ¿Qué artículo de la LPACAP establece los principios de buena regulación?

a) El art. 128 de la LPACAP.
b) El art. 129 de la LPACAP.
c) El art. 131 de la LPACAP.
d) El art. 133 de la LPACAP.

453. En los procedimientos de elaboración de normas con rango de ley y reglamento, ¿cuándo será posible prescindir del trámite de audiencia?

a) Cuando la propuesta normativa no tenga un impacto significativo en la actividad económica.
b) Cuando la propuesta normativa no imponga obligaciones relevantes a los destinatarios.
c) Cuando la propuesta normativa regule aspectos parciales de una materia.
d) Cuando se trate de una propuesta normativa organizativa de la Administración General del Estado, la Administración autonómica, la Administración local o de las organizaciones dependientes o vinculadas a estas.

454. ¿Qué artículo, título y norma regula la iniciativa legislativa y potestad para dictar normas con rango de ley?

a) El art. 127 del Título VI de la LRJSP.
b) El art. 128 del Título III de la LPACAP.
c) El art. 129 del Título V de la Ley del Gobierno.
d) El art. 127 del Título VI de la LPACAP.

455. La actuación administrativa de las Asambleas Legislativas de las CCAA se regirá por:

a) Lo previsto en su normativa específica, en el marco de los principios que inspiran la actuación administrativa de acuerdo con la LPACAP.
b) La LPACAP y supletoriamente por lo dispuesto en su normativa específica.
c) Lo previsto en su normativa específica, en el marco de los principios que inspiran la actuación administrativa de acuerdo con la LRJSP.
d) Su normativa específica y supletoriamente por lo dispuesto en la LPACAP.

456. La LPACAP se aprueba al amparo de lo dispuesto en:

a) El art. 149.1.18.ª CE
b) Los arts. 149.1.18.ª, 149.1.14.ª y 149.1.13.ª de la CE.
c) El art. 149.1.13.ª de la CE.
d) Los arts. 149.1.14.ª y 149.1.13ª de la CE.

457. Las AAPP revisarán periódicamente su normativa vigente para:

a) Adaptarla a los principios de buena regulación y para comprobar la medida en que las normas en vigor han conseguido los objetivos previstos y si estaba justificado y correctamente cuantificado el coste y las cargas impuestas en ellas.
b) Simplificarla y comprobar la medida en que las normas en vigor han conseguido los objetivos previstos.
c) Simplificarla y comprobar si estaba correctamente cuantificado el coste y las cargas impuestas en ellas.
d) Comprobar el cumplimiento de los principios de jerarquía, reserva de ley y de competencia.

458. El resultado de la evaluación se plasma en:

a) Un Informe anual, que se publicará en el Portal de la Transparencia de la Administración Pública correspondiente.
b) El Plan Anual Normativo, que se publicará en el Portal de la Transparencia de la Administración Pública correspondiente.
c) Un informe que se hará público, con el detalle, periodicidad y por el órgano que determine la normativa reguladora de la Administración correspondiente.
d) El Plan Anual Normativo, con el detalle que determine la normativa reguladora de la Administración correspondiente.

459. En los procedimientos de elaboración de normas con rango de ley y reglamento, ¿cuándo será posible prescindir del trámite de información pública?

a) Cuando la propuesta normativa no tengan un impacto significativo en la actividad económica.
b) Cuando la propuesta normativa no imponga obligaciones relevantes a los destinatarios.
c) Cuando se trate de normas presupuestarias.
d) Cuando la normativa reguladora del ejercicio de la iniciativa legislativa o de la potestad reglamentaria de una Administración prevea la tramitación urgente de los procedimientos.

460. ¿Cuántos artículos tiene el Título VI de la LPACAP?

a) Cinco.
b) Seis.
c) Siete.
d) Ocho.

461. La no adhesión de las CCAA y EELL a las plataformas y registros de la Administración General del Estado deberá justificarse en términos de:

a) Eficiencia, conforme al art. 7 de la Ley Orgánica 2/2012, de 27 de abril, de Estabilidad Presupuestaria y Sostenibilidad Financiera.

b) Necesidad, conforme al art. 27 de La Ley 47/2003, de 26 noviembre, General Presupuestaria.

c) Seguridad jurídica, conforme al art. 17 de la Ley Orgánica 2/2012, de 27 de abril, de Estabilidad Presupuestaria y Sostenibilidad Financiera.

d) Transparencia, conforme al art. 37 de La Ley 47/2003, de 26 noviembre, General Presupuestaria.

462. ¿Al amparo de qué título competencial se dicta la disposición adicional segunda de adhesión de las CCAA y EELL a las plataformas y registros de la Administración General del Estado?

a) Del art. 149.1.18.ª CE.

b) Del art. 149.1.13.ª de la CE.

c) De los arts. 149.1.14.ª y 149.1.13.ª de la CE.

d) De los arts. 149.1.18.ª, 149.1.14.ª y 149.1.13.ª de la CE.

463. ¿Qué será necesario para que las normas con rango de ley, los reglamentos y disposiciones administrativas produzcan efectos jurídicos?

a) Habrán de publicarse en el diario oficial correspondiente. Adicionalmente, y de manera facultativa, las AAPP podrán establecer otros medios de publicidad complementarios.

b) Habrán de publicarse en el diario oficial correspondiente. Adicionalmente, y de manera preceptiva, las AAPP establecerá otros medios de publicidad complementarios.

c) Habrán de publicarse en el diario oficial correspondiente, preceptivamente, en edición impresa. Adicionalmente, y de manera facultativa, podrán publicarse en las sedes electrónicas de la Administración, Órgano, Organismo público o Entidad competente.

d) Habrán de publicarse en el diario oficial correspondiente, preceptivamente, en las sedes electrónicas de la Administración, Órgano, Organismo público o Entidad competente. Adicionalmente, y de manera facultativa, se podrán publicar en el diario oficial en edición impresa.

464. ¿Qué debe de garantizar el sistema automatizado de remisión y gestión telemática del BOE para la publicación de los anuncios de notificación infructuosa?

a) Debe garantizar la celeridad de la publicación, su eficiencia, así como la identificación del órgano remitente.

b) Debe garantizar la eficacia de la publicación, su transparencia, así como la identificación del órgano remitente.

c) Debe garantizar la celeridad de la publicación, su correcta y fiel inserción, así como la identificación del órgano remitente.

d) Debe garantizar la transparencia de la publicación, así como la identificación del órgano remitente.

465. El art. 129 de la LPACAP regula:

a) Los principios de buena regulación.

b) Los principios de la potestad sancionadora.

c) Los principios generales que regirán la actuación de las AAPP.

d) Los principios generales de las relaciones interadministrativas.

466. La LPACAP dispone que esta entra en vigor:

a) Al año de su publicación en el BOE, es decir, el 2 de octubre de 2016, salvo las previsiones relativas al registro electrónico de apoderamientos, registro electrónico, registro de empleados públicos habilitados, punto de acceso general electrónico de la Administración y archivo único electrónico produjeron efectos a partir del día 2 de abril de 2021.

b) Al año de su publicación en el BOE, es decir, el 1 de octubre de 2015.

c) Al año de su publicación en el BOE, es decir, el 1 de octubre de 2015, salvo las previsiones relativas al registro electrónico de apoderamientos, registro electrónico y registro de empleados públicos habilitados, producirán efectos a los dos años de la entrada en vigor de la LPACAP, es decir, el 1 de octubre de 2017.

d) A los tres años de su publicación en el BOE, es decir, el 1 de octubre de 2018.

467. ¿Qué artículos de la Ley de Economía Sostenible quedan derogados por la disposición derogatoria única de la LPACAP?

a) Los arts. 4 a 7 de la Ley 2/2011, de 4 de marzo.

b) Los arts. 5 a 9 de la Ley 1/2002, de 4 de mayo.

c) Los arts. 2 a 8 de la Ley 2/2011, de 4 de marzo.

d) Los arts. 3 a 9 de la Ley 1/2012, de 4 de mayo.

468. En el marco de la evaluación normativa, las AAPP: Organigrama de la Agencia.

a) Promoverán la aplicación de los principios de buena regulación y, en particular, la introducción de medidas de discriminación positiva a favor de colectivos desfavorecidos.

b) Promoverán la aplicación de los principios de buena regulación y cooperarán para promocionar el análisis económico en la elaboración de las normas y, en particular, para evitar la introducción de restricciones injustificadas o desproporcionadas a la actividad económica.

c) Promoverán la aplicación de los principios de jerarquía, reserva de ley y de competencia y, en particular, evitarán la introducción de restricciones injustificadas o desproporcionadas a la actividad económica.

d) Promoverán la aplicación de los principios de jerarquía, reserva de ley y de competencia y, en particular, introducirán medidas de discriminación positiva a favor de colectivos desfavorecidos.

469. Los actos y resoluciones pendientes de ejecución a la entrada en vigor de la LPACAP se regirán para su ejecución por:

a) La normativa vigente cuando se dictaron.

b) Las normas establecidas en la LPACAP.

c) Los principios establecidos en la LPACAP, a falta de previsión expresa.

d) Los principios establecidos en la LRJSP, a falta de previsión expresa.

470. La LPACAP modifica:

a) La Ley 50/2002, de 26 de diciembre, de Fundaciones.

b) La Ley 38/2003, de 17 de noviembre, General de Subvenciones.

c) El Texto Refundido de la Ley de Contratos del Sector Público, aprobado por Real Decreto Legislativo 3/2011, de 14 de noviembre.

d) La Ley 59/2003, de 19 de diciembre, de firma electrónica.

471. Las actuaciones y procedimientos sancionadores en materia tributaria se rigen:

a) Por su normativa específica y supletoriamente por lo dispuesto en la LPACAP.

b) Por la LPACAP.

c) Por su normativa específica y supletoriamente por lo dispuesto en la LRJSP.

d) Por la LPACAP y supletoriamente por lo dispuesto en su normativa específica.

472. El Plan Anual Normativo se publicará en:

a) En el Boletín Oficial del Estado, que pondrá a disposición de las diversas AAPP, un sistema automatizado de remisión y gestión telemática para la publicación del plan anual normativo.

b) El Portal de la Transparencia de la Administración Pública correspondiente.

c) En el Boletín Oficial de la Administración Pública correspondiente.

d) El Portal de la Transparencia de la Administración General del Estado.

473. ¿Qué artículo y norma atribuye al Estado la competencia para dictar las bases del régimen jurídico de las AAPP y competencia en materia de procedimiento administrativo común y sistema de responsabilidad de todas las AAPP?

a) El art. 149.1.18.ª de la CE.

b) El art. 149.1.14.ª de la CE.

c) El art. 149.1.13.ª de la CE.

d) El art. 149.1.8.ª de la CE.

474. ¿Qué tipo de publicación contempla la LPACAP para las distintas normas?

a) Las normas con rango de ley habrán de publicarse en el diario oficial correspondiente para que entren en vigor y produzcan efectos jurídicos. Para los reglamentos y disposiciones administrativas podrá establecerse otros medios de publicidad complementarios.

b) Las normas con rango de ley, los reglamentos y disposiciones administrativas habrán de publicarse en el diario oficial correspondiente para que entren en vigor y produzcan efectos jurídicos. Adicionalmente, y de manera preceptiva, las AAPP podrán establecer otros medios de publicidad complementarios.

c) Las normas con rango de ley, los reglamentos y disposiciones administrativas habrán de publicarse en el diario oficial correspondiente para que entren en vigor Adicionalmente, y para que produzcan efectos jurídicos, las AAPP podrán establecer otros medios de publicidad complementarios.

d) Las normas con rango de ley, los reglamentos y disposiciones administrativas habrán de publicarse en el diario oficial correspondiente para que entren en vigor y produzcan efectos jurídicos. Adicionalmente, y de manera facultativa, las AAPP podrán establecer otros medios de publicidad complementarios.

475. Para cumplir con lo previsto en materia de registro electrónico de apoderamientos, registro electrónico, archivo electrónico único, plataforma de intermediación de datos y punto de acceso general electrónico de la Administración, las CCAA y las EELL podrán adherirse, a través de medios electrónicos, a las plataformas y registros establecidos al efecto por la Administración General del Estado:

a) Voluntariamente. Su no adhesión deberá justificarse en términos de eficiencia conforme al art. 7 de la Ley Orgánica 2/2012, de 27 de abril.

b) Obligatoriamente.
c) Voluntariamente. Su no adhesión deberá justificarse en términos de eficiencia conforme al art. 7 de la LRJSP.
d) Obligatoriamente, salvo que justifique ante el Gobierno de la Nación que puede prestar el servicio de un modo más eficiente.

476. La disposición derogatoria única de la LPACAP deroga:

a) El Real Decreto 1065/2007, de 27 de julio, por el que se aprueba el Reglamento General de las actuaciones y los procedimientos de gestión e inspección tributaria y de desarrollo de las normas comunes de los procedimientos de aplicación de los tributos.
b) El Real Decreto 939/2005, de 29 de julio, por el que se aprueba el Reglamento General de Recaudación.
c) El Real Decreto 1398/1993, de 4 de agosto, por el que se aprueba el Reglamento del Procedimiento para el Ejercicio de la Potestad Sancionadora.
d) El Real Decreto 520/2005, de 13 de mayo, por el que se aprueba el Reglamento general de desarrollo de la Ley 58/2003, de 17 de diciembre, General Tributaria, en materia de revisión en vía administrativa.

477. Las actuaciones y procedimientos sancionadores en el orden social se rigen:

a) Por la LPACAP.
b) Por su normativa específica y supletoriamente por lo dispuesto en la LPACAP.
c) Por su normativa específica y supletoriamente por lo dispuesto en la LRJSP.
d) Por la LPACAP y supletoriamente por lo dispuesto en su normativa específica.

478. La LPACAP deroga:

a) La Ley 50/2002, de 26 de diciembre, de Fundaciones.
b) La Ley 11/2007, de 22 de junio, de acceso electrónico de los ciudadanos a los Servicios Públicos.
c) La Ley 33/2003, de 3 de noviembre, del Patrimonio de las Administraciones Públicas.
d) La Ley 47/2003, de 26 de noviembre, General Presupuestaria.

479. Para que los interesados pueden identificar la oficina de asistencia en materia de registros más próxima a su domicilio, las AAPP deberán:

a) Publicar un directorio en el boletín oficial correspondiente.
b) Mantener permanentemente actualizado en la correspondiente sede electrónica un directorio geográfico.

c) Mantener actualizado un registro, u otro sistema equivalente, donde constarán los funcionarios habilitados para la identificación o firma electrónica.
d) Publicar un directorio en el portal web correspondiente.

480. Las normas reguladoras estatales, autonómicas y locales de los distintos procedimientos normativos que sean incompatibles con lo previsto en la LPACAP deben adecuarse a la ley:

a) En el plazo de 3 meses a partir de la entrada en vigor de la LPACAP.
b) En el plazo de 6 meses a partir de la entrada en vigor de la LPACAP.
c) En el plazo de 1 año a partir de la entrada en vigor de la LPACAP.
d) En el plazo de 2 años a partir de la entrada en vigor de la LPACAP.

481. La Ley 36/2011, de 10 de octubre, reguladora de la jurisdicción social, ha sido:

a) Modificada por la LPACAP.
b) Derogada por la LPACAP.
c) Derogada por la LRJSP.
d) No se ha visto afectada ni por la LPACAP, ni por la LRJSP.

482. La modificación del "agotamiento de la vía administrativa previa a la vía judicial social" se encuentra en:

a) El art. 69 de la LISOS, introducida en la Disposición final tercera de la LPACAP.
b) El art. 70 de la LPACAP, en relación con la Disposición final segunda de la LRJSP.
c) La nueva redacción del art. 69 de la LRJS, introducida en la Disposición final tercera de la LPACAP.
d) La nueva redacción del art. 70 de la LRJS, introducida en la Disposición final segunda de la LPACAP.

483. De conformidad con la Ley reguladora de la jurisdicción social, para poder demandar al Estado, a las CCAA y a los EELL será requisito necesario:

a) Presentar reclamación administrativa previa a la vía judicial laboral.
b) Haber agotado la vía administrativa, cuando así proceda, de acuerdo con lo establecido en la normativa de procedimiento administrativo aplicable.
c) Presentar reclamación administrativa previa a la vía judicial laboral y haber agotado la vía administrativa.
d) Presentar reclamación administrativa previa a la vía judicial laboral, solo en los supuestos en los que la Administración vaya a ser demandada en su condición de empresaria.

484. De conformidad con la Ley reguladora de la jurisdicción social, desde que se deba entender agotada la vía administrativa, el interesado podrá formalizar la demanda:

a) En el plazo de un mes. Salvo en las acciones derivadas de despido y demás acciones sujetas a plazo de caducidad, en cuyo caso el plazo de interposición de la demanda será de quince días hábiles o el especial que sea aplicable, contados a partir del día siguiente a aquel en que se hubiera producido el acto o la notificación de la resolución impugnada, o desde que se deba entender agotada la vía administrativa en los demás casos.

b) En el plazo de dos meses. Salvo en las acciones derivadas de despido y demás acciones sujetas a plazo de caducidad, en cuyo caso el plazo de interposición de la demanda será de veinte días hábiles o el especial que sea aplicable, contados a partir del día siguiente a aquel en que se hubiera producido el acto o la notificación de la resolución impugnada, o desde que se deba entender agotada la vía administrativa en los demás casos.

c) En el plazo de dos meses. Salvo en las acciones derivadas de despido y demás acciones sujetas a plazo de caducidad, en cuyo caso el plazo de interposición de la demanda será de veinte días naturales o el especial que sea aplicable, contados a partir del día siguiente a aquel en que se hubiera producido el acto o la notificación de la resolución impugnada, o desde que se deba entender agotada la vía administrativa en los demás casos.

d) En el plazo de tres meses. Salvo en las acciones derivadas de despido y demás acciones sujetas a plazo de caducidad, en cuyo caso el plazo de interposición de la demanda será de treinta días hábiles o el especial que sea aplicable, contados a partir del día siguiente a aquel en que se hubiera producido el acto o la notificación de la resolución impugnada, o desde que se deba entender agotada la vía administrativa en los demás casos.

485. De conformidad con la Ley reguladora de la jurisdicción social, no será necesario agotar la vía administrativa para interponer demanda:

a) Por despido colectivo y movilidad geográfica.

b) En caso de modificación sustancial de condiciones de trabajo.

c) En caso de suspensión de contrato y reducción de jornada.

d) De tutela de derechos fundamentales y libertades públicas frente a actos de las AAPP en el ejercicio de sus potestades en materia laboral y sindical.

486. De conformidad con la Ley reguladora de la jurisdicción social, en el proceso no podrán introducir las partes variaciones sustanciales de tiempo, cantidades o conceptos respecto de los que fueran objeto del procedimiento administrativo y de las actuaciones de los interesados o de la Administración:

a) Bien en fase de reclamación previa en materia de prestaciones de Seguridad Social o de recurso que agote la vía administrativa, salvo en cuanto a los hechos nuevos o que no hubieran podido conocerse con anterioridad.

b) En fase de reclamación previa, salvo en cuanto a los hechos nuevos o que no hubieran podido conocerse con anterioridad.

c) Bien en fase de reclamación previa o de recurso que agote la vía administrativa, salvo en cuanto a los hechos nuevos o que no hubieran podido conocerse con anterioridad.

d) En fase de recurso que agote la vía administrativa, salvo en cuanto a los hechos nuevos o que no hubieran podido conocerse con anterioridad.

487. La LPACAP deroga:

a) La Ley 7/1985, de 2 de abril, Reguladora de las Bases del Régimen Local

b) El texto refundido de las disposiciones legales vigentes en materia de Régimen Local, aprobado por el Real Decreto Legislativo 781/1986, de 18 de abril.

c) La Ley 30/1992, de 26 de noviembre, de Régimen Jurídico de las Administraciones Públicas y del Procedimiento Administrativo Común.

d) La Ley 6/1997, de 14 abril, de Organización y Funcionamiento de la Administración General del Estado.

488. Las referencias hechas a la Ley 30/1992, de 26 de noviembre, de Régimen Jurídico de las Administraciones Públicas y del Procedimiento Administrativo Común, se entenderán hechas:

a) Siempre, a la LPACAP.

b) Siempre, a la LRJSP.

c) A la LPACAP o a la LRJSP, según corresponda.

d) A la LPACAP, a la LRJSP o a la normativa específica, según corresponda.

489. Los procedimientos administrativos regulados en leyes especiales por razón de la materia que no exijan alguno de los trámites previstos en esta ley o regulen trámites adicionales o distintos se regirán, respecto a estos, por:

a) La LPACAP.

b) La LRJSP.

c) Lo dispuesto en las leyes especiales.

d) La LPACAP y supletoriamente por lo dispuesto en su normativa específica

490. La disposición derogatoria única de la LPACAP deroga:

a) La Ley 20/2015, de 14 de julio, de ordenación, supervisión y solvencia de las entidades aseguradoras y reaseguradoras.

b) El Real Decreto-Ley 12/1995, de 28 de diciembre, sobre medidas urgentes en materia presupuestaria, tributaria y financiera.

c) El Real Decreto 772/1999, de 7 de mayo, por el que se regula la presentación de solicitudes, escritos y comunicaciones ante la Administración General del Estado, la expedición de copias de documentos y devolución de originales y el régimen de las oficinas de registro.

d) El Real Decreto 520/2005, de 13 de mayo, por el que se aprueba el Reglamento general de desarrollo de la Ley 58/2003, de 17 de diciembre, General Tributaria, en materia de revisión en vía administrativa.

491. Las actuaciones y procedimientos en materia de extranjería se rigen:

a) Por la LPACAP.

b) Por su normativa específica y supletoriamente por lo dispuesto en la LRJSP.

c) Por la LPACAP y supletoriamente por lo dispuesto en su normativa específica.

d) Por su normativa específica y supletoriamente por lo dispuesto en la LPACAP.

492. Desde el 2 de octubre de 2017 hasta el 1 de octubre de 2018, ¿cuántos archivos electrónicos tendrán los Ministerios?

a) Los archivos existentes en el momento de la entrada en vigor de la LPACAP.

b) Como máximo, un archivo electrónico por cada Ministerio.

c) Un único archivo electrónico para toda la Administración General del Estado.

d) Como máximo, un archivo electrónico por cada Departamento de los Ministerios.

493. Para cumplir con lo previsto en materia de registro electrónico de apoderamientos, registro electrónico, archivo electrónico único, plataforma de intermediación de datos y punto de acceso general electrónico de la Administración, las CCAA y las EELL podrán:

a) Adherirse voluntariamente a las plataformas y registros establecidos al efecto por la Administración General del Estado y su no adhesión, deberá justificarse en términos de eficacia.

b) Adherirse obligatoriamente a las plataformas y registros establecidos al efecto por la Administración General del Estado y su no adhesión, deberá justificarse en términos de seguridad jurídica.

c) Adherirse voluntariamente a las plataformas y registros establecidos al efecto por la Administración General del Estado y su no adhesión, deberá justificarse en términos de eficiencia.

d) Adherirse obligatoriamente a las plataformas y registros establecidos al efecto por la Administración General del Estado y su no adhesión, deberá justificarse en términos de seguridad jurídica y eficacia.

494. ¿Qué título competencial se invoca para la aprobación del Título V de la LPACAP relativo a la "revisión de los actos en vía administrativa"?

a) El art. 149.1.8.ª de la CE

b) El art. 149.1.14.ª de la CE.

c) El art. 149.1.13.ª de la CE.

d) El art. 149.1.18.ª de la CE.

495. ¿Qué normativa en materia de responsabilidad patrimonial queda derogada por la LPACAP?

a) El Real Decreto 456/1997, de 27 de julio.

b) El Real Decreto 1398/1993, de 4 de agosto.

c) El Real Decreto 1420/1995, de 13 de mayo.

d) El Real Decreto 429/1993, de 26 de marzo.

496. Las actuaciones y procedimientos en materia de asilo se rigen:

a) Por su normativa específica y supletoriamente por lo dispuesto en la LPACAP.

b) Por la LPACAP.

c) Por su normativa específica y supletoriamente por lo dispuesto en la LRJSP.

d) Por la LPACAP y supletoriamente por lo dispuesto en su normativa específica.

497. Según la LPACAP, para promocionar el análisis económico en la elaboración de las normas y, en particular, para evitar la introducción de restricciones injustificadas o desproporcionadas a la actividad económica, las AAPP:

a) Aplicarán el principio de eficacia, estabilidad presupuestaria y sostenibilidad financiera.

b) Promoverán la aplicación de los principios de buena regulación y cooperarán en el análisis económico citado.

c) Aplicarán la Ley Orgánica 2/2012, de 27 de abril, de garantía de la unidad de mercado.

d) Se someterán a los principios de estabilidad presupuestaria y sostenibilidad financiera definidos en la Ley 20/2013, de 9 de diciembre, de Estabilidad Presupuestaria y Sostenibilidad Financiera.

498. La LPACAP:

a) Modifica ciertos artículos y disposiciones del Real Decreto-Ley 12/1995, de 28 de diciembre.
b) Deroga ciertos artículos y disposiciones del Real Decreto 1671/2009, de 6 de noviembre.
c) Modifica ciertos artículos y disposiciones del Real Decreto Legislativo 3/2011, de 14 de noviembre.
d) Deroga ciertos artículos y disposiciones de la Ley 59/2003, de 19 de diciembre.

499. En el ejercicio de la iniciativa legislativa y la potestad reglamentaria, las AAPP actuarán de acuerdo con los principios de:

a) Lealtad institucional; Adecuación al orden de distribución de competencias establecido; Colaboración; Cooperación; Coordinación; Eficiencia en la gestión de los recursos públicos; Responsabilidad de cada Administración Pública en el cumplimiento de sus obligaciones y compromisos; Garantía e igualdad en el ejercicio de los derechos de todos los ciudadanos en sus relaciones con las diferentes Administraciones; Solidaridad interterritorial de acuerdo con la CE.
b) Necesidad; eficacia; proporcionalidad; seguridad jurídica; transparencia y eficiencia.
c) Lealtad institucional; Adecuación al orden de distribución de competencias establecido; Colaboración y Coordinación; Eficacia en la gestión de los recursos públicos; Responsabilidad de cada Administración Pública en el cumplimiento de sus obligaciones y compromisos; Garantía e igualdad en el ejercicio de los derechos de todos los ciudadanos en sus relaciones con las diferentes Administraciones; Solidaridad interterritorial de acuerdo con la CE.
d) Necesidad; eficacia; proporcionalidad; seguridad jurídica; transparencia; eficiencia; Responsabilidad de cada Administración Pública en el cumplimiento de sus obligaciones y compromisos; Garantía e igualdad en el ejercicio de los derechos de todos los ciudadanos en sus relaciones con las diferentes Administraciones; Solidaridad interterritorial de acuerdo con la CE.

500. Con carácter previo a la elaboración del proyecto o anteproyecto de ley o de Reglamento, se sustanciará una consulta pública, a través del portal web de la Administración competente en la que se recabará la opinión de los sujetos y de las organizaciones más representativas potencialmente afectados por la futura norma acerca de:

a) Los objetivos de la norma.
b) Los problemas que se pretenden solucionar con la iniciativa.
c) Las posibles soluciones alternativas regulatorias y no regulatorias.
d) Todas las respuestas son correctas.

501. El principio de eficacia que debe regir la actuación en las Administraciones Públicas, se contempla en el art. ... de la Constitución española:

a) 103.
b) 102.
c) 104.
d) 105.

502. La Ley 39/2015, de 1 de octubre, del Procedimiento Administrativo Común de las Administraciones Públicas consta de:

a) 135 artículos.
b) 133 artículos.
c) 134 artículos.
d) 130 artículos.

503. La Ley 39/2015 regula:

a) Los requisitos de validez y eficacia de los actos administrativos.
b) La competencia de las Comunidades autónomas en materia administrativa.
c) El procedimiento administrativo común.
d) Las respuestas a) y c) son correctas.

Soluciones

401. d)	411. c)	421. d)	431. b)	441. a)	451. a)	461. a)	471. a)	481. a)	491. d)
402. b)	412. d)	422. b)	432. d)	442. a)	452. b)	462. a)	472. b)	482. c)	492. b)
403. a)	413. a)	423. c)	433. a)	443. d)	453. d)	463. a)	473. a)	483. b)	493. c)
404. d)	414. d)	424. d)	434. c)	444. d)	454. d)	464. c)	474. d)	484. b)	494. d)
405. c)	415. b)	425. c)	435. b)	445. a)	455. a)	465. a)	475. a)	485. d)	495. d)
406. d)	416. d)	426. d)	436. d)	446. a)	456. a)	466. a)	476. c)	486. a)	496. a)
407. b)	417. b)	427. a)	437. a)	447. a)	457. a)	467. a)	477. b)	487. c)	497. b)
408. d)	418. d)	428. d)	438. c)	448. d)	458. c)	468. b)	478. b)	488. c)	498. b)
409. c)	419. a)	429. c)	439. b)	449. c)	459. c)	469. a)	479. b)	489. c)	499. b)
410. c)	420. c)	430. b)	440. c)	450. c)	460. c)	470. d)	480. c)	490. c)	500. d)

504. La Ley 39/2015 se aplica:

a) Al sector privado.
b) Al procedimiento laboral.
c) Al sector público institucional.
d) A las fundaciones.

505. El sector público institucional está integrado por:

a) Organismos públicos dependientes de las Administraciones Públicas.
b) Universidades Privadas.
c) Centros Integrados de FP privados.
d) Ninguna es correcta.

506. El objeto de la Ley 39/2015, de 1 de octubre, del Procedimiento Administrativo Común de las Administraciones Públicas, lo conforma:

a) La regulación de los requisitos de validez y eficacia de los actos administrativos.
b) Establecer los principios del sistema de responsabilidad patrimonial de las Administraciones públicas y de la potestad sancionadora.
c) La regulación de las bases del régimen jurídico de las Administraciones públicas.
d) Determinar la organización y funcionamiento de la Administración General del Estado y de su sector público institucional para el desarrollo de sus actividades.

507. La inclusión de trámites procedimentales adicionales o distintos a los contemplados en la Ley 39/2015, de 1 de octubre, del Procedimiento Administrativo Común de las Administraciones Públicas:

a) Está vedado completamente.
b) Solo podrá hacerse mediante ley.
c) Es posible en cualquier momento y forma, a criterio de la Administración.
d) Se permite, siempre que se haga mediante ley o reglamento.

508. Las especialidades en la tramitación del procedimiento administrativo referidas a los órganos competentes, plazos propios del concreto procedimiento por razón de la materia, formas de iniciación y terminación, publicación e informes a recabar:

a) Está vedado completamente.
b) Solo podrá hacerse mediante ley.
c) Es posible en cualquier momento y forma, a criterio de la Administración.
d) Se permite, siempre que se haga mediante ley o reglamento.

509. La Ley 39/2015, de 1 de octubre, del Procedimiento Administrativo Común de las Administraciones Públicas es de aplicación a:

a) La Administración General del Estado y el sector público institucional, únicamente y como regla general, pudiendo hacerse extensible a otras administraciones públicas, cuando una norma legal así lo disponga.
b) Todas las entidades que integran el sector público, excluidas aquellas que se rigen por el derecho privado.
c) Todas las entidades que integran el sector público, incluidas aquellas que se rigen por el derecho privado cuando ejerzan potestades administrativas.
d) Todas las entidades y organismos que dependen del sector público, ya se rijan por el derecho público o el derecho privado.

510. ¿A qué sujetos de los comprendidos en el Sector Público Institucional no les es de aplicación la LPACAP, salvo de forma subsidiaria?

a) A agencias estatales.
b) A autoridades administrativas independientes.
c) A consorcios.
d) A corporaciones de derecho público.

511. Según la Ley 39/2015 tienen capacidad de obrar ante las Administraciones públicas:

a) Personas físicas.
b) Personas jurídicas.
c) Menores incapacitados.
d) Las respuestas a) y b) son correctas.

512. Quienes sean titulares de derechos legítimos individuales se consideran a efectos de la Ley 39/2015:

a) Administrado.
b) Notificado.
c) Interesado.
d) Ninguna es correcta.

513. La representación deberá acreditarse:

a) Para actos de mero trámite.
b) Para formular solicitudes.
c) Para abonar multas y sanciones.
d) Ninguna es correcta.

514. La representación podrá acreditarse:

a) Mediante apoderamiento *apud acta*.
b) Mediante carta certificada.
c) Mediante correo electrónico.
d) Todas son correctas.

515. El plazo de subsanación que establece la Ley 39/2015 en caso de insuficiencia de acreditación de representación es de:

a) 5 días.
b) 20 días.
c) 15 días.
d) 10 días.

516. Las administraciones dispondrán de un registro de apoderamientos denominado:

a) Registro Electrónico de Apoderamientos de la Administración General del Estado.
b) Registro temático de apoderamientos de la Administración General del Estado.
c) Registro telemático de apoderamientos.
d) Ninguna es correcta.

517. ¿Puede un organismo disponer de su propio registro electrónico de apoderamientos?

a) Sí, tal y como se establece en el artículo 6 de la ley.
b) En ningún caso.
c) Solamente con autorización previa.
d) Solo en organismos autónomos.

518. Los registros electrónicos generales y particulares de apoderamientos interoperarán con:

a) Los registros mercantiles.
b) Los registros de la propiedad.
c) Los protocolos notariales.
d) Todas son correctas.

519. Los interesados podrán identificarse electrónicamente ante las Administraciones públicas a través de:

a) Sistemas basados en certificados electrónicos de firma electrónica.
b) Sistemas basados en certificados electrónicos cualificados de sello electrónico.
c) Ambas son correctas.
d) Ninguna es correcta.

520. Son válidos a efectos de firma:

a) La firma del DNI.
b) Firma basada en certificado electrónico.
c) Firma dactilar.
d) Ninguna es correcta.

521. Las Administraciones públicas solo requerirán a los interesados el uso obligatorio de firma para:

a) Formular solicitudes.
b) Presentar declaraciones responsables o comunicaciones.

c) Interponer recursos.
d) Todas son correctas.

522. Las Administraciones públicas solo requerirán a los interesados el uso obligatorio de firma para:

a) Formular sugerencias.
b) Presentar el DNI.
c) Pagar una multa.
d) Desistir de acciones.

523. Cuando en una solicitud figuren varios interesados, las actuaciones se efectuarán:

a) Con el que aparezca en último lugar.
b) Con el representante.
c) Con el que tenga el domicilio más próximo.
d) Ninguna es correcta.

524. Los poderes inscritos en el registro de cada Comunidad autónoma tendrán una validez de:

a) 5 años.
b) 10 años.
c) Indefinida.
d) 2 años.

525. Los asientos que se realicen en los registros electrónicos generales y particulares de apoderamientos deberán contener, al menos, la siguiente información:

a) Nombre y apellidos o la denominación o razón social, documento nacional de identidad, número de identificación fiscal o documento equivalente del poderdante.
b) Nombre y apellidos o la denominación o razón social, documento nacional de identidad, número de identificación fiscal o documento equivalente del apoderado.
c) Fecha de inscripción.
d) Todas son correctas.

526. Los asientos que se realicen en los registros electrónicos generales y particulares de apoderamientos deberán contener, al menos, la siguiente información:

a) Hora de inscripción.
b) Número de pasaporte del apoderado.
c) Ambas son ciertas.
d) Ninguna es correcta.

527. ¿Puede el derechohabiente suceder al interesado?

a) Siempre.
b) Nunca.

c) Cuando la condición de interesado derive de relación jurídica transmisible.

d) Cuando la condición de interesado derive de relación jurídica no transmisible.

528. Tendrán capacidad de obrar:

a) Los grupos de afectados.

b) Las entidades sin personalidad jurídica.

c) Los patrimonios independientes cuando así lo declare expresamente la ley.

d) Ninguna es correcta.

529. Se consideran interesados en el procedimiento administrativo:

a) Quienes no lo promuevan como titulares de derechos o intereses legítimos individuales o colectivos.

b) Los que, sin haber iniciado el procedimiento, tengan derechos que puedan resultar afectados por la decisión que en el mismo se adopte.

c) Los que, iniciado el procedimiento, tengan derechos que puedan resultar afectados por la decisión que en el mismo se adopte.

d) Todas son correctas.

530. Los poderes que se inscriban en los registros electrónicos generales y particulares de apoderamientos deberán corresponder a alguna de las siguientes tipologías:

a) Un poder general para que el apoderado pueda actuar en nombre del poderdante en cualquier actuación administrativa y ante cualquier Administración.

b) Un poder para que el apoderado pueda actuar en nombre del poderdante en cualquier actuación administrativa ante una Administración u Organismo concreto.

c) Un poder para que el apoderado pueda actuar en nombre del poderdante únicamente para la realización de determinados trámites especificados en el poder.

d) Todas son correctas.

531. Si durante la instrucción de un procedimiento que no haya tenido publicidad se advierte la existencia de personas que sean titulares de derechos o intereses legítimos y directos cuya identificación resulte del expediente y que puedan resultar afectados por la resolución que se dicte:

a) Se comunicará a dichas personas la tramitación del procedimiento.

b) El procedimiento se paralizará.

c) El procedimiento se suspenderá.

d) Ninguna es correcta.

532. Los interesados podrán firmar a través de cualquier medio que permita acreditar:

a) La autenticidad de la expresión de su voluntad y consentimiento.

b) La integridad e inalterabilidad del documento.

c) Ambas son correctas.

d) Ninguna es cierta.

533. ¿Dónde constarán los funcionarios habilitados para la identificación en la Administración General del Estado?

a) En un registro actualizado.

b) En una página web.

c) En un archivo central.

d) Ninguna es correcta.

534. Las solicitudes de inscripción del poder, de revocación, de prórroga o de denuncia del mismo podrán dirigirse:

a) Al notario del domicilio.

b) A cualquier registro.

c) Solo al registro general de la Comunidad autónoma.

d) Todas son correctas.

535. Los interesados pueden actuar por medio de:

a) Familiares.

b) Representante.

c) Delegados del gobierno.

d) Ninguna es correcta.

536. Según la LPACAP, no tienen capacidad de obrar en ningún caso:

a) Los menores de edad.

b) Los inmigrantes en situación irregular.

c) Las entidades sin personalidad jurídica.

d) Quienes no la ostenten conforme a las normas civiles.

537. ¿Cuál de las siguientes se considera una causa modificativa de la capacidad de obrar de los administrados a efectos de la LPACAP?

a) La personalidad jurídica.

b) La consideración de interesado.

c) La legitimación activa.

d) La edad.

538. Se consideran interesados en el procedimiento administrativo:

a) Los que tengan derechos que puedan resultar afectados por la decisión que en el mismo se adopte, aunque no hayan iniciado el procedimiento.

b) Todo aquel, ya sea persona física o jurídica, que presente una denuncia o comparezca en el trámite de información pública.

c) Quienes se personaren en el procedimiento una vez haya recaído resolución definitiva en el mismo.

d) Los sucesores de una relación jurídica intransmisible.

539. La representación del interesado en un procedimiento administrativo:

a) Siempre se presume, salvo manifestación en contra del interesado.

b) Impedirá que se tenga por realizado el acto de que se trate, si no se acredita suficientemente aquella con anterioridad.

c) Solo está permitido para las personas jurídicas.

d) Podrá realizarse mediante apoderamiento *apud acta* efectuado por comparecencia en la correspondiente sede electrónica.

540. ¿Pueden las personas jurídicas actuar en representación de otras ante las Administraciones públicas?

a) Sí, en todo caso.

b) No se contempla este modelo de representación.

c) Sí, cuando así se prevea reglamentariamente en el procedimiento especial de que se trate.

d) Sí, siempre que esté contemplado en sus Estatutos.

541. Se presumirá la representación que se manifieste ostentar de una persona ante las Administraciones públicas para:

a) Formular solicitudes, presentar declaraciones responsables o comunicaciones.

b) Interponer recursos.

c) Desistir de acciones y renunciar a derechos en nombre de otra persona.

d) Realizar actos y gestiones de mero trámite.

542. Se llama apoderamiento *apud acta* a:

a) La subsanación de un defecto en la solicitud.

b) La presunción de la representación que se dice ostentar de otra persona.

c) La escritura notarial de poder otorgado al representante.

d) La comparecencia personal o electrónica otorgando la representación a un tercero.

543. La falta de acreditación de la representación mediante la que se realiza un acto administrativo:

a) Es subsanable.

b) Determinará la nulidad del mismo.

c) Será sancionable conforme a las infracciones legalmente contempladas.

d) Impedirá que se tenga por realizado el acto de que se trate.

544. El registro de la Administración General del Estado en el que se inscriben, al menos, los apoderamientos de carácter general otorgados *apud acta*, presencial o electrónicamente, y consta el bastanteo realizado del poder, se denomina:

a) Sede Electrónica de Apoderamientos Estatales.

b) Registro Electrónico de Apoderamientos de la Administración General del Estado.

c) Portal de Transparencia del Sector Público Estatal.

d) Dirección General de los Registros y del Notariado.

545. ¿Cuál de los siguientes poderes no es inscribible en los registros electrónicos generales y particulares de apoderamientos?

a) Un poder para que el apoderado pueda actuar en nombre del poderdante únicamente para la realización de determinados trámites especificados en el poder.

b) Un poder general para que el apoderado pueda actuar en nombre del poderdante en cualquier actuación administrativa y ante cualquier Administración.

c) Un poder general para que el apoderado no pueda realizar determinados trámites concretos sin la intervención personal del apoderado.

d) Un poder para que el apoderado pueda actuar en nombre del poderdante en cualquier actuación administrativa ante una Administración u Organismo concreto.

546. La prórroga de los poderes para actuar ante las Administraciones públicas inscritos en el registro tendrán una validez determinada máxima de:

a) Cinco años.

b) Tres meses.

c) Dos años.

d) Diez años.

547. Los poderes otorgados ante una Administración pública serán revocables:

a) Transcurridos tres meses de vigencia.

b) En cualquier momento.

c) Al término del procedimiento administrativo en el que se haya utilizado.

d) Hasta tanto no haya finalizado el plazo para el que haya sido otorgado o en cualquier momento de cada una de sus prórrogas.

548. Cuando en una solicitud, escrito o comunicación figuren varios interesados, las actuaciones a que den lugar, y en el caso de que no se haya designado un representante o interesado a quien dirigirse, se efectuarán con:

a) Aquel que tenga más intereses en juego.
b) Todos ellos de forma independiente.
c) El que comparezca en primer lugar.
d) El de mayor edad.

549. Deberá notificarse la tramitación de un procedimiento a las personas que resulten titulares de derechos e intereses legítimos identificados en el expediente:

a) En los procedimientos no publicitados.
b) En cualquier procedimiento.
c) En los procedimientos iniciados a solicitud de los administrados.
d) Siempre que lo solicite algún interesado.

550. ¿La utilización de cuál de los siguientes sistemas de identificación electrónica ante las Administraciones públicas debe ser admitida para todo procedimiento?

a) Cualquier sistema que cuente con un registro previo como usuario que permita garantizar su identidad y previa comunicación a la Secretaría General de Administración Digital.
b) Sistemas basados en certificados electrónicos reconocidos o cualificados de sello electrónico.
c) Sistemas basados en certificados electrónicos reconocidos o cualificados de firma electrónica.
d) Los de las letras a) y b).

551. ¿Cuál de los siguientes sistemas de identificación electrónica ante las Administraciones públicas, de ser admitido por la Administración General del Estado tiene efectos respecto de las demás?

a) Sistemas basados en certificados electrónicos reconocidos o cualificados de firma electrónica.
b) Sistemas basados en certificados electrónicos reconocidos o cualificados de sello electrónico.
c) Cualquier sistema que cuente con un registro previo como usuario que permita garantizar su identidad y previa comunicación a la Secretaría General de Administración Digital.
d) Cualquiera de los anteriores.

552. Por regla general, ¿pueden los interesados identificarse y firmar electrónicamente en los procedimientos administrativos mediante sistemas basados en certificados electrónicos reconocidos o cualificados de firma o sello electrónicos?

a) Sí, siempre que hayan sido expedidos en cualquier estado miembro de la Unión Europea.
b) Sí, pero únicamente si están expedidos por una Administración pública.
c) Sí, cuando hayan sido expedidos por prestadores incluidos en la Lista de confianza de prestadores de servicios de certificación.
d) No, no es posible.

553. Cuando los interesados utilizan un sistema de firma de los admitidos por las Administraciones públicas, ¿cuándo se entiende acreditada la identidad de aquellos?

a) En el momento que el funcionario habilitado utiliza su firma cualificada.
b) En el propio acto de la firma.
c) Transcurridas 24 horas desde el momento de la firma.
d) A los dos días hábiles siguientes sin que haya oposición.

554. Las Administraciones públicas solo requerirán a los interesados el uso obligatorio de firma para:

a) Aportar documentos.
b) Cumplimentar requerimientos.
c) Desistir de acciones o renunciar a derechos.
d) Declararse en rebeldía.

555. El interesado que carezca de los medios electrónicos necesarios para relacionarse con la Administración pública por esa vía:

a) No tendrán acceso a los servicios administrativos.
b) Serán asistidos por un funcionario habilitado para ello.
c) Tendrán la obligación de hacerlo en papel.
d) Estarán obligados a relacionarse mediante un representante.

556. ¿Cómo se denomina el Título II de la Ley 39/2015, de 1 de octubre, del Procedimiento Administrativo Común de las Administraciones Públicas?

a) Disposiciones generales.
b) De los interesados en el procedimiento.
c) De la actividad de las Administraciones públicas.
d) De los actos administrativos.

557. ¿Cuántos capítulos tiene el Título II "De la actividad de las Administraciones públicas" de la Ley 39/2015, de 1 de octubre, del Procedimiento Administrativo Común de las Administraciones Públicas:

a) Dos.
b) Tres.
c) Cuatro.
d) Cinco.

558. ¿Cómo se titula el Capítulo II del Título II "De la actividad de las Administraciones públicas" de la Ley 39/2015, de 1 de octubre, del Procedimiento Administrativo Común de las Administraciones Públicas:

a) Términos y plazos.
b) Cómputo de plazos.
c) Normas generales de actuación.
d) Tramitación de urgencia.

559. ¿Cómo se titula el Capítulo I del Título II "De la actividad de las Administraciones públicas" de la Ley 39/2015, de 1 de octubre, del Procedimiento Administrativo Común de las Administraciones Públicas?

a) Tramitación de urgencia.
b) Cómputo de plazos.
c) Registros.
d) Normas generales de actuación.

560. A tenor del art. 15.1 de la Ley 39/2015, de 1 de octubre, del Procedimiento Administrativo Común de las Administraciones Públicas, ¿cuál es la lengua de los procedimientos tramitados por la Administración General del Estado?

a) El castellano.
b) Cualquiera de las lenguas oficiales de la Unión Europea.
c) El castellano y el inglés.
d) Cualquiera de las lenguas oficiales en España.

561. Según dispone el art. 15.2 de la Ley 39/2015, de 1 de octubre, en los procedimientos tramitados por las Administraciones de las Comunidades Autónomas y de las Entidades Locales, el uso de la lengua se ajustará a lo previsto:

a) En la normativa estatal.
b) En la legislación autonómica correspondiente.
c) En la legislación municipal correspondiente.
d) En la Ley 7/1985, de 2 de abril, Reguladora de las Bases del Régimen Local.

562. La Ley del Procedimiento Administrativo Común de las Administraciones Públicas dispone que los interesados que se dirijan a los órganos de la Administración General del Estado con sede en el territorio de una Comunidad Autónoma:

a) Deberán utilizar necesariamente el castellano.
b) Deberán utilizar necesariamente la lengua que sea cooficial en la Comunidad Autónoma.
c) Podrán utilizar también la lengua que sea cooficial en la Comunidad Autónoma.
d) Podrán utilizar también la lengua oficial de cualquier Comunidad Autónoma.

563. ¿Quiénes de los siguientes sujetos estarán obligados, en todo caso, a relacionarse a través de medios electrónicos con las Administraciones públicas para la realización de cualquier trámite de un procedimiento administrativo?

a) Las entidades sin personalidad jurídica.
b) Quienes representen a un interesado que esté obligado a relacionarse electrónicamente con la Administración.
c) Las personas jurídicas.
d) Todos los anteriores.

564. ¿Qué artículo de la Ley 39/2015, de 1 de octubre, del Procedimiento Administrativo Común de las Administraciones Públicas, regula la lengua de los procedimientos tramitados por la Administración General del Estado?

a) El artículo 12.
b) El artículo 13.
c) El artículo 14.
d) El artículo 15.

565. ¿Cómo denomina la Ley 39/2015, de 1 de octubre, del Procedimiento Administrativo Común de las Administraciones Públicas, al Registro con el que ha de contar cada Administración donde se hará el correspondiente asiento de todo documento que sea presentado o que se reciba en cualquier órgano administrativo, Organismo público o Entidad vinculado o dependiente a estos?

a) Registro General.
b) Registro Único Electrónico.
c) Registro Electrónico General.
d) Registro Electrónico Administrativo.

566. ¿Qué artículo de la Ley 39/2015, de 1 de octubre, del Procedimiento Administrativo Común de las Administraciones Públicas regula los derechos de las personas en sus relaciones con las Administraciones públicas?

a) El artículo 12.
b) El artículo 13.
c) El artículo 14.
d) El artículo 15.

567. ¿Quiénes de los siguientes están obligados a relacionarse a través de medios electrónicos con las Administraciones públicas para la realización de cualquier trámite de un procedimiento administrativo?

a) Las entidades sin personalidad jurídica.
b) Los empleados de las Administraciones públicas para los trámites y actuaciones que realicen con ellas por razón de su condición de empleado público.
c) Las personas jurídicas.
d) Todas las respuestas son correctas.

568. Señala cuál de los siguientes no es uno de los derechos de las personas en sus relaciones con las Administraciones públicas contemplados en el art. 13 de la Ley 39/2015, de 1 de octubre:

a) A ser tratados con respeto y preferencia por las autoridades y empleados públicos, que habrán de facilitarles el ejercicio de sus derechos y el cumplimiento de sus obligaciones.
b) A ser asistidos en el uso de medios electrónicos en sus relaciones con las Administraciones públicas.
c) A comunicarse con las Administraciones públicas a través de un Punto de Acceso General electrónico de la Administración.
d) A la obtención y utilización de los medios de identificación y firma electrónica contemplados en la Ley 39/2015, de 1 de octubre.

569. Señala la respuesta incorrecta respecto al derecho y obligación de relacionarse electrónicamente con las Administraciones públicas:

a) En todo caso, estarán obligados a relacionarse a través de medios electrónicos con las Administraciones públicas para la realización de cualquier trámite de un procedimiento administrativo las personas jurídicas.
b) Una vez elegido el medio por la persona para comunicarse con las Administraciones públicas no podrá ser modificado.

c) Reglamentariamente, las Administraciones podrán establecer la obligación de relacionarse con ellas a través de medios electrónicos para determinados procedimientos y para ciertos colectivos de personas físicas que por razón de su capacidad económica, técnica, dedicación profesional u otros motivos quede acreditado que tienen acceso y disponibilidad de los medios electrónicos necesarios.
d) Las entidades sin personalidad jurídica estarán obligados a relacionarse a través de medios electrónicos con las Administraciones públicas para la realización de cualquier trámite de un procedimiento administrativo.

570. ¿Qué artículo de la LPACAP reconoce, a quienes tengan capacidad de obrar ante las Administraciones públicas, el derecho a comunicarse con las Administraciones públicas a través de un Punto de Acceso General electrónico de la Administración?

a) El art. 19.
b) El art. 17.
c) El art. 15.
d) El art. 13.

571. Señala en dónde no podrán los interesados presentar los documentos que dirijan a los órganos de las Administraciones Públicas:

a) En las representaciones diplomáticas u oficinas consulares de España en el extranjero.
b) En las oficinas de Correos y empresas de paquetería, en la forma que reglamentariamente se establezca.
c) En las oficinas de asistencia en materia de registros.
d) En el registro electrónico de la Administración u Organismo al que se dirijan, así como en los restantes registros electrónicos de cualquiera de las Administraciones o entidades que conforman el sector público.

572. A tenor de lo dispuesto en el artículo 26.2 de la LPACAP, para ser considerados válidos, los documentos electrónicos deberán:

a) Incorporar una referencia temporal del momento en que han sido emitidos.
b) Disponer de los datos de identificación que permitan su individualización, sin perjuicio de su posible incorporación a un expediente electrónico.
c) Incorporar los metadatos mínimos exigidos.
d) Todas las respuestas son correctas.

573. Señala la respuesta incorrecta respecto a los documentos aportados por los interesados al procedimiento administrativo:

a) Los interesados deberán aportar al procedimiento administrativo los datos y documentos exigidos por las Administraciones públicas de acuerdo con lo dispuesto en la normativa aplicable.

b) Las Administraciones, con carácter general, exigirán a los interesados la presentación de documentos originales.

c) Los interesados tienen derecho a no aportar documentos que ya se encuentren en poder de la Administración actuante o hayan sido elaborados por cualquier otra Administración.

d) Las Administraciones Públicas deberán recabar los documentos electrónicamente a través de sus redes corporativas o mediante consulta a las plataformas de intermediación de datos u otros sistemas electrónicos habilitados al efecto.

574. Señala la respuesta incorrecta respecto al cómputo de plazos en los registros:

a) A efectos de cómputo de los plazos, el registro electrónico de cada Administración u Organismo se regirá por la fecha y hora oficial de la sede electrónica de acceso, que deberá contar con las medidas de seguridad necesarias para garantizar su integridad y figurar de modo accesible y visible.

b) A los efectos del cómputo de plazo fijado en días hábiles, y en lo que se refiere al cumplimiento de plazos por los interesados, la presentación en un día inhábil se entenderá realizada en la primera hora del primer día hábil siguiente salvo que una norma permita expresamente la recepción en día inhábil.

c) El inicio del cómputo de los plazos que hayan de cumplir las Administraciones Públicas vendrá determinado por la fecha y hora de presentación en el registro electrónico de cada Administración u Organismo.

d) Cuando una incidencia técnica haya imposibilitado el funcionamiento ordinario del sistema o aplicación que corresponda, y hasta que se solucione el problema, la Administración podrá determinar una ampliación de los plazos vencidos, debiendo publicar en la sede electrónica tanto la incidencia técnica acontecida como la ampliación concreta del plazo vencido.

575. ¿Qué recurso cabe contra el acuerdo que declare la aplicación de la tramitación de urgencia al procedimiento?

a) Recurso de alzada.

b) Recurso de reposición.

c) Recurso extraordinario de revisión.

d) Ninguno.

576. Los medios o soportes en que se almacenen documentos deberán contar con medidas de seguridad, de acuerdo con lo previsto en el Esquema Nacional de Seguridad, que garanticen:

a) La integridad, autenticidad, confidencialidad, calidad, igualdad, protección y conservación de los documentos almacenados.

b) La integridad, autenticidad, confidencialidad, calidad, protección y conservación de los documentos almacenados.

c) La integridad, autenticidad, confidencialidad, publicidad, calidad, protección y conservación de los documentos almacenados.

d) La integridad, igualdad, confidencialidad, publicidad, calidad, protección y conservación de los documentos almacenados.

577. ¿Cuándo dispone la Ley 39/2015, de 1 de octubre, del Procedimiento Administrativo Común de las Administraciones Públicas, que será obligatoria la comparecencia de las personas ante las oficinas públicas, ya sea presencialmente o por medios electrónicos?

a) Siempre.

b) Nunca.

c) Cuando así esté previsto en una norma con rango de ley.

d) Cuando así esté previsto reglamentariamente.

578. En los casos en que proceda la comparecencia presencial de las personas ante las oficinas públicas, la correspondiente citación hará constar expresamente:

a) Los medios disponibles y objeto de la comparecencia.

b) Los efectos de no atender la citación.

c) El lugar, fecha y hora.

d) Todas las respuestas son correctas.

579. ¿En qué artículo de la LPACAP se regula la comparecencia de las personas ante las oficinas públicas?

a) En el art. 19.

b) En el art. 18.

c) En el art. 15.

d) En el art. 14.

580. Los documentos electrónicos deberán conservarse en un formato que permita garantizar:

a) La integridad del documento.

b) La autenticidad del documento.

c) La conservación del documento.

d) Todas las respuestas son correctas.

581. Señala la respuesta incorrecta respecto al silencio administrativo en los procedimientos iniciados a solicitud del interesado:

a) La desestimación por silencio administrativo tiene los solos efectos de permitir a los interesados la interposición del recurso administrativo o contencioso-administrativo que resulte procedente.

b) La estimación por silencio administrativo tiene a todos los efectos la consideración de acto administrativo finalizador del procedimiento.

c) Cuando el procedimiento tenga por objeto el acceso a actividades o su ejercicio, la ley que disponga el carácter desestimatorio del silencio deberá fundarse en la concurrencia de razones imperiosas de interés general.

d) El silencio tendrá efecto estimatorio en los procedimientos relativos al ejercicio del derecho de petición, a que se refiere el artículo 29 de la Constitución.

582. Para ser considerados válidos, los documentos electrónicos administrativos deberán:

a) Incorporar una referencia temporal del momento en que han sido emitidos.

b) Disponer de los datos de identificación que permitan su individualización, sin perjuicio de su posible incorporación a un expediente electrónico.

c) Incorporar las firmas electrónicas que correspondan de acuerdo con lo previsto en la normativa aplicable.

d) Todas las respuestas son correctas.

583. Señala la respuesta incorrecta respecto al cómputo de plazos:

a) La declaración de un día como hábil o inhábil a efectos de cómputo de plazos determinará por sí sola el funcionamiento de los centros de trabajo de las Administraciones públicas.

b) Los plazos expresados por horas se contarán de hora en hora y de minuto en minuto desde la hora y minuto en que tenga lugar la notificación o publicación del acto de que se trate y no podrán tener una duración superior a veinticuatro horas, en cuyo caso se expresarán en días.

c) Si el plazo se fija en meses o años, estos se computarán a partir del día siguiente a aquel en que tenga lugar la notificación o publicación del acto de que se trate, o desde el siguiente a aquel en que se produzca la estimación o desestimación por silencio administrativo.

d) Cuando el último día del plazo sea inhábil, se entenderá prorrogado al primer día hábil siguiente.

584. Dispone la Ley 39/2015, de 1 de octubre, que la Administración General del Estado y las Administraciones de las Comunidades Autónomas, con sujeción al calendario laboral oficial, fijarán, en su respectivo ámbito, el calendario de días inhábiles a efectos de cómputos de plazos. Dicho calendario deberá publicarse:

a) Antes del comienzo de cada año en el diario oficial que corresponda, así como en otros medios de difusión que garanticen su conocimiento generalizado.

b) El 1 de enero de cada año en el diario oficial que corresponda, así como en otros medios de difusión que garanticen su conocimiento generalizado.

c) El 31 de octubre de cada año en el diario oficial que corresponda, así como en otros medios de difusión que garanticen su conocimiento generalizado.

d) El 1 de diciembre de cada año en el diario oficial que corresponda, así como en otros medios de difusión que garanticen su conocimiento generalizado.

585. ¿A quién obligan los términos y plazos establecidos en la Ley 39/2015, de 1 de octubre?

a) Únicamente a las autoridades al servicio de las Administraciones públicas competentes para la tramitación de los asuntos.

b) Únicamente al personal al servicio de las Administraciones públicas competentes para la tramitación de los asuntos.

c) Únicamente a los interesados en los asuntos.

d) A las autoridades y personal al servicio de las Administraciones públicas competentes para la tramitación de los asuntos, así como a los interesados en los mismos.

586. ¿En qué artículo de la LPACAP se regula el cómputo de plazos?

a) En el art. 28.

b) En el art. 29.

c) En el art. 30.

d) En el art. 31.

587. A tenor del art. 31.2 de la Ley 39/2015, de 1 de octubre, el funcionamiento del registro electrónico permitirá la presentación de documentos:

a) Todos los días del año durante las veinticuatro horas.

b) De lunes a viernes las veinticuatro horas.

c) De lunes a viernes las veinticuatro horas y los fines de semana de 8 a 14 horas.

d) De lunes a viernes de 8 a 22 horas.

588. Si las circunstancias lo aconsejan y con ello no se perjudican derechos de tercero, la Administración, salvo precepto en contrario, podrá conceder de oficio o a petición de los interesados, una ampliación de los plazos establecidos, que no exceda de:

a) La mitad de los mismos.
b) La tercera parte de los mismos.
c) La cuarta parte de los mismos.
d) La quinta parte de los mismos.

589. Señala la respuesta incorrecta respecto a la ampliación de los plazos:

a) Tanto la petición de los interesados como la decisión sobre la ampliación deberán producirse, en todo caso, antes del vencimiento del plazo de que se trate.
b) Cuando como consecuencia de un ciberincidente se hayan visto gravemente afectados los servicios y sistemas utilizados para la tramitación de los procedimientos y el ejercicio de los derechos de los interesados que prevé la normativa vigente, la Administración podrá acordar la ampliación general de plazos de los procedimientos administrativos.
c) Cuando una incidencia técnica haya imposibilitado el funcionamiento ordinario del sistema o aplicación que corresponda, y hasta que se solucione el problema, la Administración podrá determinar una ampliación de los plazos no vencidos, debiendo publicar en la sede electrónica tanto la incidencia técnica acontecida como la ampliación concreta del plazo no vencido.
d) La Administración, salvo precepto en contrario, podrá conceder de oficio o a petición de los interesados, una ampliación de los plazos establecidos, que no exceda de la mitad de los mismos, si las circunstancias lo aconsejan y con ello no se perjudican derechos de tercero. El acuerdo de ampliación no será notificado a los interesados.

590. Cuando una incidencia técnica haya imposibilitado el funcionamiento ordinario del sistema o aplicación que corresponda, y hasta que se solucione el problema, la Administración:

a) Determinará una ampliación de los plazos no vencidos, debiendo publicar en la sede electrónica tanto la incidencia técnica acontecida como la ampliación concreta del plazo no vencido.
b) Podrá determinar una ampliación de los plazos no vencidos, debiendo publicar en la sede electrónica tanto la incidencia técnica acontecida como la ampliación concreta del plazo no vencido.
c) Determinará una ampliación de los plazos no vencidos, debiendo publicar en el BOE tanto la incidencia técnica acontecida como la ampliación concreta del plazo no vencido.

d) Podrá determinar una ampliación de los plazos no vencidos, debiendo publicar en el BOE tanto la incidencia técnica acontecida como la ampliación concreta del plazo no vencido.

591. A tenor de la Ley 39/2015, de 1 de octubre, del Procedimiento Administrativo Común de las Administraciones públicas, cuando se trate de informes preceptivos ya elaborados por un órgano administrativo distinto al que tramita el procedimiento, estos deberán ser remitidos en el plazo de:

a) Un mes a contar desde su solicitud.
b) Veinte días a contar desde su solicitud.
c) Quince días a contar desde su solicitud.
d) Diez días a contar desde su solicitud.

592. Podrán las Administraciones exigir a los interesados la presentación de documentos originales:

a) No, en ningún caso.
b) Sí, siempre.
c) Sí, cuando el personal de las Administraciones lo estime oportuno.
d) Sí, cuando, con carácter excepcional, la normativa reguladora aplicable así lo determine.

593. ¿Qué artículo de la LPACAP regula los documentos aportados por los interesados al procedimiento administrativo?

a) El art. 28.
b) El art. 29.
c) El art. 30.
d) El art. 31.

594. ¿La expedición de copias auténticas de qué documentos se regirá por su legislación específica?

a) La de los documentos registrales y judiciales.
b) La de los documentos públicos notariales.
c) La de los diarios oficiales.
d) Todas las respuestas son correctas.

595. ¿Pueden, a tenor de lo dispuesto en la Ley 39/2015, de 1 de octubre, del Procedimiento Administrativo Común de las Administraciones Públicas, los interesados solicitar la expedición de copias auténticas de los documentos públicos administrativos que hayan sido válidamente emitidos por las Administraciones Públicas?

a) Sí, en cualquier momento.
b) No, en ningún caso.
c) Sí, pero únicamente cuando reglamentariamente así se disponga.
d) Sí, durante los diez días siguientes a la emisión de dichos documentos públicos.

596. Los interesados podrán solicitar, en cualquier momento, la expedición de copias auténticas de los documentos públicos administrativos que hayan sido válidamente emitidos por las Administraciones públicas. La solicitud se dirigirá al órgano que emitió el documento original, debiendo expedirse, salvo las excepciones derivadas de la aplicación de la Ley 19/2013, de 9 de diciembre, en el plazo de:

a) Veinte días a contar desde la recepción de la solicitud en el registro electrónico de la Administración u Organismo competente.
b) Quince días a contar desde la recepción de la solicitud en el registro electrónico de la Administración u Organismo competente.
c) Diez días a contar desde la recepción de la solicitud en el registro electrónico de la Administración u Organismo competente.
d) Siete días a contar desde la recepción de la solicitud en el registro electrónico de la Administración u Organismo competente.

597. ¿En qué artículo de la LPACAP se regula la validez y eficacia de las copias realizadas por las Administraciones públicas?

a) En el art. 26.
b) En el art. 27.
c) En el art. 30.
d) En el art. 31.

598. Señala la respuesta incorrecta:

a) Se entiende por documentos públicos administrativos los válidamente emitidos por los órganos de las Administraciones públicas.
b) Requerirán de firma electrónica los documentos electrónicos emitidos por las Administraciones públicas que se publiquen con carácter meramente informativo.
c) Las Administraciones públicas emitirán los documentos administrativos por escrito, a través de medios electrónicos, a menos que su naturaleza exija otra forma más adecuada de expresión y constancia.

d) Para ser considerados válidos, los documentos electrónicos administrativos deberán contener información de cualquier naturaleza archivada en un soporte electrónico según un formato determinado susceptible de identificación y tratamiento diferenciado.

599. Señala la respuesta incorrecta respecto al silencio administrativo en los procedimientos iniciados a solicitud del interesado:

a) El sentido del silencio será estimatorio en los procedimientos de impugnación de actos y disposiciones.
b) La estimación por silencio administrativo tiene a todos los efectos la consideración de acto administrativo finalizador del procedimiento.
c) Cuando el procedimiento tenga por objeto el acceso a actividades o su ejercicio, la ley que disponga el carácter desestimatorio del silencio deberá fundarse en la concurrencia de razones imperiosas de interés general.
d) La desestimación por silencio administrativo tiene los solos efectos de permitir a los interesados la interposición del recurso administrativo o contencioso-administrativo que resulte procedente.

600. Señala la respuesta incorrecta respecto al silencio administrativo en los procedimientos iniciados a solicitud del interesado:

a) Los actos administrativos producidos por silencio administrativo se podrán hacer valer tanto ante la Administración como ante cualquier persona física o jurídica, pública o privada.
b) Cuando el recurso de alzada se haya interpuesto contra la desestimación por silencio administrativo de una solicitud por el transcurso del plazo, se entenderá estimado el mismo si, llegado el plazo de resolución, el órgano administrativo competente no dictase y notificase resolución expresa, siempre que no se refiera a las materias enumeradas en el párrafo anterior de este apartado.

Soluciones

501. a)	511. d)	521. d)	531. a)	541. d)	551. d)	561. b)	571. b)	581. d)	591. d)
502. b)	512. c)	522. d)	532. c)	542. d)	552. c)	562. c)	572. d)	582. d)	592. d)
503. d)	513. b)	523. b)	533. a)	543. a)	553. b)	563. d)	573. b)	583. a)	593. a)
504. c)	514. a)	524. a)	534. b)	544. b)	554. c)	564. d)	574. d)	584. a)	594. d)
505. a)	515. d)	525. d)	535. b)	545. c)	555. b)	565. c)	575. d)	585. d)	595. a)
506. a)	516. a)	526. d)	536. d)	546. a)	556. c)	566. b)	576. b)	586. b)	596. b)
507. b)	517. a)	527. c)	537. d)	547. b)	557. a)	567. d)	577. c)	587. a)	597. b)
508. d)	518. d)	528. c)	538. a)	548. c)	558. a)	568. a)	578. d)	588. a)	598. b)
509. c)	519. c)	529. b)	539. d)	549. a)	559. d)	569. b)	579. a)	589. d)	599. a)
510. d)	520. b)	530. d)	540. d)	550. b)	560. a)	570. d)	580. d)	590. b)	600. d)

c) El silencio tendrá efecto desestimatorio en los procedimientos relativos al ejercicio del derecho de petición, a que se refiere el artículo 29 de la Constitución.

d) El sentido del silencio será estimatorio en los procedimientos de revisión de oficio iniciados a solicitud de los interesados.

601. ¿Ante quién se podrán hacer valer los actos administrativos producidos por silencio administrativo?

a) Ante cualquier persona física.

b) Ante cualquier persona jurídica, pública o privada.

c) Ante la Administración.

d) Todas las respuestas son correctas.

602. ¿En qué artículo de la LPACAP se regula la ampliación del plazo máximo para resolver y notificar?

a) En el art. 20.

b) En el art. 22.

c) En el art. 23.

d) En el art. 26.

603. Señala la respuesta incorrecta respecto a los plazos administrativos:

a) El transcurso del plazo máximo legal para resolver un procedimiento y notificar la resolución se podrá suspender cuando exista un procedimiento no finalizado en el ámbito de la Unión Europea que condicione directamente el contenido de la resolución de que se trate, desde que se tenga constancia de su existencia, lo que deberá ser comunicado a los interesados, hasta que se resuelva, lo que también habrá de ser notificado.

b) No será necesario notificar a los interesados el acuerdo que resuelva sobre la ampliación de plazos.

c) El transcurso del plazo máximo legal para resolver un procedimiento y notificar la resolución se suspenderá cuando los interesados promuevan la recusación en cualquier momento de la tramitación de un procedimiento, desde que esta se plantee hasta que sea resuelta por el superior jerárquico del recusado.

d) Excepcionalmente, cuando se hayan agotado los medios personales y materiales disponibles a los que se refiere el apartado 5 del artículo 21, el órgano competente para resolver, a propuesta, en su caso, del órgano instructor o el superior jerárquico del órgano competente para resolver, podrá acordar de manera motivada la ampliación del plazo máximo de resolución y notificación, no pudiendo ser este superior al establecido para la tramitación del procedimiento.

604. El transcurso del plazo máximo legal para resolver un procedimiento y notificar la resolución se podrá suspender cuando se soliciten informes preceptivos a un órgano de la misma o distinta Administración, por el tiempo que medie entre la petición, que deberá comunicarse a los interesados, y la recepción del informe, que igualmente deberá ser comunicada a los mismos. Este plazo de suspensión no podrá exceder en ningún caso de:

a) Tres meses.

b) Dos meses.

c) Un mes.

d) Veinte días hábiles.

605. Según dispone la Ley del Procedimiento Administrativo Común de las Administraciones Públicas, el plazo máximo en el que debe notificarse la resolución expresa será el fijado por la norma reguladora del correspondiente procedimiento. Este plazo no podrá exceder de seis meses:

a) En ningún caso.

b) Salvo que una norma con rango de Ley establezca uno mayor.

c) Salvo que así venga previsto en el Derecho de la Unión Europea.

d) Las respuestas b) y c) son correctas.

606. ¿En qué artículo de la LPACAP se regula la obligación de resolver que tiene la Administración Pública en todos los procedimientos?

a) En el art. 19.

b) En el art. 21.

c) En el art. 24.

d) En el art. 25.

607. ¿En cuál de los siguientes casos la resolución consistirá en la declaración de la circunstancia que concurra en cada caso, con indicación de los hechos producidos y las normas aplicables?

a) En los casos de caducidad del procedimiento o desistimiento de la solicitud.

b) En los casos de prescripción.

c) En los casos de renuncia del derecho, así como de desaparición sobrevenida del objeto del procedimiento.

d) Todas las respuestas son correctas.

608. ¿En qué plazo máximo determina la Ley 39/2015, de 1 de octubre, del Procedimiento Administrativo Común de las Administraciones Públicas, que debe notificarse la resolución expresa?

a) En seis meses.

b) En tres meses.

c) En un mes.
d) En el fijado por la norma reguladora del correspondiente procedimiento.

609. ¿Conlleva algún tipo de responsabilidad el incumplimiento de la obligación legal de dictar resolución expresa en plazo?

a) No.
b) Sí, responsabilidad penal.
c) Sí, responsabilidad disciplinaria, sin perjuicio de la que hubiere lugar de acuerdo con la normativa aplicable.
d) Sí, tanto penal como disciplinaria.

610. ¿Cuándo, razones de qué tipo lo aconsejen, se podrá acordar, de oficio o a petición del interesado, la aplicación al procedimiento de la tramitación de urgencia?

a) De interés general.
b) De interés colectivo.
c) De interés público.
d) De interés nacional.

611. Según el artículo 30.6 de la Ley 39/2015 cuando un día fuese hábil en la sede del órgano administrativo autor del acto e inhábil en el municipio en que residiese el interesado:

a) Se considerará hábil.
b) Se considerará inhábil en determinados casos.
c) Se considerará inhábil si es festivo nacional únicamente.
d) Se considerará inhábil en todo caso.

612. Señala la respuesta incorrecta. Estarán obligados a relacionarse a través de medios electrónicos con las Administraciones públicas para la realización de cualquier trámite, según la Ley 39/2015:

a) Quienes representen a un interesado que esté obligado a relacionarse electrónicamente con la Administración.
b) Las entidades sin personalidad jurídica.
c) Los notarios y registradores de la propiedad y mercantiles.
d) Las personas físicas.

613. La comparecencia de las personas ante las oficinas públicas, según establece la Ley 39/2015:

a) Presencialmente, solo será obligatoria cuando así esté previsto en una norma con rango de ley.
b) Presencialmente, solo será obligatoria cuando así esté previsto en una norma reglamentaria.

c) Ya sea presencialmente o por medios electrónicos, solo será obligatoria cuando así esté previsto en una norma reglamentaria.
d) Ya sea presencialmente o por medios electrónicos, solo será obligatoria cuando así esté previsto en una norma con rango de ley.

614. Los plazos expresados en días, según la Ley 39/2015, se contarán a partir de:

a) El día en que tenga lugar la notificación o publicación del acto de que se trate, o desde el siguiente a aquel en que se produzca la estimación o la desestimación por silencio administrativo.
b) El día siguiente a aquel en que tenga lugar la notificación o publicación del acto de que se trate, o desde el día en que se produzca la estimación o la desestimación por silencio administrativo.
c) El día siguiente a aquel en que tenga lugar la notificación o publicación del acto de que se trate, o desde el siguiente a aquel en que se produzca la estimación o la desestimación por silencio administrativo.
d) El día en que tenga lugar la notificación o publicación del acto de que se trate, o desde el día en que se produzca la estimación o la desestimación por silencio administrativo.

615. ¿Cuál de los siguientes no es un derecho de los ciudadanos en sus relaciones con las Administraciones públicas?

a) El acceso a la información pública, archivos y registros.
b) A obtener y utilizar los medios de identificación y firma electrónica que figuran en la Ley 39/2015.
c) A utilizar las lenguas oficiales en el territorio de su Comunidad Autónoma, de acuerdo con lo previsto en la Ley 39/2105 y en el resto del ordenamiento jurídico.
d) A no presentar documentos no exigidos por las normas aplicables al procedimiento de que se trate, o que ya se encuentren en poder de cualquier Administración.

616. Los documentos electrónicos emitidos por las Administraciones públicas, según la Ley 39/2015:

a) Requerirán, en todo caso, de firma electrónica.
b) No requerirán, en ningún caso, de firma electrónica.
c) No requerirán de firma electrónica, salvo aquellos que se publiquen con carácter informativo.
d) No requerirán de firma electrónica si se publican con carácter meramente informativo y aquellos que no formen parte de un expediente administrativo.

617. Cuando los plazos se señalen por horas, se entiende que estas son hábiles, según la Ley 39/2015:

a) Salvo que reglamentariamente se disponga otro cómputo.

b) Salvo que por ley se disponga otro cómputo.

c) Salvo que por ley o en el derecho de la Unión Europea se disponga otro cómputo.

d) Salvo que una norma con rango de ley, una norma de la Unión Europea o de derecho internacional dispongan otro cómputo.

618. Según la Ley 39/2015, ¿cuándo podrá negarse un ciudadano a presentar documentos ante la Administración actuante?

a) En ningún caso.

b) Cuando ya los hubiere aportado anteriormente a cualquier Administración.

c) Cuando la Administración le solicite un documento original.

d) En cualquier caso porque no es una obligación jurídica.

619. En la Ley 39/2015, ¿qué plazo se fija como supletorio de duración máxima de los procedimientos, cuando las normas reguladoras de los mismos no lo fijen?

a) 3 meses.

b) 6 meses.

c) 3 meses, sin que puedan excederse los 6 meses.

d) No hay ningún plazo, debe regularse en cada procedimiento.

620. Según la Ley 39/2015, en los casos de desestimación de una solicitud por silencio administrativo, la resolución expresa posterior al vencimiento del plazo:

a) Solo podrá ser estimatoria.

b) Se adoptará sin vinculación alguna al sentido del silencio administrativo.

c) Será nula de pleno derecho.

d) Será anulable.

621. Señala la respuesta correcta en relación con la tramitación de urgencia de los procedimientos administrativos:

a) Solo se podrá acordar de oficio.

b) Cabe recurso contra el acuerdo que declare la aplicación de la tramitación de urgencia al procedimiento.

c) Se podrán reducir todos los plazos a la mitad, incluidos los relativos a la presentación de solicitudes e instancias.

d) Se podrá acordar cuando razones de interés público lo aconsejen.

622. Cuando como consecuencia de un "ciberincidente" se hayan visto gravemente afectados los servicios y sistemas utilizados para la tramitación de los procedimientos y el ejercicio de los derechos de los interesados que prevé la normativa vigente:

a) La Administración podrá acordar la suspensión de la tramitación de los procedimientos administrativos, salvo los que afecten a la seguridad nacional, la asistencia sanitaria y los servicios mínimos declarados esenciales.

b) La Administración podrá determinar una ampliación de los plazos no vencidos, debiendo publicar en la sede electrónica tanto la incidencia técnica acontecida como la ampliación concreta del plazo no vencido.

c) La Administración podrá acordar la ampliación general de plazos no vencidos de los procedimientos administrativos.

d) La Administración podrá acordar la interrupción de los plazos de los procedimientos administrativos hasta que se solvente la incidencia producida.

623. ¿Qué artículo de la Ley 39/2015, de 1 de octubre, del Procedimiento Administrativo Común de las Administraciones Públicas regula el derecho y obligación de relacionarse electrónicamente con las Administraciones públicas?

a) El artículo 12.

b) El artículo 13.

c) El artículo 14.

d) El artículo 15.

624. Los medios o soportes en que se almacenen documentos, deberán contar con medidas de seguridad que garanticen la integridad, autenticidad, confidencialidad, calidad, protección y conservación de los documentos almacenados, de acuerdo con lo previsto en:

a) El Esquema Nacional de Seguridad.

b) La Lista de confianza de prestadores de servicios de certificación.

c) La Agencia Española de Seguridad Informática.

d) Las oficinas de asistencia en materia de registros.

625. Los medios o soportes en que se almacenen documentos asegurarán:

a) La identificación de los usuarios.

b) El control de accesos.

c) El cumplimiento de las garantías previstas en la legislación de protección de datos.

d) Todas son correctas.

626. Las Administraciones públicas entregarán al interesado certificación acreditativa de la comparecencia:

a) En todo caso.
b) Nunca.
c) Cuando el interesado así lo solicite.
d) Cuando la Administración lo considere conveniente.

627. La Administración está obligada a dictar resolución expresa y a notificarla en todos los procedimientos:

a) Cualquiera que sea su forma de iniciación.
b) Salvo caducidad del procedimiento o desistimiento de la solicitud.
c) Iniciados a solicitud del interesado.
d) Salvo en los casos de prescripción o renuncia del derecho.

628. Las Administraciones Públicas deben publicar y mantener actualizadas en el portal web, a efectos informativos, las relaciones de procedimientos de su competencia, con indicación de:

a) Los plazos máximos de duración de los mismos y los efectos que produzca el silencio administrativo.
b) Los recursos que procedan contra el procedimiento.
c) Los plazos mínimos de duración de los mismos.
d) Los recursos que procedan contra el procedimiento y los efectos que produzca el silencio administrativo.

629. A tenor del artículo 31 de la Ley 39/2015, ¿cuándo permitirá la presentación de documentos el funcionamiento del registro electrónico?

a) Todos los días del año, excepto los inhábiles.
b) Todos los días del año, excepto los festivos.
c) Todos los días del año, durante las 24 horas.
d) Todos los días del año, en horario de oficina.

630. De conformidad con el artículo 26.2 de la Ley 39/2015, de 1 de octubre, del Procedimiento Administrativo Común de las Administraciones Públicas, ¿cuál no es una condición exigida para considerar válido un documento electrónico?

a) Incorporar los metadatos mínimo exigidos.
b) La firma debe incorporar el sistema *apud acta*.
c) Incorporar una referencia temporal del momento en que han sido emitidos.
d) Disponer de los datos de identificación que permitan su individualización.

631. Las Administraciones públicas:

a) No pueden dictar actos administrativos.
b) Pueden dictar actos administrativos.
c) Solamente pueden dictar actos administrativos de forma excepcional.
d) Solo pueden dictar resoluciones administrativas.

632. Los actos administrativos que dicten las Administraciones públicas se producirán por el órgano competente ajustándose a los requisitos y al procedimiento establecido:

a) Y siempre se dictan de oficio.
b) Y siempre se dictan a instancia de parte.
c) Dictados de oficio o a instancia de parte.
d) Solo cuando así se considere necesario.

633. Serán motivados, con sucinta referencia de hechos y fundamentos de derecho:

a) Los actos que limiten derechos subjetivos o intereses legítimos.
b) Los acuerdos de aplicación de la tramitación de urgencia, de ampliación de plazos y de realización de actuaciones complementarias.
c) Los actos que rechacen pruebas propuestas por los interesados.
d) Todas las respuestas anteriores son correctas.

634. Serán motivados, con sucinta referencia de hechos y fundamentos de derecho:

a) Los actos que acuerden la terminación del procedimiento por la imposibilidad material de continuarlo por causas sobrevenidas, así como los que acuerden el desistimiento por la Administración en procedimientos iniciados de oficio.
b) Las propuestas de resolución en los procedimientos de carácter sancionador, así como los actos que resuelvan procedimientos de carácter sancionador o de responsabilidad patrimonial.
c) Los actos que se dicten en el ejercicio de potestades discrecionales, así como los que deban serlo en virtud de disposición legal o reglamentaria expresa.
d) Todas las respuestas anteriores son correctas.

635. Los acuerdos de aplicación de la tramitación de urgencia, de ampliación de plazos y de realización de actuaciones complementarias:

a) Serán motivados, con sucinta referencia de hechos y fundamentos de derecho.
b) No es necesario que se motiven.
c) Serán motivados con la justificación de los hechos.
d) Serán motivados con la justificación de los fundamentos de derecho.

636. Los actos que rechacen pruebas propuestas por los interesados:

a) Serán motivados, con sucinta referencia de hechos y fundamentos de derecho.
b) No es necesario que se motiven.
c) Serán motivados con la justificación de los hechos.
d) Serán motivados con la justificación de los fundamentos de derecho.

637. La motivación de los actos que pongan fin a los procedimientos selectivos y de concurrencia competitiva se realizará de conformidad con lo que dispongan las normas que regulen sus convocatorias:

a) Debiendo, en todo caso, quedar acreditados en el procedimiento los fundamentos de la resolución que se adopte.
b) Se recomienda la acreditación en el procedimiento de los fundamentos de la resolución que se adopte.
c) No es necesaria la acreditación en el procedimiento de los fundamentos de la resolución que se adopte.
d) Son correctas las respuestas b) y c).

638. Dispone la norma que los actos administrativos se producirán:

a) Oralmente, de forma habitual.
b) Por escrito o de forma oral.
c) Por escrito a través de medios electrónicos, a menos que su naturaleza exija otra forma más adecuada de expresión y constancia.
d) Por escrito en documento papel.

639. En los casos en que los órganos administrativos ejerzan su competencia de forma verbal:

a) La constancia escrita del acto, cuando sea necesaria, se efectuará y firmará por el titular del órgano inferior o funcionario que la reciba oralmente, expresando en la comunicación del mismo la autoridad de la que procede.
b) No se requiere de constancia escrito del mismo.
c) La constancia escrita del acto, cuando sea necesaria, se efectuará y firmará por el titular del órgano o funcionario que la emita oralmente.
d) La constancia escrita deberá constar en todo caso.

640. Cuando deba dictarse una serie de actos administrativos de la misma naturaleza, tales como nombramientos, concesiones o licencias:

a) Deben constar en actos separados.
b) Podrán refundirse en un único acto, acordado por el órgano competente, que especificará las personas u otras circunstancias que individualicen los efectos del acto para cada interesado.

c) Podrán constar en un único acto en el que conste la información de forma generalizada.
d) Podrán refundirse en tantos actos como tipos de actos consten.

641. Cuando se deban dictar nombramientos y concesiones administrativos, de la misma naturaleza:

a) Deben constar en actos separados.
b) Podrán refundirse en un único acto, acordado por el órgano competente, que especificará las personas u otras circunstancias que individualicen los efectos del acto para cada interesado.
c) Podrán constar en un único acto en el que conste la información de forma generalizada.
d) Podrán refundirse en tantos actos como tipos de actos consten.

642. Cuando se deban dictar licencias y concesiones administrativas, de la misma naturaleza:

a) Deben constar en actos separados.
b) Podrán refundirse en un único acto, acordado por el órgano competente, que especificará las personas u otras circunstancias que individualicen los efectos del acto para cada interesado.
c) Podrán constar en un único acto en el que conste la información de forma generalizada.
d) Podrán refundirse en tantos actos como tipos de actos consten.

643. Las resoluciones administrativas de carácter particular:

a) No podrán vulnerar lo establecido en una disposición de carácter general.
b) Podrán vulnerar lo establecido en una disposición de carácter general.
c) No tienen por qué respetar lo establecido en una disposición de carácter general.
d) Pueden generalizarse.

644. Las resoluciones administrativas de carácter particular no podrán vulnerar lo establecido en una disposición de carácter general:

a) Aunque aquellas procedan de un órgano de igual o superior jerarquía al que dictó la disposición general.
b) Solo se permite si el órgano que dictó la resolución es de igual jerarquía.
c) Solo se permite si el órgano que dictó la resolución es de jerarquía superior.
d) Solo se permite si el órgano que dictó la resolución es de jerarquía inferior.

645. Las resoluciones administrativas que vulneren lo establecido en una disposición reglamentaria:

a) Son válidas.
b) Son convalidables.
c) Son nulas.
d) Son ineficaces.

646. Los actos de las Administraciones públicas sujetos al Derecho Administrativo:

a) No serán ejecutivos de ninguna forma.
b) Serán ejecutivos con arreglo a lo dispuesto en esta ley.
c) Siempre serán ejecutivos.
d) Serán ejecutivas ejecutivos de forma excepcional.

647. Los actos de las Administraciones públicas sujetos al Derecho Administrativo:

a) Se presumirán válidos y producirán efectos desde la fecha en que se dicten, salvo que en ellos se disponga otra cosa.
b) Siempre son válidos y producen efectos.
c) No son válidos hasta que producen efectos.
d) No son eficaces.

648. La eficacia de los actos:

a) Nunca puede ser demorada.
b) Quedará demorada cuando así lo exija el contenido del acto.
c) Quedará demorada cuando esté supeditada a su notificación, publicación o aprobación superior.
d) Son correctas las respuestas b) y c).

649. Los actos:

a) Nunca pueden tener eficacia retroactiva.
b) Con carácter general, gozan de eficacia retroactiva.
c) Excepcionalmente, podrá otorgarse eficacia retroactiva a los actos.
d) Solo tienen eficacia retroactiva si no son válidos.

650. Podrá otorgarse eficacia retroactiva:

a) Siempre y en todo caso.
b) Excepcionalmente, a los actos cuando se dicten en sustitución de actos anulados.
c) Excepcionalmente, a los actos cuando se dicten en sustitución de actos convalidados.
d) Nunca.

651. Podrá otorgarse eficacia retroactiva:

a) Siempre, cuando se trate de actos nulos.
b) Excepcionalmente, cuando produzcan efectos favorables al interesado.

c) Excepcionalmente, siempre que los supuestos de hecho necesarios existieran ya en la fecha a que se retrotraiga la eficacia del acto y esta no lesione derechos o intereses legítimos de otras personas.
d) Son correctas las respuestas b) y c).

652. Las normas y actos dictados por los órganos de las Administraciones públicas en el ejercicio de su propia competencia:

a) Deberán ser observadas observados por el resto de los órganos administrativos, aunque no dependan jerárquicamente entre sí o pertenezcan a otra Administración.
b) Deberán ser observadas observados por el resto de los órganos administrativos, solo en el caso de que dependan jerárquicamente entre sí.
c) Deberán ser observadas observados por el resto de los órganos administrativos, solo si pertenecen a otra Administración.
d) Sirven de sugerencia, por si el resto de órganos administrativos los quiere tener en cuenta.

653. Ante el caso de que un órgano administrativo reciba una norma dictada por un órgano de la Administración pública en el ejercicio de su propia competencia:

a) No está vinculado por la misma.
b) Solo está vinculado por la misma si el órgano administrativo que debe cumplirla depende jerárquicamente del que la ha dictado.
c) Solo está vinculado por la misma si el órgano administrativo es de la misma Administración pública que el que la ha dictado.
d) Está vinculado en todo caso.

654. Ante el caso de que un órgano administrativo reciba un acto dictado por un órgano de la Administración pública en el ejercicio de su propia competencia:

a) No está vinculado por el mismo.
b) Solo está vinculado por el mismo si el órgano administrativo que debe cumplirlo depende jerárquicamente del que la ha dictado.
c) Solo está vinculado por el mismo si el órgano administrativo es de la misma Administración pública que el que la ha dictado.
d) Está vinculado en todo caso.

655. Cuando una Administración pública tenga que dictar, en el ámbito de sus competencias, un acto que necesariamente tenga por base otro dictado por una Administración pública distinta y aquella entienda que es ilegal:

a) Debe dictarlo.

b) Podrá requerir a esta previamente para que anule o revise el acto.

c) No podrá requerir a esta previamente para que anule o revise el acto.

d) Todas las respuestas anteriores son incorrectas.

656. En el caso en el que una Administración pública que tenga que dictar, en el ámbito de sus competencias, un acto que necesariamente tenga por base otro dictado por una Administración pública distinta y aquella entienda que es ilegal, y haya requerido previamente a esta segunda para que anule o revise el acto de acuerdo con lo dispuesto en la normativa:

a) Deberá estarse a lo que le diga la Administración que dictó el acto de base.

b) Podrá decidir cómo actuar.

c) Deberá esperar a las indicaciones de un superior jerárquico.

d) En el caso de recibir un rechazo al requerimiento, podrá interponer recurso contencioso-administrativo.

657. En el caso en que se interponga un recurso contencioso-administrativo por el rechazo ante el requerimiento a una Administración para que anule o revise el acto de acuerdo con lo dispuesto en el artículo 44 de la Ley 29/1998, de 13 de julio:

a) Quedará suspendido el procedimiento para dictar resolución.

b) Seguirá transcurriendo el plazo para dictar la resolución.

c) Se cancelará plazo para dictar la resolución.

d) Se establecerá un nuevo plazo para dictar la resolución.

658. El órgano que dicte las resoluciones y actos administrativos:

a) Los notificará a los interesados cuyos derechos e intereses sean afectados por aquélla quellos.

b) Los debe notificar a todo el mundo.

c) Los debe comunicar públicamente pero solamente a los interesados.

d) Los debe comunicar a todo el mundo.

659. La notificación de la resolución administrativa a los interesados debe ser cursada:

a) Dentro del plazo de dos días a partir de la fecha emisión de la misma.

b) Dentro del plazo de cinco días a partir de la fecha emisión de la misma.

c) Dentro del plazo de diez días a partir de la fecha emisión de la misma.

d) Dentro del plazo de quince días a partir de la fecha emisión de la misma.

660. La notificación del acto administrativo a los interesados debe ser cursada:

a) Dentro del plazo de dos días a partir de la fecha en que el acto haya sido dictado.

b) Dentro del plazo de cinco días a partir de la fecha en que el acto haya sido dictado.

c) Dentro del plazo de diez días a partir de la fecha en que el acto haya sido dictado.

d) Dentro del plazo de quince días a partir de la fecha en que el acto haya sido dictado.

661. La notificación del acto administrativo a los interesados debe contener:

a) El texto íntegro de la resolución, con indicación de si pone fin o no a la vía administrativa.

b) La expresión de los recursos que procedan, en su caso, en vía administrativa y judicial

c) El órgano ante el que deban presentarse los recursos y el plazo para interponerlos, sin perjuicio de que los interesados puedan ejercitar, en su caso, cualquier otro que estimen procedente.

d) Todas las respuestas anteriores son correctas.

662. Las notificaciones que, conteniendo el texto íntegro del acto, omitiesen alguno de los demás requisitos previstos legalmente:

a) No producirán efecto alguno.

b) Surtirán efecto a partir de la fecha en que el interesado realice actuaciones que supongan el conocimiento del contenido y alcance de la resolución o acto objeto de la notificación, o interponga cualquier recurso que proceda.

c) Producirán efectos en todo caso.

d) Solo producirán efectos si el interesado así lo solicita.

663. Indica la respuesta correcta:

a) A los solos efectos de entender cumplida la obligación de notificar dentro del plazo máximo de duración de los procedimientos, será suficiente que la notificación contenga, cuando menos, el texto íntegro de la resolución, así como el intento de notificación debidamente acreditado.

b) A los solos efectos de entender cumplida la obligación de notificar dentro del plazo máximo de duración de los procedimientos, será suficiente que la notificación contenga, cuando menos, el intento de notificación debidamente acreditado.

c) A los solos efectos de entender cumplida la obligación de notificar dentro del plazo máximo de duración de los procedimientos, será suficiente que la notificación contenga la información que se pueda facilitar.

d) Son correctas las respuestas b) y c).

664. Cuando la resolución administrativa tenga por destinatario más de un interesado:

a) No se podrá hacer traslado de la misma.

b) Las Administraciones públicas podrán adoptar las medidas que consideren necesarias para la protección de los datos personales que consten en la misma.

c) Se permite exceptuar la protección de datos establecida de forma habitual por la ley.

d) Solo se podrá hacer llegar a un interesado.

665. Cuando el acto administrativo tenga por destinatario más de un interesado:

a) No se podrá hacer traslado del mismo.

b) Las Administraciones públicas podrán adoptar las medidas que consideren necesarias para la protección de los datos personales que consten en el mismo.

c) Se permite exceptuar la protección de datos establecida de forma habitual por la ley.

d) Solo se podrá hacer llegar a un interesado.

666. Las notificaciones se practicarán:

a) Preferentemente por medios electrónicos y, en todo caso, cuando el interesado resulte obligado a recibirlas por esta vía.

b) Preferentemente por escrito en documento papel y, en todo caso, cuando el interesado resulte obligado a recibirlas por esta vía.

c) Solo por medios electrónicos.

d) Indistintamente en documento papel o por medios electrónicos.

667. Las notificaciones:

a) Nunca se realizarán por medios electrónicos.

b) Se deben realizar por medios electrónicos cuando el interesado esté obligado a recibirlas por esta vía.

c) Solo se van a realizar por medios electrónicos si el interesado está de acuerdo.

d) Siempre se deben realizar el formato papel u oralmente.

668. Las Administraciones podrán practicar las notificaciones por medios no electrónicos:

a) Nunca.

b) Siempre.

c) Cuando la notificación se realice con ocasión de la comparecencia espontánea del interesado o su representante en las oficinas de asistencia en materia de registro y solicite la comunicación o notificación personal en ese momento.

d) No se establecen por ley los supuestos.

669. Las Administraciones podrán practicar las notificaciones por medios no electrónicos:

a) Nunca.

b) Siempre.

c) Cuando para asegurar la eficacia de la actuación administrativa resulte necesario practicar la notificación por entrega directa de un empleado público de la Administración notificante.

d) No se establecen por ley los supuestos.

670. Indica la respuesta correcta:

a) Con independencia del medio utilizado, las notificaciones serán válidas siempre que permitan tener constancia de su envío o puesta a disposición, de la recepción o acceso por el interesado o su representante, de sus fechas y horas, del contenido íntegro, y de la identidad fidedigna del remitente y destinatario de la misma. La acreditación de la notificación efectuada se incorporará al expediente.

b) Con independencia del medio utilizado, las notificaciones serán válidas siempre que permitan tener constancia de su envío o puesta a disposición, de la recepción o acceso por el interesado o su representante, de sus fechas y horas, del contenido íntegro, y de la identidad fidedigna del remitente y destinatario de la misma. No es necesario contar con la acreditación de la notificación efectuada en el expediente.

c) Las notificaciones serán válidas cuando se tiene constancia de su envío o puesta a disposición y la recepción o acceso por el interesado o su representante.

d) Las notificaciones serán válidas cuando conste la fecha y hora de recepción de la notificación.

671. Las Administraciones podrán establecer la obligación de practicar electrónicamente las notificaciones para determinados procedimientos:

a) Por ley.

b) Por reglamento.

c) Por orden.

d) Por concesión.

672. Las Administraciones podrán establecer la obligación de practicar electrónicamente las notificaciones para ciertos colectivos de personas físicas que por razón de su capacidad económica, técnica, dedicación profesional u otros motivos quede acreditado que tienen acceso y disponibilidad de los medios electrónicos necesarios:

a) Por ley.
b) Por reglamento.
c) Por orden.
d) Por concesión.

673. El interesado podrá identificar un dispositivo electrónico y/o una dirección de correo electrónico que servirán para el envío de los avisos regulados en el artículo 41 de la Ley 39/2015:

a) Y para las notificaciones.
b) Pero no para la práctica de notificaciones.
c) Para la práctica de notificaciones si el interesado así lo establece.
d) Para todo tipo de comunicación.

674. Según la normativa, aquellas en las que el acto a notificar vaya acompañado de elementos que no sean susceptibles de conversión en formato electrónico:

a) Se podrá notificar por medios electrónicos en la medida de lo que se pueda.
b) No se podrán notificar por medios electrónicos.
c) Se notificará en parte a través de medios electrónicos y en formato papel.
d) Se notificarán de forma verbal.

675. Según la normativa, aquellas notificaciones que contengan medios de pago a favor de los obligados, tales como cheques:

a) Se podrá notificar por medios electrónicos en la medida de lo que se pueda.
b) No se podrán notificar por medios electrónicos.
c) Se notificará en parte a través de medios electrónicos y en formato papel.
d) Se notificarán de forma verbal.

676. Establece la normativa que en ningún caso se efectuará por medio electrónico la siguiente notificación:

a) Aquellas en las que el acto a notificar vaya acompañado de elementos que no sean susceptibles de conversión en formato electrónico.
b) Las que contengan medios de pago a favor de los obligados, tales como cheques.
c) Las que contenga información relativa a terceras personas.
d) Son correctas las respuestas a) y b).

677. En los procedimientos iniciados a solicitud del interesado:

a) La notificación se practicará por el medio señalado al efecto por aquel.
b) La notificación se practicará por el medio señalado al efecto por la Administración pública.
c) La notificación se practicará por el medio señalado al efecto por cualquier interesado.
d) La notificación se practicará por el medio señalado al efecto por aquel por aquel o por la Administración pública.

678. En los procedimientos iniciados a solicitud del interesado:

a) La notificación será electrónica en los casos en los que exista obligación de relacionarse de esta forma con la Administración.
b) La notificación siempre será electrónica.
c) La notificación nunca podrá ser electrónica.
d) La notificación, excepcionalmente, podrá ser electrónica.

679. Cuando no fuera posible realizar la notificación de acuerdo con lo señalado en la solicitud:

a) Se dará por no notificado.
b) Se practicará en cualquier lugar adecuado a tal fin.
c) Se practicará por cualquier medio que permita tener constancia de la recepción por el interesado o su representante, así como de la fecha, la identidad y el contenido del acto notificado.
d) Son correctas las respuestas b) y c).

680. En los procedimientos iniciados de oficio, las Administraciones públicas podrán recabar, mediante consulta a las bases de datos del Instituto Nacional de Estadística, los datos sobre el domicilio del interesado recogidos en el Padrón Municipal, remitidos por las Entidades Locales:

a) A los solos efectos de su iniciación.
b) A todos los efectos.
c) Para su conclusión.
d) Todas las respuestas anteriores son incorrectas.

681. Cuando el interesado o su representante rechace la notificación de una actuación administrativa:

a) Se hará constar en el expediente, especificándose las circunstancias del intento de notificación y el medio, dando por efectuado el trámite y siguiéndose el procedimiento.
b) Se paralizará el procedimiento.

c) No es necesario registrarlo en el expediente.

d) Se hará constar en el expediente, especificándose las circunstancias del intento de notificación y el medio, pero no se da por efectuado el trámite y se paraliza el procedimiento.

682. Las Administraciones públicas enviarán un aviso al dispositivo electrónico y/o a la dirección de correo electrónico del interesado que este haya comunicado, informándole de la puesta a disposición de una notificación en la sede electrónica de la Administración u Organismo correspondiente o en la dirección electrónica habilitada única:

a) Para el caso en que la notificación sea electrónica.

b) Con independencia de que la notificación se realice en papel o por medios electrónicos.

c) Para el caso en que la notificación se realice en papel.

d) Para el caso en que la notificación sea verbal.

683. Las Administraciones públicas enviarán un aviso al dispositivo electrónico y/o a la dirección de correo electrónico del interesado que este haya comunicado, informándole de la puesta a disposición de una notificación en la sede electrónica de la Administración u Organismo correspondiente o en la dirección electrónica habilitada única. La falta de práctica de este aviso:

a) Anula todo el procedimiento.

b) Cancela el procedimiento.

c) No impedirá que la notificación sea considerada plenamente válida.

d) Impedirá que la notificación sea considerada plenamente eficaz.

684. Cuando el interesado fuera notificado por distintos cauces:

a) Se invalida la comunicación.

b) Se tomará como fecha de notificación la de aquella que se hubiera producido en primer lugar.

c) Se tomará como fecha de notificación la de aquella que se hubiera producido en último lugar.

d) Se tomará como fecha de notificación la realizada por medios electrónicos.

685. Todas las notificaciones que se practiquen en papel:

a) Se deben registrar.

b) Deberán ser puestas a disposición del interesado en la sede electrónica de la Administración u Organismo actuante para que pueda acceder al contenido de las mismas de forma voluntaria.

c) Deben ser comunicadas con quince días de antelación.

d) Todas las respuestas anteriores son correctas.

686. Cuando la notificación se practique en el domicilio del interesado, de no hallarse presente este en el momento de entregarse la notificación:

a) Nunca se podrá realizar la misma.

b) Podrá hacerse cargo de la misma cualquier persona mayor de catorce años que se encuentre en el domicilio y haga constar su identidad.

c) Podrá hacerse cargo de la misma cualquier persona mayor de dieciséis años que se encuentre en el domicilio y haga constar su identidad.

d) Podrá hacerse cargo de la misma cualquier persona mayor de dieciocho años que se encuentre en el domicilio y haga constar su identidad.

687. Si nadie se hiciera cargo de la notificación:

a) Se hará constar esta circunstancia en el expediente, junto con el día y la hora en que se intentó la notificación, intento que se repetirá por una sola vez y en una hora distinta dentro de los tres días siguientes.

b) En caso de que el primer intento de notificación se haya realizado antes de las quince horas, el segundo intento deberá realizarse después de las quince horas y viceversa, dejando en todo caso al menos un margen de diferencia de tres horas entre ambos intentos de notificación.

c) Si el segundo intento también resultara infructuoso, se procederá en la forma prevista en la normativa.

d) Todas las respuestas anteriores son correctas.

688. Si nadie se hiciera cargo de la notificación, se hará constar esta circunstancia en el expediente, junto con el día y la hora en que se intentó la notificación:

a) Intento que se repetirá por una sola vez y en una hora distinta dentro de los tres días siguientes.

b) Intento que se repetirá por una sola vez y en una hora distinta dentro de los cinco días siguientes.

c) Intento que se repetirá por una sola vez y en una hora distinta dentro de los siete días siguientes.

d) Intento que se repetirá por una sola vez y en una hora distinta dentro de los diez días siguientes.

689. Si nadie se hiciera cargo de la notificación, se hará constar esta circunstancia en el expediente, junto con el día y la hora en que se intentó la notificación:

a) Intento que se repetirá por una sola.

b) Intento que se repetirá más de una vez.

c) Intento que se repetirá dos veces.

d) Intento que se repetirá como mínimo, tres veces.

690. En caso de que el primer intento de notificación no fructífero se haya realizado antes de las quince horas:

a) El segundo deberá realizarse a primera hora de la mañana.

b) El segundo deberá realizarse en la misma franja horaria.

c) El segundo debe realizarse después de las quince horas, y viceversa, dejando en todo caso al menos un margen de diferencia de tres horas entre ambos intentos de notificación.

d) El segundo debe realizarse después de las quince horas, y viceversa, dejando en todo caso al menos un margen de diferencia de cinco horas entre ambos intentos de notificación.

691. Cuando el interesado accediera al contenido de la notificación en sede electrónica:

a) Se le ofrecerá la posibilidad de que el resto de notificaciones se puedan realizar a través de medios electrónicos.

b) Se comunicará que el resto de notificaciones se puedan realizar a través de medios electrónicos.

c) Se obligará a que el resto de notificaciones se puedan realizar a través de medios electrónicos.

d) Se prohibirá que el resto de notificaciones se puedan realizar a través de medios electrónicos.

692. Las notificaciones por medios electrónicos:

a) Se practicarán mediante comparecencia en la sede electrónica de la Administración u Organismo actuante.

b) Se practicarán a través de la dirección electrónica habilitada única.

c) Se practicarán mediante ambos sistemas, mediante comparecencia en la sede electrónica de la Administración u Organismo actuante o a través de la dirección electrónica habilitada única, según disponga cada Administración u Organismo.

d) Todas las respuestas anteriores son correctas.

693. Las notificaciones por medios electrónicos:

a) Se entenderán practicadas en el momento en que se produzca el acceso a su contenido.

b) Se entenderán practicadas el día siguiente al momento en que se produzca el acceso a su contenido.

c) Se entenderán practicadas en el momento en que se realice.

d) Se entenderán practicadas a las 48 h respecto del momento en que se produzca el acceso a su contenido.

694. Cuando la notificación por medios electrónicos sea de carácter obligatorio:

a) Se entenderá rechazada cuando hayan transcurrido 24 horas naturales desde la puesta a disposición de la notificación sin que se acceda a su contenido.

b) Se entenderá rechazada cuando hayan transcurrido 48 horas naturales desde la puesta a disposición de la notificación sin que se acceda a su contenido.

c) Se entenderá rechazada cuando hayan transcurrido cuatro días naturales desde la puesta a disposición de la notificación sin que se acceda a su contenido.

d) Se entenderá rechazada cuando hayan transcurrido diez días naturales desde la puesta a disposición de la notificación sin que se acceda a su contenido.

695. Cuando la notificación por medios electrónicos haya sido expresamente elegida por el interesado:

a) Se entenderá rechazada cuando hayan transcurrido 24 horas naturales desde la puesta a disposición de la notificación sin que se acceda a su contenido.

b) Se entenderá rechazada cuando hayan transcurrido 48 horas naturales desde la puesta a disposición de la notificación sin que se acceda a su contenido.

c) Se entenderá rechazada cuando hayan transcurrido cuatro días naturales desde la puesta a disposición de la notificación sin que se acceda a su contenido.

d) Se entenderá rechazada cuando hayan transcurrido diez días naturales desde la puesta a disposición de la notificación sin que se acceda a su contenido.

696. Los interesados podrán acceder a las notificaciones desde:

a) Todas las Sedes de la Administración.

b) El Punto de Acceso General electrónico de la Administración, que funcionará como un portal de acceso.

c) El Punto electrónico de la Administración, que funcionará como un portal de acceso.

d) El Punto Central electrónico de la Administración, que funcionará como un portal de acceso.

697. En el caso de notificaciones infructuosas por ser el interesado desconocido:

a) No se podrá entender hecha nunca.

b) Solo se podrá entender anunciada.

c) Solo podrá realizarse la notificación en edictos a la pared de la sede general de la Administración pública.

d) La notificación se hará por medio de un anuncio publicado en el «Boletín Oficial del Estado».

698. En el caso de notificaciones infructuosas porque se ignore el lugar de la notificación:

a) No se podrá entender hecha nunca.
b) Solo se podrá entender anunciada.
c) Solo podrá realizarse la notificación en edictos a la pared de la sede general de la Administración pública.
d) La notificación se hará por medio de un anuncio publicado en el «Boletín Oficial del Estado».

699. En el caso de notificaciones infructuosas porque se ignore el lugar del bien:

a) No se podrá entender hecha nunca.
b) Solo se podrá entender anunciada.
c) Solo podrá realizarse la notificación en edictos a la pared de la sede general de la Administración pública.
d) La notificación se hará por medio de un anuncio publicado en el «Boletín Oficial del Estado».

700. Los actos administrativos serán objeto de publicación:

a) Siempre y en todo caso.
b) Cuando así lo establezcan las normas reguladoras de cada procedimiento.
c) Cuando lo aconsejen razones de interés público apreciadas por el órgano competente.
d) Son correctas las respuestas b) y c).

701. Los actos administrativos serán objeto de publicación, surtiendo esta los efectos de la notificación:

a) Cuando el acto tenga por destinatario a una pluralidad indeterminada de personas o cuando la Administración estime que la notificación efectuada a un solo interesado es insuficiente para garantizar la notificación a todos, siendo, en este último caso, adicional a la individualmente realizada.

b) Cuando se trate de actos integrantes de un procedimiento selectivo o de concurrencia competitiva de cualquier tipo.
c) Cuando se trate de actos con datos privados.
d) Son correctas las respuestas a) y b).

702. La publicación de los actos se realizará:

a) En los periódicos.
b) En cualquier boletín o diario oficial.
c) En el diario oficial que corresponda, según cual sea la Administración de la que proceda el acto a notificar.
d) En el diario oficial que corresponda, según cual sea la Administración del domicilio del interesado.

703. Los actos de la Administración pública que lesionen los derechos y libertades susceptibles de amparo constitucional:

a) Son ineficaces.
b) Son nulos de pleno derecho.
c) Son anulables.
d) Son válidos, aunque inmorales.

704. Las disposiciones administrativas que vulneren la Constitución, las leyes u otras disposiciones administrativas de rango superior, las que regulen materias reservadas a la ley, y las que establezcan la retroactividad de disposiciones sancionadoras no favorables o restrictivas de derechos individuales:

a) Son ineficaces.
b) Son nulos de pleno derecho.
c) Son anulables.
d) Son válidos, aunque inmorales.

Soluciones

601. d)	611. d)	621. d)	631. b)	641. b)	651. d)	661. d)	671. b)	681. a)	691. a)
602. c)	612. d)	622. b)	632. c)	642. b)	652. a)	662. b)	672. b)	682. b)	692. d)
603. b)	613. d)	623. c)	633. d)	643. a)	653. d)	663. a)	673. b)	683. c)	693. a)
604. a)	614. c)	624. a)	634. d)	644. a)	654. d)	664. b)	674. b)	684. b)	694. d)
605. d)	615. d)	625. d)	635. a)	645. c)	655. b)	665. b)	675. b)	685. b)	695. d)
606. b)	616. d)	626. c)	636. a)	646. b)	656. d)	666. a)	676. d)	686. b)	696. b)
607. d)	617. c)	627. a)	637. a)	647. a)	657. a)	667. b)	677. a)	687. d)	697. d)
608. d)	618. b)	628. a)	638. c)	648. d)	658. a)	668. c)	678. a)	688. a)	698. d)
609. c)	619. a)	629. c)	639. a)	649. c)	659. c)	669. d)	679. d)	689. a)	699. d)
610. c)	620. b)	630. b)	640. b)	650. b)	660. c)	670. a)	680. a)	690. c)	700. d)

705. Los actos de la Administración pública que tengan un contenido imposible:

a) Son ineficaces.
b) Son nulos de pleno derecho.
c) Son anulables.
d) Son válidos, aunque inmorales.

706. El Título IV regula las disposiciones sobre el procedimiento administrativo común y está conformado por:

a) Los artículos 53 a 105 de la LPACAP y se divide en siete capítulos.
b) Los artículos 56 a 101 de la LPACAP y se divide en seis capítulos.
c) Los artículos 63 a 105 de la LPACAP y se divide en ocho capítulos.
d) Los artículos 54 a 103 de la LPACP y se divide en cinco capítulos.

707. Los interesados en un procedimiento administrativo tienen derecho:

a) A presentar documentos originales salvo que, de manera excepcional, la normativa reguladora aplicable establezca lo contrario, y a obtener un certificado relativo a su presentación.
b) A identificar a las autoridades y al personal al servicio de las Administraciones públicas bajo cuya responsabilidad se tramiten los procedimientos, además del resto de derechos previstos en la LPACAP, y cualquier otro derecho que les reconozcan la Constitución y las leyes.
c) A identificar a cualquier autoridad y al personal al servicio de las Administraciones públicas, aunque no intervengan en la tramitación de los procedimientos.
d) A no presentar documentos originales salvo que, de manera excepcional, la normativa reguladora aplicable establezca lo contrario. En caso de que, excepcionalmente, deban presentar un documento original, tendrán derecho a obtener un certificado acreditando la entrega del documento original.

708. Los interesados en un procedimiento administrativo tienen, entre otros, alguno de los siguientes derechos:

a) A formular alegaciones, utilizar los medios de defensa admitidos por el Ordenamiento Jurídico, y a aportar documentos en cualquier fase del procedimiento anterior a la propuesta de resolución, que deberán ser tenidos en cuenta por el órgano competente al redactar la resolución.
b) A obtener información y orientación acerca de los requisitos jurídicos o técnicos que las disposiciones vigentes impongan a cualquier proyecto.

c) A actuar asistidos de asesor en todos los procedimientos.
d) A cumplir las obligaciones de pago a través de los medios electrónicos.

709. El interesado en un procedimiento tiene derecho:

a) A no presentar datos exigidos por las normas aplicables al procedimiento de que se trate.
b) A no presentar documentos originales salvo que, de manera excepcional, la normativa reguladora aplicable establezca lo contrario.
c) A presentar documentos no exigidos por las normas aplicables al procedimiento de que se trate.
d) A presentar los documentos en formato electrónico salvo que, de manera excepcional, la normativa reguladora aplicable establezca lo contrario.

710. Quienes se relacionen con las Administraciones públicas a través de medios electrónicos tendrán derecho a:

a) Consultar la información del procedimiento, a través de cualquier certificado electrónico que tengan a su alcance.
b) Consultar la información del procedimiento en cualquier Administración pública de su localidad de residencia.
c) Consultar la información del procedimiento en el Punto de Acceso General electrónico de la Administración.
d) Consultar la información del procedimiento en cualquier Administración pública de la localidad que indique en su solicitud de acceso.

711. Los supuestos de iniciación de oficio del procedimiento administrativo son los siguientes:

a) Por acuerdo del órgano competente, bien por propia iniciativa o como consecuencia de orden superior, a petición razonada de otros órganos o por denuncia.
b) Por acuerdo del órgano competente, bien por propia iniciativa o como consecuencia de orden superior, a petición de otros órganos o por querella.
c) Por acuerdo del órgano competente, bien por propia iniciativa o como consecuencia de orden instructor, a petición razonada de otros órganos o por denuncia.
d) Por acuerdo del órgano competente, bien por propia iniciativa o como consecuencia de orden instructor, a petición de otros órganos o por denuncia.

712. En relación con el derecho a formular alegaciones, utilizar los medios de defensa y aportar documentos, el artículo 53.1.e) de la LPACAP dispone que el interesado en un procedimiento tiene derecho a:

a) Formular alegaciones, utilizar los medios de defensa admitidos por el Ordenamiento Jurídico, y aportar documentos en cualquier fase del procedimiento anterior a la propuesta de resolución, que podrán ser tenidos en cuenta por el órgano competente al redactar la propuesta de resolución.

b) Formular alegaciones, utilizar los medios de defensa admitidos por el Ordenamiento Jurídico, y aportar documentos en cualquier fase del procedimiento anterior al trámite de audiencia, que deberán ser tenidos en cuenta por el órgano competente al redactar la propuesta de resolución.

c) Formular alegaciones, utilizar los medios de defensa admitidos por el Ordenamiento Jurídico, y aportar documentos en cualquier fase del procedimiento anterior a la propuesta de resolución, que podrán ser tenidos en cuenta por el órgano competente.

d) Formular alegaciones, utilizar los medios de defensa admitidos por el Ordenamiento Jurídico, y aportar documentos en cualquier fase del procedimiento, que deberán ser tenidos en cuenta por el órgano competente al redactar la propuesta de resolución.

713. Además de los derechos previstos en el artículo 53.1 de la LPACAP, en el caso de procedimientos administrativos de naturaleza sancionadora, los presuntos responsables tendrán algunos de los siguientes derechos:

a) Derecho a la presunción de no existencia de responsabilidad penal y administrativa.

b) Derecho a que se adopten medidas cautelares para evitar los perjuicios de la sanción, así como a conocer la identidad de la autoridad competente para imponer la sanción, con independencia de la norma que atribuya tal competencia.

c) Derecho a la presunción de no existencia de responsabilidad administrativa durante la instrucción, derecho a las medidas cautelares y derecho a ser notificado de la identidad de la autoridad competente para imponer la sanción y de la norma que atribuya tal competencia.

d) Derecho a ser notificado de los hechos que se le imputen, de las infracciones que tales hechos puedan constituir y de las sanciones que, en su caso, se les pudieran imponer, así como de la identidad del instructor, de la autoridad competente para imponer la sanción y de la norma que atribuya tal competencia.

714. Los procedimientos administrativos podrán iniciarse:

a) Solo de oficio, por acuerdo del órgano competente.

b) De oficio, por acuerdo del órgano competente, o a solicitud del interesado. Salvo los procedimientos de naturaleza sancionadora que se iniciarán siempre de oficio.

c) De oficio, por acuerdo de cualquier órgano de cualquier Administración Pública, o a solicitud del interesado. Salvo los procedimientos de responsabilidad patrimonial y de naturaleza sancionadora que se iniciarán siempre de oficio.

d) De oficio, por acuerdo del órgano inferior al competente para resolver o por denuncia de cualquier Administración Pública.

715. ¿Qué artículo regula los derechos del interesado en el procedimiento administrativo?

a) El artículo 13 de la LPACAP.

b) El artículo 53 de la LPACAP.

c) El artículo 63 de la LPACAP.

d) El artículo 74 de la LPACP.

716. El derecho de información con respecto a la tramitación del procedimiento establecido en el art. 53.1.a) de la LPAC pretende:

a) Que los interesados puedan conocer el estado del procedimiento antes de la propuesta de resolución.

b) Que los interesados puedan conocer el estado del procedimiento antes del trámite de audiencia, así como el órgano que lo está instruyendo.

c) Que los interesados puedan conocer el estado del procedimiento en todos sus momentos, así como la forma y el modo en el que está siendo tramitado.

d) Que los interesados puedan conocer el estado del procedimiento antes del trámite de audiencia, así como la forma y el modo en el que está siendo tramitado.

717. Antes de la iniciación del procedimiento administrativo se podrán acordar medidas provisionales para:

a) Proteger a terceros y menores implicados.

b) Proteger a menores implicados.

c) Proteger los derechos y bienes públicos afectados.

d) Asegurar la efectividad de la resolución.

718. ¿Cuál es la finalidad del periodo de información o actuaciones previas del procedimiento administrativo?

a) La finalidad es conocer las circunstancias del caso concreto y la necesidad o no de iniciar el procedimiento.

b) La finalidad es conocer las circunstancias del caso concreto y la conveniencia o no de iniciar el procedimiento.

c) La finalidad es conocer las circunstancias del caso concreto y la oportunidad o no de iniciar el procedimiento.

d) La finalidad es conocer las circunstancias del caso concreto y las personas involucradas, en particular, los menores afectados.

719. Las actuaciones previas al procedimiento administrativo serán realizadas por:

a) El órgano competente para la iniciación del procedimiento.

b) Los órganos que tengan atribuidas funciones de instrucción del procedimiento y, en defecto de estos, por la persona u órgano administrativo competente para la resolución del procedimiento.

c) Los órganos que tengan atribuidas funciones de investigación, averiguación e inspección en la materia y, en defecto de estos, por la persona u órgano administrativo que se determine por el órgano competente para la iniciación o resolución del procedimiento.

d) Los órganos que tengan competencia para la adopción de las medidas cautelares o, en su defecto, por el órgano competente para la iniciación del procedimiento.

720. Antes de la iniciación del procedimiento administrativo se podrán acordar medidas provisionales:

a) En los términos previstos en la Ley de Enjuiciamiento Civil.

b) En los términos previstos en la Ley de Enjuiciamiento Civil o Criminal.

c) En los términos previstos en el Código Civil.

d) En los términos previstos en a la Ley de la Jurisdicción Contencioso-Administrativa.

721. Iniciado el procedimiento, el órgano administrativo competente para resolver el procedimiento podrá adoptar las medidas provisionales que estime oportunas:

a) Para asegurar la eficacia de la resolución que pudiera recaer, si existiesen elementos de juicio suficientes para ello, de acuerdo con los principios de proporcionalidad y efectividad y gratuidad.

b) Para asegurar la eficiencia de la resolución que pudiera recaer, si existiesen elementos de juicio para ello, de acuerdo con los principios de responsabilidad, conveniencia y menor onerosidad.

c) Para asegurar la eficacia de la resolución que pudiera recaer, si existiesen elementos de juicio suficientes para ello, de acuerdo con los principios de proporcionalidad, efectividad y menor onerosidad.

d) Para asegurar la efectividad de la resolución que pudiera recaer, si existiesen elementos de juicio para ello, de acuerdo con los principios de cooperación y menor onerosidad.

722. En los procedimientos administrativos de naturaleza sancionadora, los presuntos responsables tendrán, entre otros, los siguientes derechos:

a) Derecho a ser notificado de los hechos que se le imputen, de las sanciones que, en su caso, se les pudieran imponer, así como de la identidad de la autoridad competente para proponer la sanción y de la norma que atribuya tal competencia. También tendrán derecho a la presunción de no existencia de responsabilidad penal mientras no se demuestre lo contrario.

b) Derecho a ser notificado de las infracciones que ciertos hechos puedan constituir y de las sanciones que, en su caso, se les pudieran imponer, así como de la identidad del instructor, de la autoridad competente para imponer la sanción y de la norma que atribuya tal competencia. También tendrán derecho a la presunción de no existencia de responsabilidad civil y penal mientras no se demuestre lo contrario.

c) Derecho a ser notificado de los hechos que se le imputen, de las infracciones que tales hechos puedan constituir y de las sanciones que, en su caso, se les pudieran imponer, así como de la identidad de la autoridad competente para proponer la sanción y de la norma que atribuya tal competencia. También tendrán derecho a la presunción de no existencia de responsabilidad administrativa y, en su caso, penal, mientras no se demuestre lo contrario.

d) Derecho a ser notificado de los hechos que se le imputen, de las infracciones que tales hechos puedan constituir y de las sanciones que, en su caso, se les pudieran imponer, así como de la identidad del instructor, de la autoridad competente para imponer la sanción y de la norma que atribuya tal competencia. También tendrán derecho a la presunción de no existencia de responsabilidad administrativa mientras no se demuestre lo contrario.

723. Iniciado el procedimiento, el órgano administrativo competente para resolver el procedimiento podrá alzar o modificar las medidas provisionales:

a) Excepcionalmente, de oficio, en la resolución administrativa que ponga fin al procedimiento correspondiente, en virtud de circunstancias sobrevenidas o que no pudieron ser tenidas en cuenta en el momento de su adopción.

b) Hasta que se proceda a la audiencia del interesado, en virtud de circunstancias manifestadas por el interesado y que no pudieron ser tenidas en cuenta en el momento de su adopción.

c) Durante la tramitación del procedimiento, de oficio o a instancia de parte, en virtud de circunstancias sobrevenidas o que no pudieron ser tenidas en cuenta en el momento de su adopción.

d) De oficio, en la resolución administrativa que ponga fin al procedimiento correspondiente.

724. El órgano administrativo podrá disponer la acumulación de procedimientos:

a) Que guarden identidad de hechos, siempre que sea el mismo órgano quien deba tramitarlos y resolverlos. En todo caso, solo se podrá disponer la acumulación de oficio.

b) Que guarden identidad sustancial o íntima conexión, siempre que sea el mismo órgano quien deba tramitarlos y resolverlos. La acumulación se podrá disponer de oficio o a instancia de parte, cualquiera que haya sido la forma de su iniciación.

c) Que guarden cierta conexión objetiva, con independencia del órgano que deba tramitarlos y resolverlos. La acumulación se podrá disponer a instancia de parte.

d) Que guarden identidad sustancial o íntima conexión, siempre que sea el mismo órgano quien deba instruirlo, aunque deban resolverlos órganos distintos, en función de su competencia territorial o material. La acumulación solo se podrá disponer de oficio, siempre que los procedimientos acumulados se hayan iniciado de oficio.

725. Los procedimientos administrativos se iniciarán de oficio:

a) Por acuerdo del órgano competente, solo cuando media denuncia previa.

b) Por acuerdo del órgano que tiene atribuida la competencia de iniciación, bien por propia iniciativa o como consecuencia de orden superior, a petición razonada de otros órganos o por denuncia.

c) Solo por acuerdo motivado del órgano superior al órgano que tiene atribuida la competencia para instruir.

d) Por acuerdo razonado del órgano instructor o por orden del superior.

726. Las solicitudes para impulsar el inicio de un procedimiento deben, entre otras circunstancias, contener:

a) Nombre y apellidos del interesado y, en su caso, de la persona que lo represente.

b) Relación detalla de hechos.

c) Firma del solicitante o acreditación de la autenticidad de su voluntad expresada mediante poder notarial.

d) Nombre y apellidos de los terceros afectados y la relación detalla de hechos.

727. ¿Quién tiene la obligación de facilitar el código de identificación del órgano, centro o unidad administrativa al que debe dirigir cualquier interesado su correspondiente solicitud para la iniciación de un procedimiento administrativo?

a) Las oficinas de asistencia al interesado.

b) Las oficinas de asistencia en materia de procedimientos.

c) Las oficinas de asistencia en materia de registros.

d) Cualquier administración pública a la que acuda el interesado.

728. En los procedimientos de naturaleza sancionadora, ¿qué aspectos deberán especificar las peticiones razonadas que los órganos administrativos dirijan al órgano competente para iniciar el procedimiento?

a) Solo será necesario especificar con detalle las conductas o hechos que pudieran constituir infracción administrativa.

b) Las circunstancias, conductas o hechos objeto del procedimiento de los que ha tenido conocimiento el órgano que formula la petición y, en la medida de lo posible, deberán especificar la persona o personas presuntamente responsables; las conductas o hechos que pudieran constituir infracción administrativa y su tipificación; así como el lugar, la fecha, fechas o periodo de tiempo continuado en que los hechos se produjeron.

c) La persona o personas responsables y afectadas por la infracción; las conductas o hechos que pudieran constituir infracción administrativa, así como el periodo de tiempo en que los hechos se produjeron.

d) Las circunstancias, conductas o hechos objeto del procedimiento de los que ha tenido conocimiento el órgano que formula la petición y, en la medida de lo posible, deberán especificar la persona o personas afectadas por la infracción, las conductas o hechos que pudieran constituir infracción administrativa y las fechas o periodo de tiempo continuado en que los hechos se produjeron.

729. ¿Qué se entiende por denuncia, a los efectos de una posible iniciación de un procedimiento?

a) El acto por el que una Administración, en cumplimiento de su obligación legal, pone en conocimiento del Ministerio Fiscal la existencia de un determinado hecho que pudiera justificar la iniciación de oficio de un procedimiento penal o administrativo.

b) El acto por el que cualquier persona, en cumplimiento de una obligación, pone en conocimiento de un órgano administrativo la existencia de un determinado hecho que pudiera justificar la iniciación de oficio de un procedimiento judicial.

c) El acto por el que cualquier persona, en cumplimiento o no de una obligación legal, pone en conocimiento de un órgano administrativo la existencia de un determinado hecho que pudiera justificar la iniciación de oficio de un procedimiento administrativo.

d) El acto por el que una Administración, en cumplimiento de una obligación legal, pone en conocimiento de un órgano administrativo la existencia de un determinado hecho que pudiera justificar la iniciación de oficio de un procedimiento penal o administrativo de naturaleza sancionadora.

730. La presentación de una denuncia:

a) No confiere, por sí sola, la condición de interesado en el procedimiento.

b) Confiere, por sí sola, la condición de interesado en el procedimiento.

c) Otorgará la condición de interesado en el procedimiento, solo en el caso de que el denunciante lo solicitara, expresamente, en la denuncia.

d) Confiere, por sí sola, la condición de interesado en el procedimiento, en el caso de que se tratara de un procedimiento de responsabilidad patrimonial.

731. ¿Qué artículo regula el inicio del procedimiento a solicitud del interesado?

a) El artículo 62 de la LPACAP.

b) El artículo 63 de la LPACAP.

c) El artículo 66 de la LPACAP.

d) El artículo 71 de la LPACAP.

732. Cuando la denuncia invocara un perjuicio en el patrimonio de las Administraciones públicas:

a) Se iniciará obligatoriamente el procedimiento.

b) La no iniciación del procedimiento deberá ser motivada y se notificará a los denunciantes la decisión de si se ha iniciado o no el procedimiento.

c) Se iniciará obligatoriamente el procedimiento y se notificará a los denunciantes la decisión de inicio del procedimiento.

d) La no iniciación del procedimiento deberá ser elevada al superior jerárquico, que decidirá lo que corresponda y en todo caso, se notificará a los interesados la decisión de si se ha iniciado o no el procedimiento.

733. El órgano competente para resolver el procedimiento deberá eximir al denunciante del pago de la multa que le correspondería u otro tipo de sanción de carácter no pecuniario:

a) Cuando la denuncia invoque un perjuicio en el patrimonio de la Administración pública y el denunciante sea el primero en aportar elementos de prueba que permitan iniciar el procedimiento o comprobar la infracción, siempre y cuando en el momento de aportarse aquellos no se disponga de elementos suficientes para ordenar la misma y se repare el perjuicio causado. En todo caso, será necesario que el denunciante cese en la participación de la infracción y no haya destruido elementos de prueba relacionados con el objeto de la denuncia.

b) En ningún caso.

c) Cuando la denuncia invoque un perjuicio en el patrimonio de una persona física y/o jurídica y el denunciante sea uno de los primeros en aportar elementos de prueba que permitan iniciar el procedimiento o comprobar la infracción, siempre y cuando en el momento de aportarse aquellos no se disponga de elementos suficientes para ordenar la misma. En todo caso, será necesario que el denunciante cese en la participación de la infracción y no haya destruido elementos de prueba relacionados con el objeto de la denuncia.

d) A discrecionalidad del órgano competente para resolver el procedimiento, que valorará los elementos de prueba aportados por el denunciante, siempre y cuando en el momento de aportarse aquellos no se dispusiera de elementos suficientes para ordenar el procedimiento.

734. En los procedimientos de naturaleza sancionadora:

a) Se podrá imponer una sanción sin que se haya tramitado el oportuno procedimiento, si el infractor llega a un acuerdo con el órgano instructor.

b) En ningún caso se podrá imponer una sanción sin que se haya tramitado el oportuno procedimiento.

c) Solo se podrá imponer una sanción sin que se haya tramitado el oportuno procedimiento, si media reconocimiento expreso del infractor.

d) Se podrá imponer una sanción sin que se haya tramitado el oportuno procedimiento, si el infractor llega a un acuerdo con el órgano competente para imponer la sanción.

735. ¿Qué artículos de la LPACP regulan el inicio del procedimiento a solicitud del interesado?

a) Los artículos 70 a 74 de la LPACAP.

b) Los artículos 54 a 57 de la LPACAP.

c) Los artículos 58 a 65 de la LPACAP.

d) Los artículos 66 a 69 de la LPACAP.

736. ¿Cuáles son las formas de iniciar un procedimiento administrativo a solicitud del interesado de conformidad con la LPACAP?

a) Mediante una solicitud de iniciación, mediante una declaración responsable o mediante un correo electrónico.

b) Mediante una solicitud de iniciación, mediante una denuncia o mediante un recurso.

c) Mediante una solicitud de iniciación o mediante una declaración responsable o comunicación.

d) Mediante una solicitud de iniciación, mediante una declaración responsable, mediante un correo electrónico o mediante un recurso.

737. En el caso de procedimientos de naturaleza sancionadora las actuaciones previas se orientarán:

a) A determinar, con la mayor precisión posible, los hechos susceptibles de motivar las medidas cautelares, la identificación de la persona o personas que pudieran resultar responsables y afectadas por los hechos y las circunstancias relevantes que concurran en unos y otros.

b) A determinar, con la mayor precisión posible, los motivos que justifican los hechos objeto de la incoación del procedimiento.

c) A determinar, con la mayor precisión posible, los hechos susceptibles de motivar la adopción de medidas cautelares, la identificación de la persona o personas que pudieran resultar responsables y cooperadores y los motivos que justifican los hechos objeto de la incoación del procedimiento.

d) A determinar, con la mayor precisión posible, los hechos susceptibles de motivar la incoación del procedimiento, la identificación de la persona o personas que pudieran resultar responsables y las circunstancias relevantes que concurran en unos y otros.

738. Antes de la iniciación del procedimiento administrativo, no se podrán adoptar medidas provisionales:

a) Que puedan causar perjuicio a la propia Administración competente para resolver el procedimiento.

b) Que puedan causar perjuicio de difícil o imposible reparación a los interesados o que impliquen violación de derechos amparados por las leyes.

c) Que puedan causar perjuicio a los bienes y derechos de cualquier Administración pública o que impliquen obligaciones para terceros.

d) Que puedan causar perjuicio a los interesados o que impliquen violación de derechos de terceros.

739. Entre las medidas provisionales que se puedan adoptar antes de iniciar un procedimiento administrativo podemos citar:

a) La suspensión temporal o definitiva de actividades.

b) La prestación de fianzas.

c) La retirada o intervención de bienes productivos o suspensión definitiva de servicios por razones de sanidad, higiene o seguridad, el cierre provisional del establecimiento por estas u otras causas previstas en la normativa reguladora aplicable.

d) El depósito, retención o inmovilización de inmuebles.

740. El órgano administrativo competente para resolver el procedimiento podrá adoptar las medidas provisionales, una vez iniciado el procedimiento:

a) De oficio o a instancia de parte y de forma motivada, de acuerdo con los principios de proporcionalidad, efectividad y menor onerosidad.

b) Solo de oficio y de acuerdo con los principios de proporcionalidad y oportunidad.

c) De oficio o a instancia de parte, discrecionalmente, si lo estima necesario para asegurar la efectividad de la resolución.

d) Solo a instancia de parte y de forma motivada, de acuerdo con los principios de proporcionalidad, efectividad y menor perjuicio para el afectado.

741. Iniciado el procedimiento, las medidas provisionales se extinguirán:

a) Cuando surta efectos la resolución administrativa que ponga fin al procedimiento correspondiente.

b) Cuando circunstancias sobrevenidas obliguen al órgano administrativo competente a adoptar una resolución expresa de extinción de las citadas medidas.

c) Cuando concurran circunstancias que no pudieron ser tenidas en cuenta en el momento de su adopción, que obliguen al órgano administrativo competente a adoptar una resolución expresa de extinción de las citadas medidas.

d) Cuando se dicte la resolución administrativa que ponga fin al procedimiento correspondiente.

742. Contra el acuerdo de acumulación de unos procedimientos con otros con los que guarde íntima conexión:

a) Procede recurso de reposición ante el mismo órgano que lo dictó.

b) Procede recurso de alzada ante el superior jerárquico del órgano que lo dictó.

c) Solo procede recurso extraordinario de revisión.

d) No procederá recurso alguno.

743. Los procedimientos se iniciarán de oficio por acuerdo del órgano competente:

a) Por propia iniciativa.

b) Por denuncia.

c) A petición razonada del Juzgado de lo Contencioso-Administrativo.

d) Las respuestas a) y b) son correctas.

744. ¿Qué se entiende por inicio del procedimiento por petición razonada de otros órganos?

a) Se trata de una propuesta de iniciación del procedimiento formulada por el órgano administrativo que tenga competencia para resolver el procedimiento y que ha tenido conocimiento de las circunstancias, conductas o hechos objeto del procedimiento.

b) Se trata de una propuesta de iniciación del procedimiento formulada por cualquier órgano administrativo que no tiene competencia para iniciar el mismo y que ha tenido conocimiento de las circunstancias, conductas o hechos objeto del procedimiento, bien ocasionalmente o bien por tener atribuidas funciones de inspección, averiguación o investigación.

c) Se trata de una propuesta de iniciación del procedimiento formulada por cualquier órgano administrativo o judicial que no tiene competencia para iniciar el mismo y que ha tenido conocimiento de las circunstancias, conductas o hechos objeto del procedimiento, bien ocasionalmente o bien por tener atribuidas funciones de inspección, averiguación o investigación.

d) Se trata de una propuesta de iniciación del procedimiento formulada por cualquier órgano judicial y que ha tenido conocimiento de las circunstancias, conductas o hechos objeto del procedimiento mediante denuncia.

745. ¿Qué artículos de la LPACAP regulan la iniciación del procedimiento de oficio por la Administración?

a) Los artículos 58 a 65 de la LPACAP.

b) Los artículos 66 a 68 de la LPACAP.

c) Los artículos 70 a 74 de la LPACAP.

d) Los artículos 54 a 57 de la LPACP.

746. Los interesados en un procedimiento administrativo tienen, entre otros, los siguientes derechos:

a) A obtener información y orientación acerca de los requisitos jurídicos o técnicos que las disposiciones vigentes impongan a los proyectos, actuaciones o solicitudes que se propongan realizar.

b) A no presentar datos y documentos que hayan sido elaborados por un fedatario público.

c) A formular alegaciones, utilizar los medios de defensa admitidos por el Ordenamiento Jurídico, y a aportar documentos en cualquier fase del procedimiento, que podrán ser tenidos en cuenta por el órgano competente al redactar la resolución.

d) A actuar asistidos de abogado y procurador, solo cuando la Administración expresamente lo acuerde en resolución aprobada al efecto.

747. Los derechos específicos que corresponden a los interesados en un procedimiento sancionador se encuentran regulados en:

a) El artículo 13.2 de la LPACAP.

b) El artículo 53.2 de la LPACAP.

c) El artículo 73.2 de la LPACAP.

d) El artículo 98.2 de la LPACP.

748. Las solicitudes de iniciación en los procedimientos de responsabilidad patrimonial contendrán:

a) Las lesiones producidas, la presunta relación de causalidad entre estas y el funcionamiento del servicio público, la evaluación económica de la responsabilidad patrimonial, si fuera posible, y el momento en que la lesión efectivamente se produjo, e irá acompañada de cuantas alegaciones, documentos e informaciones se estimen oportunos y de la proposición de prueba, concretando los medios de que pretenda valerse el reclamante.

b) El contenido establecido en el artículo 66 de la LPACAP así como las lesiones producidas, la presunta relación de causalidad entre estas y el funcionamiento del servicio público, la evaluación económica de la responsabilidad patrimonial, si fuera posible, y el momento en que la lesión efectivamente se produjo, e irá acompañada de cuantas alegaciones, documentos e informaciones se estimen oportunos y de la proposición de prueba, concretando los medios de que pretenda valerse el reclamante.

c) El contenido establecido en el artículo 68 de la LPACAP así como las lesiones producidas y cuantas alegaciones, documentos e informaciones se estimen oportunos.

d) El contenido establecido en el artículo 69 de la LPACAP, las lesiones producidas, la presunta relación de causalidad entre estas y el funcionamiento del servicio público, la evaluación económica de la responsabilidad patrimonial y la proposición de prueba, concretando los medios de que pretenda valerse el reclamante.

749. La petición razonada de inicio del procedimiento remitida por otros órganos distintos al competente para el inicio del procedimiento:

a) Vincula al órgano competente para iniciar el procedimiento. En este sentido, el órgano competente para el inicio del procedimiento, en el plazo de diez días desde la recepción de la petición, deberá comunicar al órgano que hubiera formulado la petición, la fecha de iniciación del procedimiento.

b) No vincula al órgano competente para iniciar el procedimiento, si bien el órgano competente para el inicio del procedimiento deberá comunicar, al órgano que hubiera formulado la petición, los motivos por los que, en su caso, no procede la iniciación.

c) Vincula al órgano competente para iniciar el procedimiento. En este sentido, el órgano competente para el inicio del procedimiento, en el plazo de quince días desde la recepción de la petición, deberá comunicar al órgano que hubiera formulado la petición, la fecha de iniciación del procedimiento.

d) No vincula al órgano competente para iniciar el procedimiento y podrá archivar la petición si considera que no hay indicios suficientes para la apertura del procedimiento.

750. En los procedimientos de responsabilidad patrimonial, ¿qué deberán especificar las peticiones razonadas de los órganos administrativos al órgano competente para el inicio del procedimiento?

a) Las circunstancias, conductas o hechos objeto del procedimiento de los que ha tenido conocimiento el órgano que formula la petición y, en la medida de lo posible, deberán especificar la persona o personas presuntamente responsables; las conductas o hechos que pudieran constituir infracción administrativa y su tipificación.

b) Las circunstancias, conductas o hechos objeto del procedimiento de los que ha tenido conocimiento el órgano que formula la petición y, expresamente, se deberán especificar la persona o personas presuntamente responsables y el momento en que la lesión efectivamente se produjo.

c) Las circunstancias, conductas o hechos objeto del procedimiento de los que ha tenido conocimiento el órgano que formula la petición y se deberá individualizar la lesión producida en una persona o grupo de personas, su relación de causalidad con el funcionamiento del servicio público, su evaluación económica si fuera posible, y el momento en que la lesión efectivamente se produjo.

d) Las circunstancias, conductas o hechos objeto del procedimiento de los que ha tenido conocimiento el órgano que formula la petición y se deberá individualizar la relación de causalidad con el funcionamiento del servicio público.

751. En los procedimientos de naturaleza sancionadora, la incoación del procedimiento:

a) Se comunicará al denunciante, en todo caso.

b) Se comunicará al denunciante cuando las normas reguladoras del procedimiento así lo prevean.

c) Se notificará al denunciante. Asimismo, se le notificarán todas las resoluciones y actos administrativos que afecten a sus derechos e intereses.

d) Se notificará al denunciante, que gozará de todos los derechos del art. 53 de la LPACAP.

752. Los procedimientos de naturaleza sancionadora se iniciarán:

a) De oficio o a instancia de parte por acuerdo del órgano competente para iniciar el procedimiento y establecerán la debida separación entre la fase instructora y la sancionadora, que se encomendará a órganos distintos

b) Siempre de oficio por acuerdo del órgano competente para resolver el procedimiento y establecerán la debida separación entre la fase instructora y la sancionadora, que se encomendará a órganos distintos.

c) De oficio o a instancia de parte por acuerdo del órgano competente para instruir el procedimiento, que acordará la debida separación entre la fase instructora y la sancionadora.

d) Siempre de oficio por acuerdo del órgano competente para iniciar el procedimiento y establecerán la debida separación entre la fase instructora y la sancionadora, que se encomendará a órganos distintos.

753. ¿Qué limitación establece la LPACAP para que la Administración pueda iniciar un nuevo procedimiento sancionador en caso de infracciones continuadas?

a) El artículo 62.3 de la LPACAP establece que no se podrán iniciar nuevos procedimientos de carácter sancionador por hechos o conductas tipificadas como infracciones en cuya comisión el infractor persista de forma continuada, en tanto no haya recaído una primera resolución, sea sancionadora o no.

b) El artículo 65.3 de la LPACAP establece que no se podrán iniciar nuevos procedimientos de carácter sancionador por hechos o conductas tipificadas como infracciones en cuya comisión el infractor persista de forma continuada, en tanto no haya recaído una primera resolución sancionadora, con carácter ejecutivo.

c) El artículo 63.3 de la LPACAP establece que no se podrán iniciar nuevos procedimientos de carácter sancionador por hechos o conductas tipificadas como infracciones en cuya comisión el infractor persista de forma continuada, en tanto no haya recaído una primera resolución sancionadora, con carácter ejecutivo.

d) El artículo 67.3 de la LPACAP establece que no se podrán iniciar nuevos procedimientos de carácter sancionador por hechos o conductas tipificadas como infracciones en cuya comisión el infractor persista de forma continuada, en tanto no haya recaído una primera resolución sancionadora.

754. El procedimiento sancionador se inicia:

a) Mediante una denuncia.
b) Mediante una notificación.
c) Mediante una comunicación.
d) Mediante un acto de incoación.

755. Los procedimientos de naturaleza sanciona-dora tendrá las siguientes fases:

a) Fase instructora y fase sancionadora, que se enco-mendará a órganos distintos.
b) Fase instructora, fase probatoria y fase sanciona-dora, que se encomendará a órganos distintos.
c) Fase instructora, fase de alegaciones, fase proba-toria y fase sancionadora, que se encomendará a órganos distintos.
d) Fase instructora, fase de alegaciones y fase sancio-nadora, que se encomendará a órganos distintos.

756. De acuerdo con la regulación del procedimien-to sancionador que realiza la LPACAP, ¿es obliga-torio que el instructor elabore el pliego de cargos?

a) Sí, el pliego de cargos es obligatorio.
b) No. La elaboración del pliego de cargos por el instruc-tor se contempla como algo excepcional y solo para el supuesto de que en el acuerdo de inicio del expe-diente no se pueda precisar las posibles sanciones.
c) No. La elaboración del pliego de cargos por el instructor se contempla como algo excepcional y solo para el supuesto de que en el acuerdo de inicio del expediente no se hayan podido calificar inicialmente los hechos.
d) Sí, el pliego de cargos es obligatorio y determinará los hechos que motivan la incoación del proce-dimiento, su posible calificación y las sanciones que pudieran corresponder, sin perjuicio de lo que resulte de la instrucción.

757. ¿Qué condición resulta necesario para que un interesado inicie un procedimiento de responsa-bilidad patrimonial?

a) Los procedimientos de responsabilidad patri-monial solo se podrán iniciar de oficio por la Administración, siempre que el derecho no haya prescrito.

b) Los procedimientos de responsabilidad patrimonial solo se podrán iniciar de oficio por la Administración, siempre que el derecho no haya prescrito.
c) Resulta necesario que el derecho no haya prescrito.
d) Resulta necesario que el derecho no haya caducado.

758. Las medidas provisionales adoptadas en un procedimiento administrativo se extinguirán:

a) Cuando surta efectos la resolución administrativa que ponga fin al procedimiento correspondiente.
b) En cualquier momento de la tramitación del procedimiento.
c) De conformidad con una resolución expresa que ponga fin a las medidas provisionales.
d) Cuando finalice el plazo de recurso de la resolución administrativa que ponga fin al procedimiento correspondiente.

759. Cuando una Administración pública decida iniciar de oficio un procedimiento de responsa-bilidad patrimonial será necesario:

a) Que no haya prescrito el derecho a la reclamación del interesado.
b) Que la entidad aseguradora no hay cubierto, en todo o en parte, el siniestro.
c) Que el interesado no haya originado el daño.
d) Que no se haya iniciado un procedimiento civil por los mismos hechos.

760. ¿Cuál será el plazo de prescripción del de-recho a reclamar la responsabilidad patrimonial cuando deriva de una norma declarada contraria al derecho de la Unión Europea?

a) El derecho a reclamar prescribirá a los dos años de la publicación en el Diario Oficial de la Unión Europea.
b) El derecho a reclamar prescribirá a los seis meses de la publicación en el Boletín Oficial del Estado y al año de la publicación en el Diario Oficial de la Unión Europea.
c) El derecho a reclamar prescribirá al año de la publica-ción en el Boletín Oficial del Estado que corresponda.
d) El derecho a reclamar prescribirá al año de la pu-blicación en el Diario Oficial de la Unión Europea.

761. El acuerdo de iniciación del procedimiento de responsabilidad patrimonial se notificará:

a) Al Defensor del Pueblo y a los particulares presun-tamente lesionados, concediéndoles un plazo de diez días para que aporten cuantas alegaciones, documentos o información estimen convenientes a su derecho y propongan cuantas pruebas sean pertinentes para el reconocimiento del mismo.

b) Al Consejo Consultivo correspondiente y a los particulares presuntamente lesionados, concediéndoles un plazo de quince días para que aporten cuantas alegaciones, documentos o información estimen conveniente.

c) A los particulares presuntamente lesionados y a todos los interesados en el procedimiento y concediéndoles un plazo de veinte días para que aporten cuantas alegaciones, documentos o información estimen convenientes.

d) A los particulares presuntamente lesionados, concediéndoles un plazo de diez días para que aporten cuantas alegaciones, documentos o información estimen conveniente a su derecho y propongan cuantas pruebas sean pertinentes para el reconocimiento del mismo.

762. En los procedimientos de responsabilidad patrimonial, la petición razonada que un órgano con funciones de investigación vaya a remitir al órgano competente para la iniciación del procedimiento, ¿qué aspectos deberá contener?

a) Las circunstancias, conductas o hechos objeto del procedimiento de los que ha tenido conocimiento el órgano que formula la petición, la supuesta lesión producida, así como la determinación de los bienes y derechos particulares afectados.

b) Las circunstancias, conductas o hechos objeto del procedimiento de los que ha tenido conocimiento el órgano que formula la petición. Por otra parte, deberá individualizar la lesión producida en una persona o grupo de personas, su relación de causalidad con el funcionamiento del servicio público, su evaluación económica si fuera posible, y el momento en que la lesión efectivamente se produjo.

c) La lesión producida, así como los bienes y derechos públicos afectados.

d) Las circunstancias, conductas o hechos objeto del procedimiento, la lesión producida en los bienes y derechos de la Administración pública y su evaluación económica.

763. A los efectos de la LPACAP, ¿qué debe entenderse por declaración responsable?

a) El documento mediante el que los interesados ponen en conocimiento de la Administración pública competente sus datos identificativos y se aporta la documentación que acredite la veracidad de estos datos.

b) El documento suscrito por un interesado en el que acredita que cumple con los requisitos establecidos en la normativa vigente para obtener el reconocimiento de un derecho o facultad, para lo que aporta la documentación que así lo acredita y se compromete a mantener el cumplimiento de las obligaciones inherentes al derecho o facultad indicada.

c) El documento mediante el que los interesados ponen en conocimiento de la Administración pública competente sus datos identificativos o cualquier otro dato relevante para el inicio de una actividad o el ejercicio de un derecho.

d) El documento suscrito por un interesado en el que este manifiesta, bajo su responsabilidad, que cumple con los requisitos establecidos en la normativa vigente para obtener el reconocimiento de un derecho o facultad o para su ejercicio, que dispone de la documentación que así lo acredita, que la pondrá a disposición de la Administración cuando le sea requerida, y que se compromete a mantener el cumplimiento de las anteriores obligaciones durante el período de tiempo inherente a dicho reconocimiento o ejercicio.

764. No formarán parte de los expedientes administrativos:

a) Los informes facultativos solicitados antes de la resolución administrativa que ponga fin al procedimiento.

b) Los informes preceptivos solicitados antes de la resolución administrativa que ponga fin al procedimiento.

c) Las notificaciones.

d) La información de apoyo contenida en bases de datos informáticas.

765. ¿Cuál será el plazo de prescripción del derecho a reclamar la responsabilidad patrimonial por un acto que se manifieste lesivo?

a) El derecho a reclamar prescribirá a los quince años de producido el acto que manifieste su efecto lesivo.

b) El derecho a reclamar prescribirá a los cinco años de producido el acto que manifieste su efecto lesivo.

c) El derecho a reclamar prescribirá a los dos años de producido el acto que manifieste su efecto lesivo.

d) El derecho a reclamar prescribirá al año de producido el acto que manifieste su efecto lesivo.

766. El interesado en un procedimiento tiene derecho:

a) A conocer, hasta el trámite de audiencia, el estado de la tramitación de los procedimientos en los que tengan la condición de interesado.

b) A conocer el sentido del silencio administrativo que corresponda, en caso de que la Administración no dicte ni notifique resolución expresa en plazo.

c) A conocer los órganos que informan el procedimiento. En todo caso, el órgano al que le corresponda resolver el procedimiento será conocido junto con la resolución definitiva del procedimiento.

d) A conocer los actos decisorios del procedimiento, pero no los actos de trámite del mismo.

767. Cuando en virtud de una norma sea preciso remitir el expediente electrónico, se hará de acuerdo con lo previsto en:

a) La LPACAP y en el Esquema de Interoperabilidad de la respectiva Comunidad Autónoma, y se enviará, foliado, autentificado y acompañado de un informe, asimismo autentificado, con todos los documentos que contenga el expediente.

b) El Esquema Nacional de Interoperabilidad y en las correspondientes Normas Técnicas de Interoperabilidad, y se enviará completo, foliado, autentificado y acompañado de un índice, asimismo autentificado, de los documentos que contenga.

c) La LRJSP y en el correspondiente Esquema de Interoperabilidad, y se enviará completo, foliado, y acompañado de un índice de los documentos que contenga.

d) El Esquema de Interoperabilidad y en las correspondientes Directrices de Técnicas Normativas, y se enviará completo, foliado, autentificado y acompañado de un índice, asimismo autentificado, de los documentos que contenga.

768. Los procedimientos administrativos se impulsarán:

a) De oficio en todos sus trámites y a través de medios electrónicos, respetando los principios de transparencia, inmutabilidad y celeridad.

b) De oficio o a instancia de parte y a través de medios electrónicos, respetando los principios de transparencia y publicidad.

c) De oficio en todos sus trámites y a través de medios electrónicos, respetando los principios de transparencia y publicidad.

d) De oficio o a instancia de un superior jerárquico y a través de medios electrónicos, respetando los principios de transparencia y celeridad.

769. Se acordarán en un solo acto todos los trámites que, por su naturaleza, admitan un impulso simultáneo y no sea obligado su cumplimiento sucesivo, de acuerdo con el principio de:

a) Transparencia administrativa.
b) Celeridad administrativa.
c) Simplificación administrativa.
d) Agilidad.

770. Los trámites que deban ser cumplimentados por los interesados deberán realizarse:

a) En el plazo de diez días desde la notificación del correspondiente acto.

b) En el plazo de diez días a partir del siguiente al de la notificación del correspondiente acto, salvo en el caso de que en la norma correspondiente se fije plazo distinto.

c) En el plazo de quince días a partir del siguiente al de la notificación del correspondiente acto.

d) En el plazo que conste en la propia notificación del correspondiente acto.

771. Cuando la Administración considere que alguno de los actos de los interesados no reúne los requisitos necesarios:

a) Lo pondrá en conocimiento del autor, pero continuará los trámites del procedimiento, en aplicación del principio de celeridad.

b) La Administración intentará subsanar los requisitos que faltan, por sus propios medios. En su defecto, continuarán los trámites del procedimiento, dejando constancia en el expediente de las actuaciones realizadas por la Administración para garantizar el derecho del interesado.

c) Lo pondrá en conocimiento del autor, pero continuará los trámites del procedimiento y que en cualquier momento antes de la resolución podrá completar el trámite.

d) Lo pondrá en conocimiento de su autor, concediéndole un plazo de diez días para cumplimentarlo.

772. Las cuestiones incidentales que se susciten en el procedimiento:

a) No suspenderán la tramitación del procedimiento, salvo las que se refieran a la nulidad de actuaciones.

b) Suspenderán la tramitación del procedimiento y se resolverá, expresamente, por el órgano competente, en el plazo de diez días.

c) No suspenderán la tramitación del procedimiento, incluso las que se refieran a la nulidad de actuaciones, salvo la recusación.

d) No suspenderán la tramitación del procedimiento, salvo las que se refieran a la nulidad de actuaciones y la prescripción.

773. La autenticación del índice de un expediente administrativo garantizará:

a) La integridad e inmutabilidad del expediente electrónico generado desde el momento de su firma y permitirá su recuperación siempre que sea preciso.

b) La unicidad y mutabilidad del expediente electrónico generado desde el momento de su firma y permitirá su recuperación siempre que sea preciso.

c) La transparencia y calidad del expediente electrónico generado desde el momento de su firma y permitirá su recuperación siempre que sea preciso.

d) La transparencia y mutabilidad del expediente electrónico generado desde el momento de su firma y permitirá su recuperación siempre que sea preciso.

774. La Administración podrá declarar decaído el derecho al trámite de un interesado:

a) Cuando los trámites que deban ser cumplimentados por los interesados no se realizaran en el plazo de diez días a partir del siguiente al de la notificación del correspondiente acto o en el plazo fijado por la norma correspondiente.

b) Cuando la Administración considere que alguno de los actos de los interesados no reúne los requisitos necesarios y el autor no lo cumplimenta en el plazo de diez días concedido para cumplimentarlo.

c) Cuando los trámites que deban ser cumplimentados por los interesados no se realizaran en el plazo de diez días a partir del siguiente al de la notificación del correspondiente acto, pero se cumplimentará antes del día que se notifique la resolución en la que se tenga por transcurrido el plazo.

d) Todas las respuestas son correctas.

775. Los trámites que deban ser cumplimentados por los interesados deberán realizarse:

a) Siempre en el plazo máximo de diez días a partir del siguiente al de la notificación del correspondiente acto.

b) En el plazo de diez días a partir del siguiente al de la notificación del correspondiente acto, salvo en el caso de que en la norma correspondiente se fije plazo distinto.

c) En el plazo de quince días a partir del siguiente al de la notificación del correspondiente acto, salvo en el caso de que en la norma correspondiente se fije plazo distinto.

d) Siempre en el plazo máximo de diez días a partir del siguiente al de la notificación del correspondiente acto.

776. ¿Cuál será el plazo de prescripción del derecho a reclamar por un acto que motive la indemnización por responsabilidad patrimonial?

a) El derecho a reclamar prescribirá a los seis meses de producido el acto que motive la indemnización.

b) El derecho a reclamar prescribirá al año de producido el acto que motive la indemnización.

c) El derecho a reclamar prescribirá a los dos años de producido el acto que motive la indemnización.

d) El derecho a reclamar prescribirá a los cinco años de producido el acto que motive la indemnización.

777. A los efectos de iniciar un procedimiento de acuerdo con la LPACAP, ¿qué debe entenderse por comunicación?

a) El documento por el que los interesados ponen en conocimiento de la Administración pública competente sus datos identificativos o cualquier otro dato relevante para el inicio de una actividad o el ejercicio de un derecho.

b) El documento suscrito por un interesado en el que este manifiesta, bajo su responsabilidad, que cumple con los requisitos establecidos en la normativa vigente para obtener el reconocimiento de un derecho o facultad o para su ejercicio, que dispone de la documentación que así lo acredita, que la pondrá a disposición de la Administración cuando le sea requerida, y que se compromete a mantener el cumplimiento de las anteriores obligaciones durante el periodo de tiempo inherente a dicho reconocimiento o ejercicio.

c) El documento por el que los interesados ponen en conocimiento de la Administración pública competente sus datos identificativos o cualquier otro dato relevante para solicitar se apruebe el inicio de una actividad empresarial. Será necesario para iniciar la actividad que la Administración resuelva de forma expresa.

d) El documento suscrito por un interesado en el que éste manifiesta, bajo su responsabilidad, que cumple con los requisitos establecidos en la normativa vigente y solicita se reconozca, expresamente, un derecho o facultad y se compromete a mantener el cumplimiento de las obligaciones inherentes a dicho reconocimiento o ejercicio, una vez lo haya obtenido.

778. En los procedimientos de responsabilidad patrimonial en los que proceda reconocer derecho a indemnización por anulación en la jurisdicción contencioso-administrativa de un acto o disposición de carácter general, el derecho a reclamar prescribirá:

a) Al año de haberse notificado la sentencia definitiva.

b) A los tres años de haberse notificado la resolución administrativa o la sentencia definitiva.

c) A los diez años de haberse notificado la sentencia definitiva.

d) Al año de haber concluido el plazo de recurso de la sentencia del juzgado de lo contencioso-administrativo.

779. Las Administraciones públicas tendrán permanentemente publicados y actualizados:

a) Modelos de declaración responsable y de comunicación.

b) Modelos de expedientes administrativos, fácilmente accesibles a los interesados.

c) Modelos de trámites y recursos administrativos, fácilmente accesibles a los interesados.

d) Modelos de índice numerado de todos los documentos que pudiera contener un expediente administrativo.

780. En los procedimientos sancionadores donde exista pliego de cargo, ¿se le debe notificar al interesado dándole la opción de presentar alegaciones?

a) No, dado que ya se concedió trámite de alegaciones con el acuerdo de inicio del procedimiento.
b) Sí, siempre.
c) No, salvo que el órgano instructor lo considere necesario.
d) Solo excepcionalmente, si no se pudieron presentar alegaciones en el plazo concedido en el acuerdo de inicio del procedimiento.

781. Indica cuál de los siguientes procedimientos se ha integrado en la Ley 39/2015, de 1 de octubre, como una especialidad del procedimiento administrativo común:

a) Procedimiento especial sobre potestad disciplinaria.
b) Procedimiento especial sobre expropiación forzosa.
c) Procedimiento especial sobre contratación del sector público.
d) Procedimiento especial de responsabilidad patrimonial.

782. El título IV de la Ley 39/2015, de 1 de octubre, incorpora el uso generalizado y obligatorio de medios electrónicos:

a) A las fases de iniciación e instrucción del procedimiento.
b) A las fases de iniciación, instrucción y finalización del procedimiento.
c) A las fases de iniciación, ordenación, instrucción y finalización del procedimiento.
d) Se incorpora el uso generalizado pero no obligatorio a las fases de iniciación, ordenación, instrucción y finalización del procedimiento.

783. Indica cuál de las siguientes novedades incorpora el título IV de la Ley 39/2015, de 1 de octubre:

a) La tramitación de emergencia del procedimiento administrativo común.
b) La integración del procedimiento especial sobre potestad disciplinaria como especialidad del procedimiento administrativo común.
c) La tramitación de urgencia del procedimiento administrativo común.
d) La tramitación simplificada del procedimiento administrativo común.

784. En relación con la tramitación del procedimiento administrativo común, indica cuál de las siguientes ya estaba contemplada en la Ley 30/1992, de 26 de noviembre, antecesora de la Ley 39/2015, de 1 de octubre:

a) La tramitación simplificada del procedimiento administrativo común.
b) La tramitación de urgencia del procedimiento administrativo común.
c) La tramitación de emergencia del procedimiento administrativo común.
d) La tramitación sumaria del procedimiento administrativo común.

785. Entre las novedades que la Ley 39/2015, de 1 de octubre, incorpora al título IV, de disposiciones sobre el procedimiento administrativo común, NO se encuentra:

a) La integración del procedimiento especial sobre responsabilidad patrimonial como especialidad del procedimiento administrativo común.
b) La incorporación de la tramitación simplificada del procedimiento administrativo común.
c) La integración del procedimiento especial sobre potestad sancionadora como especialidad del procedimiento administrativo común.
d) La incorporación de la tramitación de urgencia del procedimiento administrativo común.

786. Los actos de instrucción necesarios para la determinación, conocimiento y comprobación de los hechos en virtud de los cuales deba pronunciarse la resolución:

a) Se podrán realizar de oficio y a través de medios electrónicos.
b) Se podrán realizar de oficio o a solicitud de persona interesada y a través de medios electrónicos.
c) Se realizarán de oficio preferiblemente a través de medios electrónicos.
d) Se realizarán de oficio y a través de medios electrónicos.

787. ¿A quién corresponde realizar los actos de instrucción para la determinación, conocimiento y comprobación de los hechos en virtud de los cuales debe pronunciarse la resolución?

a) Al superior jerárquico del órgano que haya incoado el procedimiento administrativo.
b) Al órgano que tramite el procedimiento administrativo.
c) Al órgano competente para resolver el procedimiento administrativo.
d) Al órgano a quién corresponda la ordenación del procedimiento administrativo.

788. Las aplicaciones y sistemas de información utilizados para la instrucción de los procedimientos deberán (marque la alternativa de respuesta INCORRECTA):

a) Garantizar el control de los tiempos y plazos.
b) Facilitar la publicación de los procedimientos.
c) Garantizar la tramitación ordenada de los expedientes.
d) Facilitar la simplificación de los procedimientos.

789. Los actos de instrucción que requieran la intervención de los interesados, ¿cómo habrán de practicarse?

a) En la forma que resulte más conveniente para el órgano que tramite el procedimiento.
b) En la forma que resulte más conveniente para el interés público.
c) En la forma que resulte más conveniente para los interesados.
d) En la forma que resulte más conveniente para la finalización del procedimiento administrativo.

790. ¿Se deben de tener en cuenta las obligaciones laborales o profesionales de los interesados a la hora de practicar los actos de instrucción que requieran su intervención?

a) Sí, en la medida de lo posible.
b) No de forma preceptiva.
c) Sí, siempre que su finalidad sea la consecución del interés público.
d) No, en ningún caso.

791. El órgano instructor adoptará las medidas necesarias para lograr el pleno respeto a dos principios de los interesados en el procedimiento administrativo. ¿Cuáles son?

a) Contradicción y legalidad.
b) Legalidad y transparencia.
c) Seguridad jurídica y contradicción.
d) Contradicción e igualdad.

792. ¿En qué momento del procedimiento los interesados pueden aportar documentos u otros elementos de juicio?

a) En todo momento.
b) Durante la fase de ordenación del procedimiento.
c) Durante la fase de instrucción del procedimiento.
d) En cualquier momento del procedimiento anterior al trámite de audiencia.

793. Las alegaciones aducidas por los interesados en ejercicio del derecho reconocido por el art. 76.1 de la Ley 39/2015, de 1 de octubre:

a) Tienen como finalidad acreditar la exactitud de los datos presentados por los interesados.
b) Posibilitan la participación de los interesados en el procedimiento administrativo.
c) Tienen como finalidad acreditar la exactitud o la inexactitud de los datos presentados por los interesados.
d) Todas las respuestas anteriores son correctas.

794. ¿En qué momento del procedimiento los interesados pueden alegar defectos de tramitación?

a) En todo momento.
b) Durante el trámite de audiencia pública.
c) Durante la fase de instrucción del procedimiento.
d) En cualquier momento del procedimiento anterior al trámite de audiencia.

795. Las alegaciones que supongan paralización, infracción de los plazos preceptivamente señalados o la omisión de trámites que pueden ser subsanados antes de la resolución definitiva del asunto:

a) Darán lugar a la exigencia de la correspondiente responsabilidad disciplinaria.
b) Podrán dar lugar a la exigencia de la correspondiente responsabilidad administrativa.
c) Podrán dar lugar, si hubiese razones para ello, a la exigencia de la correspondiente responsabilidad disciplinaria.
d) Darán lugar a la exigencia de la correspondiente responsabilidad sancionadora.

796. Indica cuál de los siguientes es una modalidad de acto de instrucción cuyo objeto es demostrar la veracidad o falsedad de los datos, hechos y documentos en virtud de los cuales se vaya a pronunciar la resolución que ponga fin al procedimiento:

a) La adopción de medidas provisionales.
b) La evacuación de informes.
c) La prueba.
d) La información pública.

797. ¿Qué norma regula los medios de prueba?

a) La Ley 39/2015, de 1 de octubre, del procedimiento administrativo común de las administraciones públicas.
b) El Real Decreto de 24 de julio de 1889 por el que se publica el Código Civil.
c) La Ley 1/2000, de 7 de enero de Enjuiciamiento Civil.
d) La Ley 20/2011, de 21 de julio, del Registro Civil.

798. Indica cuál de los siguientes NO es un medio de prueba válido en Derecho:

a) Dictamen de peritos.
b) Interrogatorio de testigos.
c) Reconocimiento administrativo.
d) Documentos privados.

799. La apertura de un período de prueba se acordará:

a) Cuando la Administración tenga por ciertos los hechos alegados por las personas interesadas.
b) Cuando así lo exija la naturaleza del procedimiento.
c) Cuando la Administración tenga por ciertos los hechos alegados por las personas interesadas o la naturaleza del procedimiento lo exija.
d) Cuando lo considere necesario el órgano competente para resolver, a petición de las personas interesadas.

800. ¿Cuál es la duración mínima del período de prueba?

a) 10 días.
b) 15 días.
c) 20 días.
d) 30 días.

801. ¿Cuál es la duración máxima del período extraordinario de prueba?

a) 10 días.
b) 15 días.
c) 20 días.
d) 30 días.

802. El instructor del procedimiento administrativo, ¿puede rechazar las pruebas propuestas por las personas interesadas?

a) Sí, mediante resolución motivada.
b) Únicamente cuando sean manifiestamente improcedentes.
c) Únicamente cuando sean manifiestamente innecesarias.
d) No, salvo que sean manifiestamente improcedentes o innecesarias, mediante resolución motivada.

803. La Ley 39/2015, de 1 de octubre, ¿se refiere a los informes como medio de prueba?

a) No, aunque los considera un acto de instrucción del procedimiento.
b) Sí, entendiendo que tienen carácter preceptivo.
c) Sí, entendiendo que tienen carácter facultativo.
d) No, porque su regulación está fuera de la sección 2ª, del Capítulo IV, del Título IV que es la que hace referencia a la prueba.

804. ¿En qué momento el órgano instructor abre el período de prueba?

a) En todo caso, antes del trámite de audiencia pública.
b) Por un plazo no superior a treinta días ni inferior a diez.
c) Inmediatamente antes de redactar la propuesta de resolución.
d) En todo caso, antes del trámite de información pública.

805. ¿La Administración tiene obligación de comunicar a las personas interesadas el inicio de las actuaciones para la realización de las pruebas?

a) No, es una potestad discrecional.
b) Sí, la Administración comunicará a las personas interesadas, con antelación suficiente, el inicio de las actuaciones necesarias para la realización de las pruebas que hayan sido admitidas.
c) Sí, la Administración comunicará a las personas interesadas, el inicio de las actuaciones necesarias para la realización de las pruebas que hayan sido admitidas.
d) La Administración podrá comunicar a las personas interesadas el inicio de las actuaciones necesarias para la realización de las pruebas que hayan sido admitidas.

Soluciones

701. d)	**711.** a)	**721.** c)	**731.** c)	**741.** a)	**751.** b)	**761.** d)	**771.** d)	**781.** d)	**791.** d)
702. c)	**712.** b)	**722.** d)	**732.** b)	**742.** d)	**752.** d)	**762.** b)	**772.** c)	**782.** c)	**792.** d)
703. b)	**713.** d)	**723.** c)	**733.** a)	**743.** d)	**753.** c)	**763.** d)	**773.** a)	**783.** d)	**793.** b)
704. b)	**714.** b)	**724.** b)	**734.** b)	**744.** b)	**754.** d)	**764.** d)	**774.** c)	**784.** b)	**794.** a)
705. b)	**715.** b)	**725.** b)	**735.** d)	**745.** a)	**755.** a)	**765.** d)	**775.** b)	**785.** d)	**795.** c)
706. a)	**716.** c)	**726.** a)	**736.** c)	**746.** a)	**756.** c)	**766.** b)	**776.** b)	**786.** b)	**796.** c)
707. b)	**717.** d)	**727.** c)	**737.** d)	**747.** b)	**757.** c)	**767.** b)	**777.** a)	**787.** b)	**797.** c)
708. d)	**718.** b)	**728.** b)	**738.** b)	**748.** b)	**758.** a)	**768.** c)	**778.** a)	**788.** b)	**798.** c)
709. b)	**719.** a)	**729.** c)	**739.** b)	**749.** b)	**759.** a)	**769.** c)	**779.** a)	**789.** c)	**799.** b)
710. c)	**720.** a)	**730.** a)	**740.** a)	**750.** c)	**760.** d)	**770.** b)	**780.** b)	**790.** a)	**800.** a)

806. ¿Qué efecto puede provocar la falta de comunicación a las personas interesadas de las actuaciones necesarias para la realización de las pruebas?

a) Ninguno porque la comunicación es facultativa.
b) Si ha producido indefensión, se puede declarar su anulabilidad.
c) La iniciación de un procedimiento de revisión de oficio una vez se obtenga la resolución.
d) Ninguno porque aunque la comunicación es preceptiva, se trata de una irregularidad no invalidante.

807. ¿Quién asume el coste de la práctica de las pruebas?

a) La persona interesada en todo caso.
b) La persona interesada cuando las pruebas hayan sido admitidas a petición del interesado y la Administración entienda que no debe soportar el coste de su práctica.
c) En determinados casos, la Administración podrá exigir a la persona interesada el anticipo de los gastos que origine su práctica, a reserva de la liquidación definitiva que irá siempre a cargo de la Administración.
d) La Administración en todo caso.

808. A efectos de la LPACAP, se solicitarán aquellos informes que sean…por las disposiciones legales:

a) Preceptivos.
b) Facultativos.
c) Vinculantes.
d) No vinculantes.

809. Los informes serán facultativos y no vinculantes:

a) En todo caso.
b) Excepcionalmente.
c) Salvo disposición expresa que así lo determine.
d) Por disposición del art. 80.1 de la Ley 39/2015, de 1 de octubre.

810. Un informe que obliga al órgano competente a resolver teniendo en cuenta el contenido del informe se denomina:

a) Preceptivo.
b) Facultativo.
c) Vinculante.
d) No vinculante.

811. Los informes tienen la consideración de:

a) Actos administrativos.
b) Documentos privados del sector público.
c) Actividad material de la Administración Pública.
d) Documentos públicos administrativos.

812. La evacuación de un informe, ¿se debe realizar en el plazo de diez días en cualquier procedimiento?

a) Sí, en todo caso.
b) No, si una disposición exige otro plazo mayor o menor.
c) Sí, especialmente cuando no se garantice el cumplimiento del resto de los plazos del procedimiento.
d) No, la concreción del plazo la decide discrecionalmente el órgano competente para la emisión del informe.

813. ¿Qué efecto tiene la no emisión de un informe en el plazo señalado?

a) Se podrán proseguir las actuaciones si se trata de un informe facultativo.
b) Se incoará el correspondiente procedimiento de responsabilidad sancionadora al responsable de la demora.
c) Se podrán proseguir las actuaciones siempre que no se trate de un informe vinculante.
d) Se podrá suspender el transcurso del plazo máximo legal para resolver el procedimiento si se trata de un informe preceptivo.

814. ¿Cuál es el plazo máximo de suspensión del plazo legal para resolver el procedimiento administrativo en el caso previsto en el art. 80.3 de la LPACAP?

a) Diez días.
b) Un mes.
c) Quince días.
d) Tres meses.

815. Si el informe debiera ser emitido por una Administración Pública distinta de la que tramita el procedimiento y transcurriera el plazo sin que aquél se hubiera emitido:

a) Se podrán proseguir las actuaciones.
b) Se incoará el correspondiente procedimiento de responsabilidad disciplinaria al responsable de la demora.
c) Se podrán proseguir las actuaciones siempre que no se trate de un informe vinculante.
d) Se podrá suspender el transcurso del plazo máximo legal para resolver el procedimiento si se trata de un informe preceptivo.

816. En el caso de los procedimientos de responsabilidad patrimonial, indica en cuál de los siguientes casos es preceptivo solicitar el informe:

a) Al servicio al cuál la persona interesada ha dirigido la solicitud de responsabilidad patrimonial.

b) Cuando las indemnizaciones reclamadas a la Administración General del Estado sean de cuantía inferior a 50.000 euros.

c) Al servicio cuyo funcionamiento haya ocasionado la presunta lesión jurídica.

d) Ninguna de las respuestas anteriores es correcta.

817. ¿Cuál es el órgano que interviene en la emisión de dictámenes en procedimientos de responsabilidad patrimonial de la Administración General del Estado?

a) El Consejo de Ministros.

b) El Consejo Económico y Social.

c) El Consejo de Estado.

d) El Consejo General del Poder Judicial.

818. ¿En qué plazo se debe emitir el dictamen cuando se reclame una indemnización por responsabilidad patrimonial de 80.000 €?

a) En diez días.

b) En dos meses.

c) En tres meses.

d) En seis meses.

819. ¿Qué limitaciones se tendrán en cuenta para hacer efectivo el trámite de audiencia?

a) Las previstas en la Ley orgánica 3/2018, de 5 de diciembre.

b) Las previstas en la Ley 15/2022, de 12 de julio.

c) Las previstas en la Ley 19/2013, de 9 de diciembre.

d) Las previstas en la Ley 40/2015, de 1 de octubre.

820. En el caso de que se requiera informe del órgano competente para el asesoramiento jurídico:

a) La audiencia a las personas interesadas será anterior a la solicitud del informe.

b) Se sustituirá el trámite de audiencia por el trámite de información pública.

c) Se sustituirá el trámite de audiencia por el asesoramiento jurídico en el caso de que el informe forme parte del procedimiento.

d) La audiencia a las personas interesadas será posterior a la solicitud del informe.

821. La presentación de alegaciones, documentos y justificaciones en el trámite de audiencia, ¿es obligatoria para las personas interesadas?

a) Sí, en un plazo no inferior a diez días ni superior a quince.

b) No, si antes del vencimiento del plazo las personas interesadas manifiestan su decisión de no efectuar alegaciones ni aportar nuevos documentos o justificaciones, se tendrá por realizado el trámite.

c) Únicamente en las reclamaciones de responsabilidad patrimonial y en los procedimientos de naturaleza sancionadora.

d) Sí, en un plazo no inferior a diez días ni superior a treinta.

822. ¿Se puede prescindir del trámite de audiencia?

a) Únicamente en los procedimientos de responsabilidad patrimonial a los que se refiere el art. 32.9 de la Ley 40/2015, de 1 de octubre.

b) No, en ningún caso.

c) Sí, en determinados casos.

d) Únicamente si el procedimiento es sometido a información pública.

823. Si la Administración omite el trámite de audiencia siendo éste preceptivo, ¿cómo se declaran las actuaciones?

a) Irregulares.

b) Discrecionales.

c) Nulas.

d) Nulas de pleno derecho.

824. ¿Cuál de los siguientes es un acto de audiencia indiscriminada?

a) Trámite de audiencia.

b) Alegaciones.

c) Prueba.

d) Información pública.

825. ¿Cuál es el plazo máximo para formular alegaciones en el trámite de información pública?

a) 10 días.

b) 20 días.

c) 30 días.

d) Ninguna de las respuestas anteriores es correcta.

826. ¿A quién corresponde acordar un período de información pública?

a) Al órgano instructor del procedimiento.

b) Al órgano que haya incoado el procedimiento.

c) Al órgano competente para la ordenación del procedimiento.
d) Al órgano al que corresponda la resolución del procedimiento.

827. La resolución definitiva del procedimiento sometido a información pública:

a) Podrá ser impugnada por todas las personas que participaron en el trámite.
b) Únicamente podrá ser objeto de revisión de oficio si se cumplen los requisitos establecidos.
c) Podrá ser impugnada por las personas interesadas.
d) Será inimpugnable.

828. Cuando una persona que comparezca en el trámite de información pública tenga un interés legítimo, individual o colectivo, que pueda resultar afectado por la resolución…:

a) Tendrá derecho a obtener de la Administración una respuesta razonada en relación al interés legítimo alegado, pero no se considerará persona interesada en el procedimiento.
b) Únicamente podrá examinar el expediente, o la parte del mismo que se haya acordado, y formular alegaciones al mismo.
c) Podrá ser considerada persona interesada en el procedimiento administrativo.
d) Podrá interponer los recursos procedentes contra la resolución definitiva del procedimiento.

829. Cuando la norma sectorial de un procedimiento defina como obligatoria su información pública, la omisión de este trámite:

a) Puede dar lugar a un supuesto de nulidad de pleno derecho.
b) Puede dar lugar a un supuesto de invalidez, si de la omisión se deriva algún tipo de indefensión.
c) Constituye una irregularidad que no invalida el procedimiento.
d) El trámite de información pública siempre es facultativo.

830. En relación con las modalidades de finalización del procedimiento, indica la opción imposible des del punto de vista jurídico:

a) La declaración de caducidad.
b) La imposibilidad material de continuar el procedimiento por causas sobrevenidas.
c) El desistimiento por la Administración.
d) La renuncia a un derecho fundamental en que esté fundada una solicitud.

831. ¿Qué modalidad de terminación del procedimiento contiene la decisión sobre el fondo del asunto?

a) La resolución, el desistimiento y la declaración de caducidad.
b) Cualquier modalidad de terminación del procedimiento debe contener la decisión sobre el fondo del asunto.
c) La resolución.
d) La resolución, la renuncia al derecho en que se funde la solicitud y la imposibilidad material de continuar el procedimiento por causas sobrevenidas.

832. Los actos que celebren las Administraciones Públicas en la terminación convencional:

a) Siempre tendrán la consideración de finalizadores de los procedimientos administrativos.
b) Se podrán insertar en los procedimientos administrativos con carácter previo, vinculante o no, a la resolución que les ponga fin.
c) Se deberán insertar en los procedimientos administrativos con carácter previo y vinculante, a la resolución que les ponga fin.
d) En ningún caso tendrán la consideración de finalizadores de los procedimientos administrativos.

833. ¿Es obligatoria la publicación de los instrumentos de terminación convencional?

a) No, en ningún caso.
b) No, es suficiente el pacto del instrumento que contiene la terminación convencional.
c) Sí, en todo caso.
d) Se deberá publicar o no según su naturaleza y las personas destinatarias.

834. Los instrumentos de terminación convencional están sujetos al cumplimiento de determinados requisitos. Identifique cuál de los siguientes NO es correcto:

a) Deberán identificar el ámbito personal, funcional y territorial.
b) No supondrán alteración de las competencias atribuidas a los órganos administrativos.
c) Podrán versar, excepcionalmente, sobre materias no susceptibles de transacción.
d) No supondrán alteración de las responsabilidades que correspondan a las autoridades y funcionarios, relativas al funcionamiento de los servicios públicos.

835. Si se acuerda la realización de actuaciones complementarias indispensables para resolver el procedimiento, ¿cuál de las siguientes reglas es INCORRECTA?

a) El acuerdo de realización de actuaciones complementarias se notificará a las personas interesadas.

b) Durante la práctica de las actuaciones complementarias no se suspenderá el plazo para resolver el procedimiento.

c) Las actuaciones complementarias deberán practicarse en un plazo no superior a quince días.

d) Las personas interesadas disponen de un plazo de siete días para formular las alegaciones que tengan por pertinentes tras la finalización de las actuaciones complementarias.

836. Cuando se trate de cuestiones conexas que no hubieran sido planteadas por los interesados, ¿el órgano competente puede pronunciarse sobre las mismas en la resolución que ponga fin al procedimiento?

a) Sí, porque la resolución que ponga fin al procedimiento decidirá todas las cuestiones planteadas por los interesados y aquellas otras derivadas del mismo.

b) Sí, en ejercicio de las potestades administrativas que tiene atribuidas.

c) Sí, siempre que lo ponga antes de manifiesto a los interesados, para que formulen las alegaciones que estimen pertinentes y aporten, en su caso, los medios de prueba.

d) No, en ningún caso.

837. En los procedimientos tramitados a solicitud de persona interesada, ¿qué principio esencial debe respetar la resolución que ponga fin al procedimiento?

a) Oficialidad.

b) Contradicción.

c) Congruencia.

d) Economía procesal.

838. Las resoluciones que contienen la decisión, ¿serán motivadas?

a) Sí, en todo caso.

b) Sí, cuando se dicten en el ejercicio de potestades regladas.

c) Sí, cuando se separen del criterio seguido en actuaciones precedentes.

d) No, en ningún caso.

839. ¿Cuál de los siguientes extremos NO deberá contener la resolución?

a) La decisión.

b) Los recursos que procedan contra la decisión.

c) El plazo para interponer los recursos que procedan contra la decisión.

d) El órgano administrativo o judicial competente para resolver los recursos que se interpongan contra la decisión.

840. La Administración podrá:

a) Incorporar al texto de la resolución informes o dictámenes.

b) Abstenerse de resolver so pretexto de silencio, oscuridad o insuficiencia de los preceptos legales aplicables al caso.

c) Admitir solicitudes de reconocimiento de derechos no previstos en el ordenamiento jurídico.

d) Elevar al órgano competente una propuesta de resolución cuando la competencia para instruir y resolver un procedimiento recae en el mismo órgano.

841. El desistimiento corresponde a:

a) La Administración, en cualquier tipo de procedimiento.

b) La persona interesada, cuando ello no esté prohibido por el ordenamiento jurídico.

c) La persona interesada, en los procedimientos iniciados de oficio o previa solicitud.

d) La Administración, en los procedimientos iniciados de oficio.

842. Cuando una persona interesada renuncia a una devolución de IRPF el procedimiento termina por:

a) Desistimiento del interesado.

b) Declaración de caducidad.

c) Desistimiento de la Administración tributaria.

d) Renuncia al derecho de obtener la devolución en el ejercicio fiscal en el que se ha generado.

843. Si una funcionaria deja de estar interesada en solicitar una excedencia a la Administración, el procedimiento termina por:

a) Desistimiento del interesado.

b) Declaración de caducidad.

c) Desistimiento de la Administración Pública.

d) Renuncia al derecho de beneficiarse de una excedencia.

844. ¿Cómo NO puede terminar un procedimiento sancionador?

a) Desistimiento del interesado.
b) Declaración de caducidad.
c) Desistimiento de la Administración Pública.
d) Imposibilidad material de continuarlo por causas sobrevenidas.

845. Podrá declararse la caducidad del procedimiento:

a) En el caso de procedimientos iniciados de oficio de los que pudiera derivarse el reconocimiento de derechos y haya vencido el plazo máximo sin que se haya dictado y notificado resolución expresa.
b) Por la simple inactividad del interesado en la cumplimentación de trámites, no siendo estos indispensables para dictar resolución.
c) En los procedimientos iniciados a solicitud del interesado, cuando se produzca su paralización por causa imputable al mismo.
d) En los procedimientos iniciados a solicitud del interesado, cuando se produzca su paralización por causa imputable a la Administración.

846. Los interesados, ¿pueden solicitar la tramitación simplificada del procedimiento?

a) No, la tramitación simplificada del procedimiento únicamente se puede acordar de oficio.
b) Sí, cuando razones de interés público o la falta de complejidad del procedimiento así lo aconsejen.
c) Sí, excepto en el caso de procedimientos de naturaleza sancionadora.
d) Únicamente en el caso de procedimientos en materia de responsabilidad patrimonial.

847. Salvo que reste menos para su tramitación ordinaria, ¿en qué plazo deberán ser resueltos los procedimientos administrativos tramitados de manera simplificada?

a) Un mes.
b) Diez días.
c) Veinte días.
d) Treinta días.

848. Indica cuál de los siguientes trámites NO consta la tramitación simplificada del procedimiento:

a) Alegaciones formuladas al inicio del procedimiento durante el plazo de cinco días.
b) Trámite de información pública.
c) Informe del servicio jurídico, cuando éste sea preceptivo.
d) Subsanación de la solicitud presentada, en su caso.

849. ¿Qué título es necesario para que las Administraciones Públicas inicien actuaciones materiales de ejecución de resoluciones limitativas de derechos de los particulares?

a) Una resolución que autorice la actuación administrativa.
b) Un decreto que autorice la actuación administrativa.
c) Una ley que autorice la actuación administrativa.
d) El título está implícito en la potestad atribuida a las Administraciones Públicas de ejecutar forzosamente sus actos administrativos.

850. Los actos de las Administraciones Públicas sujetos al Derecho Administrativo serán inmediatamente ejecutivos, salvo que...(marque la alternativa de repuesta INCORRECTA):

a) Se produzca la suspensión de la ejecución del acto.
b) Se trate de una resolución de un procedimiento de naturaleza sancionadora contra la que quepa algún recurso en vía administrativa, excluido el potestativo de reposición.
c) Una disposición establezca lo contrario.
d) Se necesite aprobación o autorización superior.

851. ¿Cuál es el principio que rige a las Administraciones Públicas a la hora de utilizar un medio u otro de ejecución forzosa?

a) Congruencia.
b) Proporcionalidad.
c) Contradicción.
d) Economía procesal.

852. ¿Cuál es el medio de ejecución forzosa que puede utilizar la Administración para la ejecución de actos de naturaleza pecuniaria de dar?

a) Ejecución subsidiaria.
b) Multa coercitiva.
c) Compulsión sobre las personas.
d) Apremio sobre el patrimonio.

853. Habrá lugar a la ejecución subsidiaria cuando se trate de:

a) Obligaciones pecuniarias.
b) Actos personalísimos en que no proceda la compulsión directa sobre la persona del obligado.
c) Actos no personalísimos que puedan ser realizados por sujeto distinto del obligado.
d) Actos administrativos que impongan una obligación personalísima de no hacer o soportar.

854. La ejecución de una obligación personalísima de no hacer o soportar se realizará forzosamente a través de:

a) Ejecución subsidiaria.
b) Multa coercitiva.
c) Compulsión sobre las personas.
d) Apremio sobre el patrimonio.

855. ¿En cuál de los siguientes supuestos NO procede la multa coercitiva?

a) Actos en que, procediendo la compulsión, la Administración no la estimara conveniente.
b) Actos cuya ejecución pueda el obligado encargar a otra persona.
c) Actos personalísimos en que no proceda la compulsión directa sobre la persona del obligado.
d) Actos no personalísimos que puedan ser realizados por sujeto distinto del obligado.

856. Conforme a lo dispuesto en la Ley 39/2015, de 1 de octubre, de Procedimiento Administrativo Común de las Administraciones Públicas, en cualquier momento, declararán de oficio la nulidad de los actos administrativos que hayan puesto fin a la vía administrativa o que no hayan sido recurridos en plazo, en los supuestos previstos en el artículo 47.1 de la Ley 39/2015:

a) Por iniciativa propia o a solicitud de interesado, y previo dictamen favorable del Tribunal de Cuentas o de la Cámara de Cuentas de la Comunidad Autónoma, si lo hubiere.
b) Por iniciativa propia o a solicitud de interesado, y previo dictamen favorable del Consejo de Estado u órgano consultivo equivalente de la Comunidad Autónoma, si lo hubiere.
c) Por iniciativa propia o a solicitud de interesado, y posterior dictamen favorable del Tribunal de Cuentas o de la Cámara de Cuentas de la Comunidad Autónoma, si lo hubiere.
d) Por iniciativa propia o a solicitud de interesado, y posterior dictamen favorable del Consejo de Estado u órgano consultivo equivalente de la Comunidad Autónoma, si lo hubiere.

857. De acuerdo con lo dispuesto en la Ley 39/2015, de 1 de octubre, de Procedimiento Administrativo Común de las Administraciones Públicas, en cualquier momento, las Administraciones públicas, de oficio, podrán declarar la nulidad de las disposiciones administrativas en los supuestos previstos en el artículo 47.2 de la Ley 39/2015:

a) Y previo dictamen favorable del Consejo de Estado u órgano consultivo equivalente de la Comunidad Autónoma si lo hubiere.

b) Y previo dictamen favorable del Tribunal de Cuentas o de la Cámara de Cuentas de la Comunidad Autónoma, si lo hubiere.
c) Y posterior dictamen favorable del Consejo de Estado u órgano consultivo equivalente de la Comunidad Autónoma si lo hubiere.
d) Y posterior dictamen favorable del Tribunal de Cuentas o de la Cámara de Cuentas de la Comunidad Autónoma, si lo hubiere.

858. El órgano competente para la revisión de oficio podrá acordar motivadamente la inadmisión a trámite de las solicitudes formuladas por los interesados, sin necesidad de recabar dictamen del Consejo de Estado u órgano consultivo de la Comunidad Autónoma, cuando:

a) Las mismas no se basen en alguna de las causas de nulidad del artículo 47.1 de la Ley 39/2015.
b) Carezcan manifiestamente de fundamento.
c) En el supuesto de que se hubieran desestimado en cuanto al fondo otras solicitudes sustancialmente iguales.
d) Todas las respuestas son correctas.

859. Las Administraciones públicas, al declarar la nulidad de una disposición o acto, podrán establecer, en la misma resolución, las indemnizaciones que proceda reconocer a los interesados, si se dan las circunstancias previstas en:

a) Los artículos 32.2 y 34.1 de la Ley de Régimen Jurídico de las Administraciones Públicas y Procedimiento Administrativo Común.
b) Los artículos 32.2 y 34.1 de la Ley de Procedimiento Administrativo Común
c) Los artículos 32.2 y 34.1 de la Ley de Régimen Jurídico del Sector Público.
d) Los artículos 32.2 y 34.1 de la Ley de la Jurisdicción Contencioso Administrativa.

860. Las Administraciones públicas, al declarar la nulidad de una disposición:

a) Anularán los actos firmes dictados en aplicación de la misma.
b) Viciarán los actos firmes dictados en aplicación de la misma.
c) Convalidarán los actos firmes dictados en aplicación de la misma.
d) Subsistirán los actos firmes dictados en aplicación de la misma.

861. Cuando el procedimiento de declaración de nulidad se hubiera iniciado de oficio, el transcurso del plazo de seis meses desde su inicio sin dictarse resolución producirá:

a) La estimación por silencio administrativo.
b) La caducidad del mismo.
c) La desestimación por silencio administrativo.
d) La prescripción del mismo.

862. Si el procedimiento de declaración de nulidad se hubiera iniciado a solicitud de interesado, el transcurso del plazo de seis meses desde su inicio sin dictarse resolución se podrá entender la misma:

a) Estimada por silencio administrativo.
b) Caducada.
c) Desestimada por silencio administrativo.
d) Prescripta.

863. Las Administraciones públicas podrán impugnar ante el orden jurisdiccional contencioso-administrativo los actos favorables para los interesados que sean anulables:

a) Conforme a lo dispuesto en el artículo 47.1 de la Ley 39/2015, de 1 de octubre, de Procedimiento Administrativo Común de previa su declaración de lesividad para el interés público.
b) Conforme a lo dispuesto en el artículo 47.2 de la Ley 39/2015, de 1 de octubre, de Procedimiento Administrativo Común de previa su declaración de lesividad para el interés público.
c) Conforme a lo dispuesto en el artículo 48 de la Ley 39/2015, de 1 de octubre, de Procedimiento Administrativo Común de previa su declaración de lesividad para el interés público.
d) Conforme a lo dispuesto en el artículo 49 de la Ley 39/2015, de 1 de octubre, de Procedimiento Administrativo Común de previa su declaración de lesividad para el interés público.

864. Conforme a lo dispuesto en la Ley 39/2015, de 1 de octubre, de Procedimiento Administrativo Común de la declaración de lesividad no podrá adoptarse una vez transcurridos:

a) Un año desde que se dictó el acto administrativo y exigirá la previa audiencia de cuantos aparezcan como interesados en el mismo.
b) Dos años desde que se dictó el acto administrativo y exigirá la previa audiencia de cuantos aparezcan como interesados en el mismo.
c) Tres años desde que se dictó el acto administrativo y exigirá la previa audiencia de cuantos aparezcan como interesados en el mismo.

d) Cuatro años desde que se dictó el acto administrativo y exigirá la previa audiencia de cuantos aparezcan como interesados en el mismo.

865. De acuerdo con lo dispuesto en la Ley 39/2015, de 1 de octubre, de Procedimiento Administrativo Común de la declaración de lesividad:

a) No será susceptible de recurso.
b) Será recurrible en alzada.
c) Será recurrible en reposición.
d) Será recurrible en revisión.

866. Podrán interponerse por los interesados los recursos de alzada y potestativo de reposición contra:

a) Las resoluciones.
b) Los actos de trámite, si estos últimos deciden directa o indirectamente el fondo del asunto, determinan la imposibilidad de continuar el procedimiento, producen indefensión o perjuicio irreparable a derechos e intereses legítimos.
c) Las disposiciones administrativas de carácter general.
d) Las respuestas a) y b) son correctas.

867. Podrán interponerse por los interesados los recursos de alzada y potestativo de reposición:

a) Cuando concurra alguna de las circunstancias previstas en el artículo 125 de la Ley 39/2015, de 1 de octubre, del Procedimiento Administrativo Común de las Administraciones públicas.
b) Que cabrá fundar en cualquiera de los motivos de nulidad previstos en el artículo 47 de la Ley 39/2015, de 1 de octubre, del Procedimiento Administrativo Común de las Administraciones Públicas.
c) Que cabrá fundar en cualquiera de los motivos de anulabilidad previstos en el artículo 48 de la Ley 39/2015, de 1 de octubre, del Procedimiento Administrativo Común de las Administraciones Públicas.
d) Las respuestas b) y c) son correctas.

868. Contra los actos firmes en vía administrativa, solo procederá el recurso extraordinario de revisión:

a) Cuando concurra alguna de las circunstancias previstas en el artículo 125 de la Ley 39/2015, de 1 de octubre, del Procedimiento Administrativo Común de las Administraciones Públicas.
b) Que cabrá fundar en cualquiera de los motivos de nulidad previstos en el artículo 47 de la Ley 39/2015, de 1 de octubre, del Procedimiento Administrativo Común de las Administraciones Públicas.
c) Que cabrá fundar en cualquiera de los motivos de anulabilidad previstos en el artículo 48 de la Ley 39/2015, de 1 de octubre, del Procedimiento Administrativo Común de las Administraciones Públicas.
d) Las respuestas b) y c) son correctas.

869. Ponen fin a la vía administrativa:

a) Las resoluciones de los recursos de alzada.
b) Las resoluciones de los órganos administrativos que carezcan de superior jerárquico, salvo que una ley establezca lo contrario.
c) Las demás resoluciones de órganos administrativos cuando una disposición legal o reglamentaria así lo establezca.
d) Todas las respuestas son correctas.

870. La interposición de cualquier recurso, excepto en los casos en que una disposición establezca lo contrario:

a) Suspenderá la ejecución del acto impugnado
b) No suspenderá la ejecución del acto impugnado.
c) Suspenderá la ejecución del acto impugnado si se ha calificado erróneamente.
d) No suspenderá la ejecución del acto impugnado, salvo que se califique el recurso erróneamente.

871. No obstante lo dispuesto en la pregunta anterior, el órgano a quien competa resolver el recurso, previa ponderación, suficientemente razonada, entre el perjuicio que causaría al interés público o a terceros la suspensión y el perjuicio que se causa al recurrente como consecuencia de la eficacia inmediata del acto recurrido, podrá suspender, de oficio o a solicitud del recurrente, la ejecución del acto impugnado cuando concurran algunas de las siguientes circunstancias:

a) Que la ejecución pudiera causar perjuicios de imposible o difícil reparación.
b) Que la impugnación se fundamente en alguna de las causas de nulidad de pleno derecho previstas en el artículo 47.1 de la Ley 39/2015, de 1 de octubre, del Procedimiento Administrativo Común de las Administraciones Públicas.
c) Que la impugnación se fundamente en alguna de las causas de nulidad de pleno derecho previstas en el artículo 48.1 de la Ley 39/2015, de 1 de octubre, del Procedimiento Administrativo Común de las Administraciones Públicas.
d) Las respuestas a) y b) son correctas.

872. La ejecución del acto impugnado se entenderá suspendida si desde que la solicitud de suspensión ha tenido entrada en el registro del órgano competente (registro electrónico de la Administración u Órgano competente, según la Ley 39/2015, de 1 de octubre) para decidir sobre la misma, no ha dictado resolución expresa al respecto en el plazo de:

a) Un mes.
b) Dos meses.
c) 30 días.
d) 15 días.

873. Cuando hayan de tenerse en cuenta, en la resolución del recurso de alzada, nuevos hechos o documentos no recogidos en el expediente originario, se pondrán de manifiesto a los interesados para que formulen las alegaciones y presenten los documentos y justificantes que estimen procedentes, en un plazo no inferior a diez días ni superior a:

a) Un mes.
b) Dos meses.
c) 30 días.
d) 15 días.

874. Las resoluciones y actos a que se refiere el artículo 125 de la Ley 39/2015, de 1 de octubre, del Procedimiento Administrativo Común de las Administraciones Públicas, cuando no pongan fin a la vía administrativa, podrán ser recurridos en:

a) Alzada ante el órgano superior jerárquico del que los dictó.
b) Reposición ante el mismo órgano que dictó el acto.
c) Reposición ante el órgano superior jerárquico del que los dictó.
d) Alzada ante el mismo órgano que dictó el acto.

875. El recurso de alzada podrá interponerse ante el órgano que dictó el acto que se impugna o ante el competente para resolverlo. Si el recurso se hubiera interpuesto ante el órgano que dictó el acto impugnado, este deberá:

a) Resolver en el plazo de un mes.
b) Dictar y notificar la resolución en el plazo de tres meses.
c) Remitirlo al competente en el plazo de diez días, con su informe y con una copia completa y ordenada del expediente.
d) Impugnarlo directamente ante el orden jurisdiccional contencioso-administrativo.

876. ¿Cuál es el plazo para interponer un recurso de alzada, conforme el artículo 122.1 de la Ley 39/2015, de 1 de octubre, del Procedimiento Administrativo Común de las Administraciones Públicas?

a) El plazo para la interposición del recurso de alzada será de un mes, si el acto fuera expreso.
b) Si no fuera expreso, en cualquier momento, según la Ley 39/2015, y se contará, para el solicitante y otros posibles interesados, a partir del día siguiente a aquel en que, de acuerdo con su normativa específica, se produzcan los efectos del silencio administrativo.

c) Si no fuera expreso, el plazo será de dos meses y se contará, para el solicitante y otros posibles interesados, a partir del día siguiente a aquel en que, de acuerdo con su normativa específica, se produzcan los efectos del silencio administrativo.

d) Las respuestas a) y b) son correctas.

877. El plazo máximo para dictar y notificar la resolución del recurso de alzada será de:

a) Un mes. Transcurrido este plazo sin que recaiga resolución, se podrá entender desestimado el recurso, salvo en el supuesto previsto en el artículo 24.1.3 de la Ley 39/2015, de 1 de octubre, del Procedimiento Administrativo Común de las Administraciones Públicas.

b) Dos meses. Transcurrido este plazo sin que recaiga resolución, se podrá entender desestimado el recurso, salvo en el supuesto previsto en el artículo 24.1.3 de la Ley 39/2015, de 1 de octubre, del Procedimiento Administrativo Común de las Administraciones Públicas.

c) Tres meses. Transcurrido este plazo sin que recaiga resolución, se podrá entender desestimado el recurso, salvo en el supuesto previsto en el artículo 24.1.3 de la Ley 39/2015, de 1 de octubre, del Procedimiento Administrativo Común de las Administraciones Públicas.

d) Tres meses. Transcurrido este plazo sin que recaiga resolución, se podrá entender estimado el recurso, salvo en el supuesto previsto en el artículo 24.1.3 de la Ley 39/2015, de 1 de octubre, del Procedimiento Administrativo Común de las Administraciones Públicas.

878. Contra los actos administrativos que pongan fin a la vía administrativa podrán:

a) Ser recurridos potestativamente en reposición ante el mismo órgano que los hubiera dictado.

b) Ser impugnados directamente ante el orden jurisdiccional contencioso-administrativo.

c) Ser recurridos en alzada.

d) Las respuestas a) y b) son correctas.

879. ¿Cuál es el plazo para interponer el recurso de reposición?

a) El plazo para la interposición del recurso de reposición será de un mes, si el acto fuera expreso.

b) Si no fuera expreso, en cualquier momento, según la Ley 39/2015, y se contará, para el solicitante y otros posibles interesados, a partir del día siguiente a aquel en que, de acuerdo con su normativa específica, se produzca el acto presunto.

c) Si no fuera expreso, el plazo será de dos meses, según la Ley 39/2015, y se contará, para el solicitante y otros posibles interesados, a partir del día siguiente a aquel en que, de acuerdo con su normativa específica, se produzca el acto presunto.

d) Las respuestas a) y b) son correctas.

880. El plazo máximo para dictar y notificar la resolución del recurso de reposición será de:

a) Un mes. Transcurrido este plazo sin que recaiga resolución, se podrá entender desestimado el recurso, salvo en el supuesto previsto en el artículo 24.1.3 de la Ley 39/2015, de 1 de octubre, del Procedimiento Administrativo Común de las Administraciones Públicas.

b) Dos meses. Transcurrido este plazo sin que recaiga resolución, se podrá entender desestimado el recurso, salvo en el supuesto previsto en el artículo 24.1.3 de la Ley 39/2015, de 1 de octubre, del Procedimiento Administrativo Común de las Administraciones Públicas.

c) Tres meses. Transcurrido este plazo sin que recaiga resolución, se podrá entender desestimado el recurso, salvo en el supuesto previsto en el artículo 24.1.3 de la Ley 39/2015, de 1 de octubre, del Procedimiento Administrativo Común de las Administraciones Públicas.

d) El plazo máximo para dictar y notificar la resolución del recurso será de un mes.

881. Transcurridos los plazos para interponer el recurso de reposición:

a) Únicamente podrá interponerse recurso contencioso-administrativo.

b) Podrá, en su caso, interponer recurso extraordinario de revisión.

c) Podrá interponer un recurso de alzada.

d) Las respuestas a) y b) son correctas.

882. Contra los actos firmes en vía administrativa podrá interponerse:

a) Únicamente podrá interponerse recurso contencioso-administrativo.

b) Podrá, en su caso, interponer recurso extraordinario de revisión.

c) Podrá interponer un recurso de alzada.

d) Las respuestas a) y b) son correctas.

883. El recurso extraordinario de revisión se interpondrá ante:

a) El órgano administrativo superior que los dictó, que también será el competente para su resolución.

b) El órgano administrativo que los dictó, que también será el competente para su resolución.
c) El órgano administrativo que los dictó, siendo competente para su resolución el superior jerárquico.
d) El órgano administrativo que los dictó, siendo competente para su resolución la jurisdicción contencioso-administrativa.

884. El recurso extraordinario de revisión se interpondrá cuando concurra alguna de las circunstancias siguientes:

a) Que al dictarlos se hubiera incurrido en error de hecho, que resulte de los propios documentos incorporados al expediente.
b) Que aparezcan documentos de valor esencial para la resolución del asunto que, aunque sean posteriores, evidencien el error de la resolución recurrida.
c) Que en la resolución hayan influido esencialmente documentos o testimonios declarados falsos por sentencia judicial firme, anterior o posterior a aquella resolución.
d) Todas las respuestas son correctas.

885. El recurso extraordinario de revisión se interpondrá cuando la resolución del acto firme se hubiese dictado como consecuencia de prevaricación, cohecho, violencia, maquinación fraudulenta u otra conducta punible y se haya declarado así en virtud de:

a) Resolución administrativa.
b) Resolución administrativa firme.
c) Sentencia judicial.
d) Sentencia judicial firme.

886. El recurso extraordinario de revisión se interpondrá cuando la resolución del acto firme se hubiese dictado como consecuencia de que al dictarlos se hubiera incurrido en error de hecho, que resulte de los propios documentos incorporados al expediente:

a) Dentro del plazo de cuatro años siguientes a la fecha de la notificación de la resolución impugnada.
b) El plazo será de tres meses a contar desde el conocimiento de los documentos.
c) El plazo será de tres meses a contar desde que la sentencia judicial quedó firme.
d) Dentro del plazo de tres meses siguientes a la fecha de la notificación de la resolución impugnada.

887. El recurso extraordinario de revisión se interpondrá cuando la resolución del acto firme se hubiese dictado como consecuencia, de que aparezcan documentos de valor esencial para la resolución del asunto que, aunque sean posteriores, evidencien el error de la resolución recurrida:

a) Dentro del plazo de cuatro años siguientes a la fecha de la notificación de la resolución impugnada.
b) El plazo será de tres meses a contar desde el conocimiento de los documentos.
c) El plazo será de tres meses a contar desde que la sentencia judicial quedó firme.
d) Dentro del plazo de tres meses siguientes a la fecha de la notificación de la resolución impugnada.

888. El recurso extraordinario de revisión se interpondrá cuando la resolución del acto firme se hubiese dictado como consecuencia de que en la resolución hayan influido esencialmente documentos o testimonios declarados falsos por sentencia judicial firme, anterior o posterior a aquella resolución:

a) Dentro del plazo de cuatro años siguientes a la fecha de la notificación de la resolución impugnada.
b) El plazo será de tres meses a contar desde el conocimiento de los documentos.
c) El plazo será de tres meses a contar desde que la sentencia judicial quedó firme.
d) Dentro del plazo de tres meses siguientes a la fecha de la notificación de la resolución impugnada.

889. El recurso extraordinario de revisión se interpondrá cuando la resolución del acto firme se hubiese dictado como consecuencia de prevaricación, cohecho, violencia, maquinación fraudulenta u otra conducta punible y se haya declarado así en virtud de sentencia judicial firme:

a) Dentro del plazo de cuatro años siguientes a la fecha de la notificación de la resolución impugnada.
b) El plazo será de tres meses a contar desde el conocimiento de los documentos.
c) El plazo será de tres meses a contar desde que la sentencia judicial quedó firme.
d) Dentro del plazo de tres meses siguientes a la fecha de la notificación de la resolución impugnada.

890. El órgano competente para la resolución del recurso extraordinario de revisión podrá:

a) Acordar motivadamente la inadmisión a trámite, sin necesidad de recabar dictamen del Consejo de Estado u órgano consultivo de la Comunidad Autónoma, cuando el mismo no se funde en alguna de las causas previstas en el apartado 1 del artículo 125 de la Ley 39/2015, de 1 de octubre, del Procedimiento Administrativo Común de las Administraciones Públicas o en el supuesto de que se hubiesen desestimado en cuanto al fondo otros recursos sustancialmente iguales.

b) Acordar motivadamente la admisión a trámite, con el dictamen del Consejo de Estado u órgano consultivo de la Comunidad Autónoma, cuando el mismo se funde en alguna de las causas previstas en el apartado 1 del artículo 125 de la Ley 39/2015, de 1 de octubre, del Procedimiento Administrativo Común de las Administraciones Públicas o en el supuesto de que se hubiesen estimado en cuanto al fondo otros recursos sustancialmente iguales.

c) Acordar motivadamente la inadmisión a trámite, con el dictamen del Consejo de Estado u órgano consultivo de la Comunidad Autónoma, cuando el mismo no se funde en alguna de las causas previstas en el apartado 1 del artículo 125 de la Ley 39/2015, de 1 de octubre, del Procedimiento Administrativo Común de las Administraciones Públicas o en el supuesto de que se hubiesen desestimado en cuanto al fondo otros recursos sustancialmente iguales.

d) Acordar motivadamente la inadmisión a trámite, sin necesidad de recabar dictamen del Consejo de Estado u órgano consultivo de la Comunidad Autónoma, cuando el mismo se funde en alguna de las causas previstas en el apartado 1 del artículo 125 de la Ley 39/2015, de 1 de octubre, del Procedimiento Administrativo Común de las Administraciones Públicas o en el supuesto de que se hubiesen estimado en cuanto al fondo otros recursos sustancialmente iguales.

891. Transcurrido el plazo de tres meses desde la interposición del recurso extraordinario de revisión sin haberse dictado y notificado la resolución, se entenderá:

a) Se podrá entender desestimado el recurso, salvo en el supuesto previsto en el 24.1.3 de la Ley 39/2015, de 1 de octubre, del Procedimiento Administrativo Común de las Administraciones Públicas.

b) Se podrá entender estimado el recurso, salvo en el supuesto previsto en el 24.1.3 de la Ley 39/2015, de 1 de octubre, del Procedimiento Administrativo Común de las Administraciones Públicas.

c) Se podrá entender desestimado, quedando expedita la vía administrativa.

d) Se podrá entender desestimado, quedando expedita la vía jurisdiccional contencioso-administrativa.

892. Para que pueda entablarse un recurso de revisión por error de hecho, este:

a) Ha de ser declarado por sentencia judicial firme.
b) Ha de haberse adoptado por cohecho.
c) Ha de derivar de documentos que obren en el expediente.
d) Nada de lo anterior es cierto.

893. Las Administraciones públicas podrán impugnar ante el orden jurisdiccional contencioso-administrativo los actos favorables para los interesados que sean anulables conforme a lo dispuesto en el artículo 48, previa su declaración de lesividad para el interés público. De acuerdo con el artículo 107.3 de la Ley 39/2015, de 1 de octubre, de Procedimiento Administrativo Común de las Administraciones Públicas, transcurrido el plazo de seis meses desde la iniciación del procedimiento sin que se hubiera declarado la lesividad, se producirá:

a) La estimación por silencio administrativo.
b) La caducidad del mismo.
c) La desestimación por silencio administrativo.
d) La prescripción del mismo.

894. Las Administraciones públicas podrán impugnar ante el orden jurisdiccional contencioso-administrativo los actos favorables para los interesados que sean anulables conforme a lo dispuesto en el artículo 48, previa su declaración de lesividad para el interés público. Según el artículo 107.4 de la Ley 39/2015, de 1 de octubre, de Procedimiento Administrativo Común de las Administraciones Públicas, si el acto proviniera de la Administración General del Estado, la declaración de lesividad se adoptará por:

a) El Pleno del Senado.
b) El órgano competente en la materia.
c) El Pleno del Congreso de los Diputados.
d) El Consejo de Estado.

895. Las Administraciones públicas podrán impugnar ante el orden jurisdiccional contencioso-administrativo los actos favorables para los interesados que sean anulables conforme a lo dispuesto en el artículo 48, previa su declaración de lesividad para el interés público. Conforme al artículo 107.4 de la Ley 39/2015, de 1 de octubre, de Procedimiento Administrativo Común de las Administraciones Públicas, si el acto proviniera de la Administración General de las Comunidades Autónomas, la declaración de lesividad se adoptará por:

a) El Pleno de la Cámara de Cuentas.
b) El Pleno del Parlamento.
c) El órgano competente en la materia.
d) El Consejo Consultivo.

896. Las Administraciones públicas podrán impugnar ante el orden jurisdiccional contencioso-administrativo los actos favorables para los interesados que sean anulables conforme a lo dispuesto en el artículo 48, previa su declaración de lesividad para el interés público. De acuerdo con lo dispuesto en el artículo 107.5 de la Ley 39/2015, de 1 de octubre, de Procedimiento Administrativo Común de las Administraciones Públicas, si el acto proviniera de las entidades que integran la Administración Local, la declaración de lesividad se adoptará por:

a) La Comisión Especial de Cuentas.
b) El Pleno de la Corporación.
c) La Junta de Gobierno Local.
d) El Alcalde.

897. Según lo dispuesto en el artículo 108 de la Ley 39/2015, de 1 de octubre, de Procedimiento Administrativo Común de las Administraciones Públicas, iniciado el procedimiento de revisión de oficio al que se refieren los artículos 106 y 107, el órgano competente para declarar la nulidad o lesividad, podrá suspender la ejecución del acto, cuando:

a) La ejecución pudiera causar perjuicios de imposible o difícil reparación.
b) La nulidad sea de pleno derecho por tener un contenido imposible.
c) La nulidad sea de pleno derecho por un hecho delictivo de difícil reparación.
d) La nulidad sea de pleno derecho por tener un contenido imposible o por un hecho delictivo de difícil reparación.

898. De acuerdo con el artículo 109.1 de la Ley 39/2015, de 1 de octubre, de Procedimiento Administrativo Común de las Administraciones Públicas, las Administraciones públicas podrán, mientras no haya transcurrido el plazo de prescripción:

a) Anular sus actos de gravamen o desfavorables, siempre que tal anulación no constituya dispensa o exención no permitida por las leyes, ni sea contraria al principio de igualdad, al interés público o al ordenamiento jurídico.
b) Revocar sus actos de gravamen o desfavorables, siempre que tal revocación no constituya dispensa o exención no permitida por las leyes, ni sea contraria al principio de igualdad, al interés público o al ordenamiento jurídico.
c) Convalidar sus actos de gravamen o desfavorables, siempre que tal convalidación no constituya dispensa o exención no permitida por las leyes, ni sea contraria al principio de igualdad, al interés público o al ordenamiento jurídico.

d) Subsanar sus actos de gravamen o desfavorables, siempre que tal subsanación no constituya dispensa o exención no permitida por las leyes, ni sea contraria al principio de igualdad, al interés público o al ordenamiento jurídico.

899. Según el artículo 109.2 de la Ley 39/2015, de 1 de octubre, de Procedimiento Administrativo Común de las Administraciones Públicas, las Administraciones públicas podrán rectificar los errores materiales, de hecho o aritméticos existentes en sus actos:

a) Mientras no haya transcurrido el plazo de caducidad.
b) Mientras no haya transcurrido el plazo de prescripción.
c) En cualquier momento, de oficio o a instancia de los interesados.
d) En cualquier momento a instancia de los interesados.

900. Conforme al artículo 110 de la Ley 39/2015, de 1 de octubre, de Procedimiento Administrativo Común de las Administraciones Públicas, las facultades de revisión establecidas en el Capítulo I del Título V (Revisión de oficio), no podrán ser ejercidas:

a) Cuando tal revocación no constituya dispensa o exención no permitida por las leyes, ni sea contraria al principio de igualdad, al interés público o al ordenamiento jurídico.
b) Mientras no haya transcurrido el plazo de prescripción.
c) Cuando por prescripción de acciones, por el tiempo transcurrido o por otras circunstancias, su ejercicio resulte contrario a la equidad, a la buena fe, al derecho de los particulares o a las leyes.
d) Mientras no haya transcurrido el plazo de caducidad.

901. Señala la respuesta incorrecta. De acuerdo con lo dispuesto en el artículo 112.2 de la Ley 39/2015, de 1 de octubre, de Procedimiento Administrativo Común de las Administraciones Públicas, en supuestos o ámbitos sectoriales determinados, y cuando la especificidad de la materia así lo justifique, las leyes podrán sustituir el recurso de alzada por otros procedimientos de:

a) Impugnación, ante órganos colegiados o Comisiones específicas no sometidas a instrucciones jerárquicas, con respeto a los principios, garantías y plazos que la presente ley reconoce a las personas y a los interesados en todo procedimiento administrativo.

b) Reclamación, ante órganos colegiados o Comisiones específicas no sometidas a instrucciones jerárquicas, con respeto a los principios, garantías y plazos que la presente ley reconoce a las personas y a los interesados en todo procedimiento administrativo.

c) Conciliación, ante órganos colegiados o Comisiones específicas no sometidas a instrucciones jerárquicas, con respeto a los principios, garantías y plazos que la presente ley reconoce a las personas y a los interesados en todo procedimiento administrativo.

d) Mediación y arbitraje, ante órganos colegiados o Comisiones específicas no sometidas a instrucciones jerárquicas, con respeto a los principios, garantías y plazos que la presente ley reconoce a las personas y a los interesados en todo procedimiento administrativo.

902. Según lo dispuesto en el artículo 112.3 de la Ley 39/2015, de 1 de octubre, de Procedimiento Administrativo Común de las Administraciones Públicas, contra las disposiciones administrativas de carácter general:

a) Cabrán las reclamaciones económico-administrativas.

b) No cabrá recurso en vía administrativa.

c) Cabrá el recurso de inconstitucionalidad.

d) Cabrá el recurso extraordinario cuando las disposiciones administrativas de carácter general sean firmes.

903. De acuerdo con el artículo 112.3 de la Ley 39/2015, de 1 de octubre, de Procedimiento Administrativo Común de las Administraciones Públicas, los recursos contra un acto administrativo que se funden únicamente en la nulidad de alguna disposición administrativa de carácter general podrán interponerse:

a) Directamente ante la jurisdicción contencioso-administrativa.

b) Directamente ante el órgano competente en materia de las reclamaciones económico-administrativas.

c) Directamente ante el Consejo de Ministros.

d) Directamente ante el órgano que dictó dicha disposición.

904. Según el artículo 114.2 de la Ley 39/2015, de 1 de octubre, de Procedimiento Administrativo Común de las Administraciones Públicas, en el ámbito estatal ponen fin a la vía administrativa los actos y resoluciones siguientes:

a) Los actos administrativos de los miembros y órganos del Gobierno.

b) Los emanados de los Ministros y los Secretarios de Estado en el ejercicio de las competencias que tienen atribuidas los órganos de los que son titulares.

c) Los emanados de los órganos directivos con nivel de Director general o superior, en relación con las competencias que tengan atribuidas en materia de personal.

d) Todas las respuestas son correctas.

905. Conforme al artículo 115.2 de la Ley 39/2015, de 1 de octubre, de Procedimiento Administrativo Común de las Administraciones Públicas, el error o la ausencia de la calificación del recurso por parte del recurrente:

a) Será obstáculo para su tramitación.

b) No será obstáculo para su tramitación, siempre que se exprese el nombre y apellidos del recurrente, así como la identificación personal del mismo.

c) No será obstáculo para su tramitación, siempre que se deduzca su verdadero carácter.

d) No será obstáculo para su tramitación, siempre que se exprese el lugar, fecha, firma del recurrente, identificación del medio y, en su caso, del lugar que se señale a efectos de notificaciones.

Soluciones

801. a)	**811.** d)	**821.** b)	**831.** c)	**841.** d)	**851.** b)	**861.** b)	**871.** d)	**881.** d)	**891.** d)
802. d)	**812.** b)	**822.** c)	**832.** b)	**842.** d)	**852.** d)	**862.** c)	**872.** a)	**882.** b)	**892.** c)
803. b)	**813.** d)	**823.** c)	**833.** d)	**843.** a)	**853.** c)	**863.** c)	**873.** d)	**883.** b)	**893.** b)
804. a)	**814.** d)	**824.** d)	**834.** c)	**844.** a)	**854.** c)	**864.** d)	**874.** a)	**884.** d)	**894.** b)
805. b)	**815.** a)	**825.** d)	**835.** b)	**845.** c)	**855.** d)	**865.** a)	**875.** c)	**885.** d)	**895.** c)
806. b)	**816.** d)	**826.** d)	**836.** c)	**846.** b)	**856.** b)	**866.** d)	**876.** d)	**886.** a)	**896.** b)
807. b)	**817.** c)	**827.** c)	**837.** c)	**847.** d)	**857.** a)	**867.** d)	**877.** c)	**887.** b)	**897.** a)
808. a)	**818.** b)	**828.** d)	**838.** c)	**848.** b)	**858.** d)	**868.** a)	**878.** d)	**888.** c)	**898.** b)
809. d)	**819.** c)	**829.** b)	**839.** d)	**849.** a)	**859.** c)	**869.** d)	**879.** d)	**889.** c)	**899.** c)
810. c)	**820.** a)	**830.** d)	**840.** a)	**850.** b)	**860.** d)	**870.** b)	**880.** d)	**890.** a)	**900.** c)

906. De acuerdo con lo dispuesto en el artículo 116 de la Ley 39/2015, de 1 de octubre, de Procedimiento Administrativo Común de las Administraciones Públicas, será causa de inadmisión la siguiente:

a) Ser incompetente el órgano administrativo, cuando el competente pertenezca a la misma Administración pública.

b) Carecer de postulación el recurrente.

c) Tratarse de un acto susceptible de recurso.

d) Haber transcurrido el plazo para la interposición del recurso.

907. El órgano administrativo que ha de resolver el recurso, si se solicita por el recurrente la suspensión del acto recurrido, según lo dispuesto en el artículo 117.4 de la Ley 39/2015, de 1 de octubre, de Procedimiento Administrativo Común de las Administraciones Públicas, al dictar el acuerdo de suspensión, podrán adoptarse para asegurar la protección del interés público o de terceros y la eficacia de la resolución o el acto impugnado:

a) Cauciones o garantías suficientes.

b) Las medidas cautelares que sean necesarias.

c) La medida de publicidad en el periódico oficial en el que se insertó la resolución o el acto impugnado.

d) Todas las repuestas son correctas.

908. De acuerdo con el artículo 109.1 de la Ley 39/2015, de 1 de octubre, de Procedimiento Administrativo Común de las Administraciones Públicas, las Administraciones públicas podrán revocar sus actos de gravamen o desfavorables, siempre que tal revocación no constituya dispensa o exención no permitida por las leyes, ni sea contraria al principio de igualdad, al interés público o al ordenamiento jurídico:

a) Mientras no haya transcurrido el plazo de caducidad.

b) Mientras no haya transcurrido el plazo de prescripción.

c) En cualquier momento, de oficio o a instancia de los interesados.

d) En cualquier momento a instancia de los interesados.

909. Según el artículo 119.2 de la Ley 39/2015, de 1 de octubre, de Procedimiento Administrativo Común de las Administraciones Públicas, cuando existiendo vicio de forma no se estime procedente resolver sobre el fondo se:

a) Ordenará la retroacción del procedimiento al momento en el que el vicio fue cometido, sin perjuicio de que eventualmente pueda acordarse la convalidación de actuaciones por el órgano competente para ello, de acuerdo con lo dispuesto en el artículo 52.

b) Se inadmitirá, acordándose la convalidación de actuaciones por el órgano competente para ello, de acuerdo con lo dispuesto en el artículo 52.

c) Se desestimará, sin que pueda acordarse la convalidación de actuaciones por el órgano competente para ello, de acuerdo con lo dispuesto en el artículo 52.

d) Se estimará acordándose la convalidación de actuaciones por el órgano competente para ello, de acuerdo con lo dispuesto en el artículo 52.

910. Conforme al artículo 120.1 de la Ley 39/2015, de 1 de octubre, de Procedimiento Administrativo Común de las Administraciones Públicas, cuando deban resolverse una pluralidad de recursos administrativos que traigan causa de un mismo acto administrativo y se hubiera interpuesto un recurso judicial contra una resolución administrativa o bien contra el correspondiente acto presunto desestimatorio, el órgano administrativo podrá acordar:

a) La retroacción del procedimiento al momento de interposición de un recurso judicial, sin perjuicio de que eventualmente pueda acordarse la convalidación de actuaciones por el órgano competente para ello, de acuerdo con lo dispuesto en el artículo 52.

b) La inadmisión, acordándose la convalidación de actuaciones por el órgano competente para ello, de acuerdo con lo dispuesto en el artículo 52.

c) La estimación, sin que pueda acordarse la convalidación de actuaciones por el órgano competente hasta que recaiga pronunciamiento judicial.

d) La suspensión del plazo para resolver hasta que recaiga pronunciamiento judicial.

911. Señala la respuesta incorrecta. De acuerdo con lo dispuesto en el artículo 112.2 de la Ley 39/2015, de 1 de octubre, de Procedimiento Administrativo Común de las Administraciones Públicas, en supuestos o ámbitos sectoriales determinados, y cuando la especificidad de la materia así lo justifique, las leyes podrán sustituir el recurso de reposición, respetando su carácter potestativo, por otros procedimientos de:

a) Impugnación, ante órganos colegiados o Comisiones específicas no sometidas a instrucciones jerárquicas, con respeto a los principios, garantías y plazos que la presente ley reconoce a las personas y a los interesados en todo procedimiento administrativo.

b) Denuncia, ante órganos colegiados o Comisiones específicas no sometidas a instrucciones jerárquicas, con respeto a los principios, garantías y plazos que la presente ley reconoce a las personas y a los interesados en todo procedimiento administrativo.

c) Conciliación, ante órganos colegiados o Comisiones específicas no sometidas a instrucciones jerárquicas, con respeto a los principios, garantías y plazos que la presente ley reconoce a las personas y a los interesados en todo procedimiento administrativo.

d) Mediación y arbitraje, ante órganos colegiados o Comisiones específicas no sometidas a instrucciones jerárquicas, con respeto a los principios, garantías y plazos que la presente ley reconoce a las personas y a los interesados en todo procedimiento administrativo.

912. Según lo dispuesto en el artículo 122.3 de la Ley 39/2015, de 1 de octubre, de Procedimiento Administrativo Común de las Administraciones Públicas, contra la resolución de un recurso de alzada, se podrá interponer:

a) Un recurso de reposición, en los casos establecidos en el artículo 125.1.

b) Un recurso extraordinario de revisión, en los casos establecidos en el artículo 125.1.

c) Una reclamación económico-administrativa, en los casos establecidos en el artículo 112.4.

d) Todas las respuestas son correctas.

913. De acuerdo con el artículo 123.2 de la Ley 39/2015, de 1 de octubre, de Procedimiento Administrativo Común de las Administraciones Públicas, los actos administrativos que pongan fin a la vía administrativa podrán ser recurridos potestativamente en reposición ante el mismo órgano que los hubiera dictado o ser impugnados directamente ante el orden jurisdiccional contencioso-administrativo. No se podrá interponer recurso contencioso-administrativo hasta que:

a) Sea resuelto expresamente o se haya producido la desestimación presunta del recurso de alzada interpuesto.

b) Sea resuelto expresamente o se haya producido la desestimación presunta del recurso de revisión interpuesto.

c) Sea resuelto expresamente o se haya producido la desestimación presunta del recurso de reposición interpuesto.

d) Sea resuelto expresamente el recurso de alzada interpuesto.

914. Según los artículos 123 y 124.3 de la Ley 39/2015, de 1 de octubre, de Procedimiento Administrativo Común de las Administraciones Públicas, contra la resolución de un recurso de reposición se podrá interponer:

a) Un recurso de reposición, en los casos establecidos en el artículo 125.1.

b) Un recurso extraordinario de revisión, en los casos establecidos en el artículo 112.4.

c) Una reclamación económico-administrativa, en los casos establecidos en el artículo 125.1.

d) Un recurso contencioso-administrativo.

915. Conforme al artículo 116 c) y 112.3 de la Ley 39/2015, de 1 de octubre, de Procedimiento Administrativo Común de las Administraciones Públicas, si se interpone un recurso de alzada contra una disposición de carácter general, el recurso:

a) Se estimará.

b) Se desestimará.

c) Se estimará parcialmente.

d) Se inadmitirá.

916. De acuerdo con lo dispuesto en el artículo 112.1 de la Ley 39/2015, de 1 de octubre, de Procedimiento Administrativo Común de las Administraciones Públicas, ¿todos los actos administrativos que no agotan la vía administrativa son susceptibles de recurso de alzada?

a) Sí, siempre.

b) Solo los actos definitivos.

c) Los actos definitivos y los de trámite que determinan la imposibilidad de continuar un procedimiento o que produzcan indefensión.

d) Los definitivos y los de trámite.

917. Según la Ley 39/2015, de 1 de octubre, del Procedimiento Administrativo Común de las Administraciones Públicas, los recursos administrativos son:

a) De reposición, de alzada y extraordinario de revisión.

b) Ordinario y extraordinario de revisión.

c) Solo el ordinario.

d) Recurso de revisión de oficio y de alzada.

918. El recurso de alzada podrá fundarse, de acuerdo con el artículo 112.1 de la Ley 39/2015, de 1 de octubre, de Procedimiento Administrativo Común de las Administraciones Públicas, en:

a) Cualquiera de los motivos de nulidad o anulabilidad.

b) En motivos de nulidad de pleno derecho recogidos en el art. 62.

c) En los motivos de anulabilidad y porque sean constitutivos de infracción penal.

d) No será fundado en motivos jurídicos.

919. Según el artículo 117.1 y 2 de la Ley 39/2015, de 1 de octubre, de Procedimiento Administrativo Común de las Administraciones Públicas, la Administración deberá suspender la ejecución del acto administrativo cuando se interponga contra él un recurso de alzada:

a) Sí.
b) No, nunca.
c) Deberá consultar a la jurisdicción contencioso-administrativa.
d) No como regla general, pero hay excepciones recogidas en la Ley 39/2015, de 1 de octubre, del Procedimiento Administrativo Común de las Administraciones Públicas.

920. La resolución de un recurso de alzada, conforme al artículo 121.1 de la Ley 39/2015, de 1 de octubre, de Procedimiento Administrativo Común de las Administraciones Públicas, corresponde:

a) A la autoridad que dictó el acto recurrido.
b) Al juez de lo contencioso-administrativo.
c) Al superior jerárquico del órgano que dictó el acto recurrido.
d) Al superior jerárquico del órgano que dictó el acto recurrido, u órgano en quien delegue.

921. De acuerdo con lo dispuesto en el artículo 125.1 de la Ley 39/2015, de 1 de octubre, de Procedimiento Administrativo Común de las Administraciones Públicas, cuando aparezcan documentos de valor esencial para la resolución que, aunque sean posteriores, evidencien el error en la resolución, dicha resolución, aunque fuera firme podrá ser recurrida en vía administrativa mediante:

a) Recurso de revisión.
b) Recurso de súplica.
c) Recurso de alzada.
d) Recurso ordinario.

922. En el supuesto de la pregunta anterior, según lo dispuesto en el artículo 125.2 de la Ley 39/2015, de 1 de octubre, de Procedimiento Administrativo Común de las Administraciones Públicas, el recurso se podrá interponer en el plazo de:

a) Tres años desde la notificación de la resolución impugnada.
b) Cuatro años desde la notificación de la resolución impugnada.
c) En cualquier momento desde que aparezcan los documentos.
d) En el plazo de tres meses a contar desde el conocimiento de los documentos.

923. De acuerdo con el artículo 122.2 de la Ley 39/2015, de 1 de octubre, de Procedimiento Administrativo Común de las Administraciones Públicas, interpuesto un recurso de alzada, ¿cuál es el plazo en el que se podrá entender estimado o desestimado?

a) 6 meses.
b) 3 meses.
c) 1 mes.
d) 4 años.

924. Según el artículo 112.3 de la Ley 39/2015, de 1 de octubre, de Procedimiento Administrativo Común de las Administraciones Públicas ¿es admisible el recurso de alzada administrativo contra las disposiciones administrativas de carácter general (Reglamentos)?

a) Sí, siempre que se interponga en el plazo de 30 días.
b) Cabe indistintamente interponer recurso de alzada o recurso contencioso-administrativo.
c) Solo cabe interponer recurso contencioso-administrativo.
d) Solo cabe recurrirlo ante el Tribunal Constitucional como recurso de amparo.

925. Conforme al artículo 30.4 de la Ley 39/2015, de 1 de octubre, de Procedimiento Administrativo Común de las Administraciones Públicas, el plazo de un mes para interponer el recurso de alzada supone:

a) 30 días naturales.
b) 30 o 31 días hábiles según sea el mes en el que comienza el plazo.
c) Un mes natural contando desde el día siguiente al que se notifica el acto a impugnar.
d) El plazo se computará, a partir del día siguiente de la notificación o publicación del acto recurrido y concluirá el mismo día en que se produjo la notificación o publicación del acto de que se trate.

926. ¿Cabe recurso de alzada contra la Resolución de un Tribunal de oposiciones?

a) No, porque es un órgano colegiado.
b) No, porque sus actos ponen fin a la vía administrativa.
c) Sí, ante la autoridad que haya nombrado al presidente del Tribunal.
d) Sí, ante el Ministro del Departamento convocante.

927. Las Administraciones públicas podrán revocar, mientras no haya transcurrido el plazo de prescripción, sus actos de gravamen o desfavorables, según lo dispuesto en el artículo 109.1 de la Ley 39/2015, de 1 de octubre, de Procedimiento Administrativo Común de las Administraciones Públicas, siempre que tal revocación:

a) Se resuelva por la propia Administración.
b) No constituya dispensa o exención no permitida por las leyes, ni sea contraria al principio de igualdad, al interés público o al ordenamiento jurídico.
c) Sea una vía previa a la jurisdicción.
d) Se solicite por un interesado con legitimación activa.

928. De acuerdo con el artículo 122.2 de la Ley 39/2015, de 1 de octubre, de Procedimiento Administrativo Común de las Administraciones Públicas, ¿está la Administración obligada a resolver los recursos de alzada?

a) No, es potestativa la resolución.
b) Sí, en el plazo de tres meses.
c) Sí, pero no en plazo.
d) Sí, en el plazo de un mes.

929. Según el artículo 125.1 d) y 2 de la Ley 39/2015, de 1 de octubre, de Procedimiento Administrativo Común de las Administraciones Públicas, cuando un recurso de revisión se basa en que el acto administrativo fue dictado como consecuencia de prevaricación de un funcionario, dicho recurso se presentará en el plazo de:

a) 4 años desde la sentencia judicial.
b) 3 meses desde el conocimiento de los hechos delictivos.
c) 3 meses desde que la sentencia condenatoria quedó firme.
d) 3 meses desde la sentencia.

930. Recurrido en vía administrativa un acto administrativo y solicitada la suspensión de este, esta se producirá si el órgano competente para decidir sobre la suspensión no hubiera dictado resolución expresa, en un plazo desde la solicitud de:

a) Tres meses.
b) Un mes.
c) Quince días.
d) Treinta días.

931. Ejercerá la iniciativa legislativa prevista en la Constitución, en primer término:

a) El Gobierno de la Nación.
b) El Senado Autonómico.
c) Las Cortes Generales.
d) El Congreso de los Diputados.

932. Se ejercerá la iniciativa legislativa prevista en la Constitución:

a) Mediante la elaboración de anteproyectos de ley.
b) Mediante la aprobación de anteproyectos de ley.
c) Mediante la remisión de los proyectos de ley a las Cortes Generales.
d) Todas las respuestas anteriores son correctas.

933. A las Cortes Generales se remiten:

a) Los anteproyectos de ley.
b) Las leyes.
c) Los reglamentos.
d) Los proyectos de ley.

934. Los órganos de gobierno de las Comunidades Autónomas:

a) No tienen potestad de iniciativa legislativa.
b) Ejercerán la iniciativa legislativa en los términos establecidos por la Constitución y sus respectivos Estatutos de Autonomía.
c) Ejercerán la iniciativa legislativa según establezca la normativa autonómica.
d) Solo ejercerán la iniciativa legislativa de forma excepcional.

935. Podrá/n aprobar reales decretos-leyes:

a) El Parlamento Autonómico.
b) Las Cortes Generales.
c) El Senado.
d) El Gobierno de la Nación.

936. Podrá/n aprobar reales decretos legislativos:

a) El Parlamento Autonómico.
b) Las Cortes Generales.
c) El Senado.
d) El Gobierno de la Nación.

937. Podrá/n aprobar decretos-leyes:

a) El Parlamento Autonómico.
b) Las Cortes Generales.
c) El Gobierno Autonómico.
d) El Gobierno de la Nación.

938. Podrá aprobar decretos legislativos:

a) El Parlamento Autonómico.
b) El Gobierno Autonómico.
c) El Senado.
d) El Gobierno de la Nación.

939. El ejercicio de la potestad reglamentaria corresponde:

a) Al Parlamento.
b) A las Cortes Generales.
c) Al Gobierno de la Nación.
d) A los tribunales.

940. El ejercicio de la potestad reglamentaria corresponde:

a) Al Parlamento.
b) A las Cortes Generales.
c) Al Gobierno de las Comunidades Autónomas.
d) Al Senado.

941. Indica la respuesta incorrecta:

a) Los reglamentos no podrán vulnerar la Constitución.
b) Las disposiciones administrativas no podrán vulnerar las leyes.
c) Los reglamentos podrán contravenir las leyes.
d) Las disposiciones normativas no podrán vulnerar la Constitución.

942. Indica la respuesta incorrecta:

a) Los reglamentos no podrán vulnerar la Constitución.
b) Las disposiciones normativas no podrán vulnerar la Constitución.
c) Los reglamentos podrán regular Derechos Fundamentales.
d) Los reglamentos no podrán tipificar delitos.

943. Indica la respuesta correcta:

a) Por reglamento se pueden tipificar delitos.
b) Por reglamento se pueden tipificar faltas.
c) Por reglamento se pueden tipificar infracciones administrativas.
d) Por reglamento se pueden desarrollar leyes que regulen derechos fundamentales.

944. Indica la respuesta correcta:

a) Se podrán regular delitos por reglamento.
b) Se podrán establecer tributos por reglamento.
c) Se podrán establecer exacciones parafiscales por reglamento.
d) Se podrán establecer infracciones administrativas por ley.

945. Las disposiciones administrativas:

a) Siempre tienen carácter reglamentario.
b) No se deben ajustar al orden de jerarquía que establezcan las leyes.

c) No podrán vulnerar los preceptos de otra de rango superior.
d) No podrán vulnerar los preceptos de otra de igual rango.

946. Las Administraciones públicas actuarán de acuerdo con los principios de necesidad, eficacia, proporcionalidad, seguridad jurídica, transparencia, y eficiencia:

a) En el ejercicio de la iniciativa legislativa.
b) En el ejercicio de la potestad reglamentaria.
c) Solo en los supuestos en los que la ley lo establezca específicamente.
d) Son correctas las respuestas a) y b).

947. Quedará suficientemente justificada su adecuación al principio de necesidad, eficacia, proporcionalidad, seguridad jurídica, transparencia, y eficiencia en el caso de anteproyectos de ley:

a) En el primero de los artículos.
b) En la exposición de motivos.
c) En el preámbulo.
d) En las disposiciones transitorias.

948. Quedará suficientemente justificada su adecuación al principio de necesidad, eficacia, proporcionalidad, seguridad jurídica, transparencia, y eficiencia en el caso de proyectos de reglamento:

a) En el primero de los artículos.
b) En la exposición de motivos.
c) En el preámbulo.
d) En las disposiciones transitorias.

949. La iniciativa normativa debe estar justificada por una razón de interés general, basarse en una identificación clara de los fines perseguidos y ser el instrumento más adecuado para garantizar su consecución:

a) En virtud de los principios de necesidad y eficacia.
b) En virtud de los principios de proporcionalidad y transparencia.
c) En virtud de los principios de transparencia y seguridad jurídica.
d) En virtud de los principios de transparencia y eficacia.

950. La iniciativa que se proponga deberá contener la regulación imprescindible para atender la necesidad a cubrir con la norma, tras constatar que no existen otras medidas menos restrictivas de derechos, o que impongan menos obligaciones a los destinatarios:

a) En virtud de los principios de necesidad y eficacia.
b) En virtud del principio de proporcionalidad.

c) En virtud de los principios de transparencia y seguridad jurídica.
d) En virtud de los principios de transparencia y eficacia.

951. La iniciativa normativa se ejercerá de manera coherente con el resto del ordenamiento jurídico, nacional y de la Unión Europea, para generar un marco normativo estable, predecible, integrado, claro y de certidumbre, que facilite su conocimiento y comprensión y, en consecuencia, la actuación y toma de decisiones de las personas y empresas:

a) A fin de garantiza los principios de necesidad y eficacia.
b) A fin de garantizar el principio de seguridad jurídica.
c) A fin de garantizar los principios de transparencia y seguridad jurídica.
d) A fin de garantizar el principio de transparencia.

952. Cuando en materia de procedimiento administrativo la iniciativa normativa establezca trámites adicionales o distintos a los contemplados en esta ley:

a) Estos no estarán permitidos.
b) Estos deberán ser justificados atendiendo a la singularidad de la materia.
c) Estos deberán ser justificados atendiendo a los fines perseguidos por la propuesta.
d) Son correctas las respuestas b) y c).

953. Las habilitaciones para el desarrollo reglamentario de una ley serán conferidas:

a) Siempre y en todo caso al Gobierno de la Nación.
b) Con carácter general, al Gobierno o Consejo de Gobierno respectivo.
c) Al Parlamento de corresponda.
d) Al Congreso de los Diputados.

954. Indica la respuesta correcta:

a) La habilitación para el desarrollo reglamentario de una ley a los titulares de los departamentos ministeriales está contemplada de forma general en la ley.
b) La habilitación para el desarrollo reglamentario de una ley a los titulares de las Consejerías de Gobierno está contemplada de forma general en la ley.
c) La habilitación para el desarrollo reglamentario de una ley a los titulares de las Consejerías de Gobierno tendrá carácter excepcional y deberá justificarse en la ley habilitante.
d) La habilitación para el desarrollo reglamentario de una ley a otros órganos dependientes de las Consejerías de Gobierno está contemplada de forma general en la ley.

955. Indica la respuesta correcta:

a) Las leyes podrán habilitar directamente a Autoridades Independientes u otros organismos que tengan atribuida esta potestad para aprobar normas en desarrollo o aplicación de las mismas, cuando la naturaleza de la materia así lo exija.
b) Las leyes no podrán habilitar directamente a Autoridades Independientes u otros organismos que tengan atribuida esta potestad para aprobar normas en desarrollo o aplicación de las mismas, cuando la naturaleza de la materia así lo exija
c) Las leyes podrán habilitar directamente a Autoridades Independientes u otros organismos que tengan atribuida esta potestad para aprobar normas en desarrollo o aplicación de las mismas, siempre.
d) Las leyes podrán habilitar indirectamente a Autoridades Independientes u otros organismos que tengan atribuida esta potestad para aprobar normas en desarrollo o aplicación de las mismas, cuando lo crean pertinente.

956. Las Administraciones públicas posibilitarán el acceso sencillo, universal y actualizado a la normativa en vigor y los documentos propios de su proceso de elaboración:

a) En virtud del principio de proporcionalidad.
b) En virtud del principio de transparencia.
c) En virtud del principio de eficiencia.
d) En virtud del principio de seguridad jurídica.

957. Definirán claramente los objetivos de las iniciativas normativas y su justificación en el preámbulo o exposición de motivos; y posibilitarán que los potenciales destinatarios tengan una participación activa en la elaboración de las normas:

a) En virtud del principio de proporcionalidad.
b) En virtud del principio de transparencia.
c) En virtud del principio de eficiencia.
d) En virtud del principio de seguridad jurídica.

958. La iniciativa normativa debe evitar cargas administrativas innecesarias o accesorias:

a) En virtud de los principios de necesidad y eficacia.
b) En virtud del principio de proporcionalidad.
c) En virtud de los principios de transparencia y seguridad jurídica.
d) En virtud del principio de eficiencia.

959. La iniciativa normativa debe racionalizar, en su aplicación, la gestión de los recursos públicos:

a) En virtud de los principios de necesidad y eficacia.
b) En virtud del principio de proporcionalidad.

c) En virtud de los principios de transparencia y seguridad jurídica.

d) En virtud del principio de eficiencia.

960. Cuando la iniciativa normativa afecte a los gastos públicos presentes:

a) Se deberán cuantificar y valorar sus repercusiones y efectos, y supeditarse al cumplimiento de los principios de estabilidad presupuestaria y sostenibilidad financiera.

b) Se deberán valorar las cantidades con 15 días de antelación.

c) Se deberán valorar las cantidades con 20 días de antelación.

d) Se deben analizar los efectos derivados de los mismos.

961. Cuando la iniciativa normativa afecte a los gastos públicos futuros:

a) Se deberán cuantificar y valorar sus repercusiones y efectos, y supeditarse al cumplimiento de los principios de estabilidad presupuestaria y sostenibilidad financiera.

b) Se deberán valorar las cantidades con 15 días de antelación.

c) Se deberán valorar las cantidades con 20 días de antelación.

d) No es posible tomarla en consideración.

962. Cuando la iniciativa normativa afecte a los ingresos públicos presentes:

a) Se deberán cuantificar y valorar sus repercusiones y efectos, y supeditarse al cumplimiento de los principios de estabilidad presupuestaria y sostenibilidad financiera.

b) Se deberán valorar las cantidades con 15 días de antelación.

c) Se deberán valorar las cantidades con 20 días de antelación.

d) Se deben analizar con detalle y vinculación la cantidad a percibir.

963. Cuando la iniciativa normativa afecte a los ingresos públicos futuros:

a) Se deberán cuantificar y valorar sus repercusiones y efectos, y supeditarse al cumplimiento de los principios de estabilidad presupuestaria y sostenibilidad financiera.

b) Se deberán valorar las cantidades con 15 días de antelación.

c) Se deberán valorar las cantidades con 20 días de antelación.

d) Se deben analizar con detalle y vinculación la cantidad a percibir.

964. Las Administraciones Públicas revisarán periódicamente su normativa vigente:

a) Para adaptarla a los principios de buena regulación.

b) Para comprobar la medida en que las normas en vigor han conseguido los objetivos previstos.

c) Si estaba justificado y correctamente cuantificado el coste y las cargas impuestas en ellas.

d) Todas las respuestas anteriores son correctas.

965. El resultado de la evaluación sobre la normativa vigente:

a) Se plasmará en un informe que se hará público con el detalle, la periodicidad y por el órgano que determine la normativa reguladora de la Administración correspondiente.

b) Se plasmará en un informe que no se podrá hacer público.

c) Se plasmará en un informe que se hará privado, con el detalle, periodicidad y por el órgano que determine la normativa reguladora de la Administración correspondiente.

d) Se plasmarán en una nueva propuesta de ley.

966. Las Administraciones públicas:

a) Promoverán la aplicación de los principios de buena regulación y cooperarán para promocionar el análisis económico en la elaboración de las normas y, en particular, para evitar la introducción de restricciones injustificadas o desproporcionadas a la actividad económica.

b) Promoverán la aplicación de los principios de buena regulación y cooperarán para promocionar el análisis económico en la elaboración de las normas y, en particular, para evitar la introducción de restricciones justificadas o desproporcionadas a la actividad económica.

c) Promoverán la aplicación de los principios de buena regulación y cooperarán para promocionar el análisis económico en la elaboración de las normas y, en particular, para evitar la introducción de restricciones injustificadas o proporcionadas a la actividad económica.

d) Promoverán la aplicación de los principios de buena regulación y cooperarán para promocionar el análisis económico en la elaboración de las normas y, en particular, para evitar la introducción de restricciones justificadas o proporcionadas a la actividad económica.

967. Las normas con rango de ley:

a) No es necesario que se publiciten.

b) Deben publicarse en el diario oficial correspondiente para que entren en vigor y produzcan efectos jurídicos.

c) No es necesario que se publiquen para entrar en vigor, pero sí para que produzcan efectos jurídicos.

d) Es necesario que se publiquen para entrar en vigor, pero no para que produzcan efectos jurídicos.

968. Los reglamentos:

a) No es necesario que se publiciten.
b) Deben publicarse en el diario oficial correspondiente para que entren en vigor y produzcan efectos jurídicos.
c) No es necesario que se publiquen para entrar en vigor, pero sí para que produzcan efectos jurídicos.
d) Es necesario que se publiquen para entrar en vigor, pero no para que produzcan efectos jurídicos.

969. Las disposiciones administrativas:

a) No es necesario que se publiciten.
b) Deben publicarse en el diario oficial correspondiente para que entren en vigor y produzcan efectos jurídicos.
c) No es necesario que se publiquen para entrar en vigor, pero sí para que produzcan efectos jurídicos.
d) Es necesario que se publiquen para entrar en vigor, pero no para que produzcan efectos jurídicos.

970. La publicación de los diarios o boletines oficiales en las sedes electrónicas de la Administración:

a) No tendrá los mismos efectos que los atribuidos a su edición impresa.
b) Tendrá los mismos efectos que los atribuidos a su edición impresa.
c) Tendrá los mismos efectos que los atribuidos a su edición impresa si se refuerza con la publicación en la página web de la Administración.
d) Solo tendrá efectos si no se puede publicar en la versión impresa.

971. La publicación de los diarios o boletines oficiales en las sedes electrónicas del Organismo público:

a) No tendrá los mismos efectos que los atribuidos a su edición impresa.
b) Tendrá los mismos efectos que los atribuidos a su edición impresa.
c) Tendrá los mismos efectos que los atribuidos a su edición impresa si se refuerza con la publicación en la página web del Organismo público.
d) Solo tendrá efectos si no se puede publicar en la versión impresa.

972. La publicación de los diarios o boletines oficiales en las sedes electrónicas de la Entidad competente:

a) No tendrá los mismos efectos que los atribuidos a su edición impresa.
b) Tendrá los mismos efectos que los atribuidos a su edición impresa.

c) Tendrá los mismos efectos que los atribuidos a su edición impresa si se refuerza con la publicación en la página web de la Administración.
d) Solo tendrá efectos si no se puede publicar en la versión impresa.

973. La publicación del «Boletín Oficial del Estado» en la sede electrónica del Organismo competente:

a) No tendrá carácter oficial.
b) Tendrá carácter auténtico en las condiciones y con las garantías que se determinen reglamentariamente.
c) No tendrá carácter auténtico.
d) Tendrá carácter oficial y auténtico en las condiciones y con las garantías que se determinen reglamentariamente, derivándose de dicha publicación los efectos previstos en el título preliminar del Código Civil y en las restantes normas aplicables.

974. Las Administraciones públicas harán público un Plan Normativo que contendrá las iniciativas legales o reglamentarias que vayan a ser elevadas para su aprobación en el año siguiente:

a) Durante el mes de octubre.
b) Trimestralmente.
c) Semestralmente.
d) Anualmente.

975. El Plan Anual Normativo se publicará:

a) Una vez elaborado.
b) Una vez revisado.
c) Una vez aprobado.
d) A año vencido.

976. El Plan Anual Normativo se publicará:

a) En el Portal de la Transparencia de la Administración Pública correspondiente.
b) En el Portal General de la Administración Pública correspondiente.
c) En el Portal de la Eficacia de la Administración Pública correspondiente.
d) En el Portal de la Eficiencia de la Administración Pública correspondiente.

977. En la elaboración del proyecto de ley:

a) Se hará una consulta pública posterior a la elaboración.
b) Se hará una consulta pública anterior a la elaboración.
c) No se requiere de consulta pública.
d) Se establece la obligatoriedad de una consulta privada.

978. En la elaboración del anteproyecto de reglamento:

a) Se hará una consulta pública posterior a la elaboración.
b) Se hará una consulta pública anterior a la elaboración.
c) No se requiere de consulta pública.
d) Se establece la obligatoriedad de una consulta privada.

979. La consulta pública relativa a la elaboración del proyecto de ley se realizará:

a) En el Boletín Oficial del Estado.
b) En el Boletín o Diario que corresponda.
c) A través del portal web de la Administración competente en la que se recabará la opinión de los sujetos y de las organizaciones más representativas potencialmente afectados por la futura norma.
d) A través del portal web de la Administración competente en la que se recabará la opinión de cualquier interesado.

980. La consulta pública relativa a la elaboración del anteproyecto de reglamento se realizará:

a) En el Boletín Oficial del Estado.
b) En el Boletín o Diario que corresponda.
c) A través del portal web de la Administración competente en la que se recabará la opinión de los sujetos y de las organizaciones más representativas potencialmente afectados por la futura norma.
d) A través del portal web de la Administración competente en la que se recabará la opinión de cualquier interesado.

981. En el caso de la elaboración del proyecto de ley, a través del portal web de la Administración competente se recabará la opinión de los sujetos y de las organizaciones más representativas potencialmente afectados por la futura norma acerca de:

a) Los problemas que se pretenden solucionar con la iniciativa.
b) La necesidad y oportunidad de su aprobación.
c) Los objetivos de la norma.
d) Todas las respuestas anteriores son correctas.

982. En el caso de la elaboración del anteproyecto de reglamento, a través del portal web de la Administración competente se recabará la opinión de los sujetos y de las organizaciones más representativas potencialmente afectados por la futura norma acerca de:

a) Los problemas que se pretenden solucionar con la iniciativa.
b) La necesidad y oportunidad de su aprobación.
c) Los objetivos de la norma.
d) Todas las respuestas anteriores son correctas.

983. Cuando la norma afecte a los derechos e intereses legítimos de las personas:

a) Se requiere la publicación en el Boletín Oficial del Estado.
b) Será necesaria la consulta previa a la redacción del texto de la iniciativa y el centro directivo competente publicará el texto en el portal web correspondiente, con el objeto de dar audiencia a los ciudadanos afectados y recabar cuantas aportaciones adicionales puedan hacerse por otras personas o entidades.
c) Será obligatorio recabarse directamente la opinión de las organizaciones o asociaciones reconocidas por ley que agrupen o representen a las personas cuyos derechos o intereses legítimos se vieren afectados por la norma y cuyos fines guarden relación directa con su objeto.
d) Serán correctas las respuestas b) y c).

984. En la elaboración del proyecto de ley:

a) No se puede recabar la opinión de externos.
b) Podrá también recabarse directamente la opinión de las organizaciones o asociaciones reconocidas por ley que agrupen o representen a las personas cuyos derechos o intereses legítimos se vieren afectados por la norma y cuyos fines guarden relación directa con su objeto.
c) Podrá también recabarse indirectamente la opinión de las organizaciones o asociaciones reconocidas por ley que agrupen o representen a las personas cuyos derechos o intereses legítimos se vieren afectados por la norma y cuyos fines guarden relación directa con su objeto.
d) Podrá también recabarse directamente la opinión de cualquier interesado.

985. En la elaboración del anteproyecto de reglamento:

a) No se puede recabar la opinión de externos.
b) Podrá también recabarse directamente la opinión de las organizaciones o asociaciones reconocidas por ley que agrupen o representen a las personas cuyos derechos o intereses legítimos se vieren afectados por la norma y cuyos fines guarden relación directa con su objeto.
c) Podrá también recabarse indirectamente la opinión de las organizaciones o asociaciones reconocidas por ley que agrupen o representen a las personas cuyos derechos o intereses legítimos se vieren afectados por la norma y cuyos fines guarden relación directa con su objeto.
d) Podrá también recabarse directamente la opinión de cualquier interesado.

986. La consulta, audiencia e información públicas para la elaboración del proyecto de ley deberán realizarse de forma tal que los potenciales destinatarios de la norma y quienes realicen aportaciones sobre ella:

a) Se crean importantes.

b) Tengan la posibilidad de emitir su opinión.

c) Cuenten con los documentos necesarios, que serán claros, concisos y con toda la información precisa para poder pronunciarse sobre la materia.

d) Son correctas las respuestas b) y c).

987. La consulta, audiencia e información públicas para la elaboración del anteproyecto de reglamento deberán realizarse de forma tal que los potenciales destinatarios de la norma y quienes realicen aportaciones sobre ella:

a) Se crean importantes.

b) Tengan la posibilidad de emitir su opinión.

c) Cuenten con los documentos necesarios, que serán claros, concisos y con toda la información precisa para poder pronunciarse sobre la materia.

d) Son correctas las respuestas b) y c).

988. En el caso de normas presupuestarias del Estado:

a) También debe realizarse el trámite de consulta y audiencia pública.

b) Nunca podrá realizarse el trámite de consulta y audiencia pública.

c) Solo se podrá realizar el trámite de información pública.

d) Podrá prescindirse de los trámites de consulta, audiencia e información públicas.

989. En el caso de normas organizativas de la Administración General del Estado:

a) También debe realizarse el trámite de consulta y audiencia pública.

b) Nunca podrá realizarse el trámite de consulta y audiencia pública.

c) Solo se podrá realizar el trámite de información pública.

d) Podrá prescindirse de los trámites de consulta, audiencia e información públicas.

990. En el caso de normas organizativas de la Administración local:

a) También debe realizarse el trámite de consulta y audiencia pública.

b) Nunca podrá realizarse el trámite de consulta y audiencia pública.

c) Solo se podrá realizar el trámite de información pública.

d) Podrá prescindirse de los trámites de consulta, audiencia e información públicas.

991. En el caso de normas presupuestarias de la Administración local:

a) También debe realizarse el trámite de consulta y audiencia pública.

b) Nunca podrá realizarse el trámite de consulta y audiencia pública.

c) Solo se podrá realizar el trámite de información pública.

d) Podrá prescindirse de los trámites de consulta, audiencia e información públicas.

992. En el caso de normas presupuestarias de la Administración autonómica:

a) También debe realizarse el trámite de consulta y audiencia pública.

b) Nunca podrá realizarse el trámite de consulta y audiencia pública.

c) Solo se podrá realizar el trámite de información pública.

d) Podrá prescindirse de los trámites de consulta, audiencia e información públicas.

993. En el caso de normas organizativas de la Administración autonómica:

a) También debe realizarse el trámite de consulta y audiencia pública.

b) Nunca podrá realizarse el trámite de consulta y audiencia pública.

c) Solo se podrá realizar el trámite de información pública.

d) Podrá prescindirse de los trámites de consulta, audiencia e información públicas.

994. Podrá omitirse la consulta pública, cuando la propuesta normativa:

a) No tenga un impacto significativo en la actividad económica.

b) No imponga obligaciones relevantes a los destinatarios.

c) Regule aspectos parciales de una materia.

d) Todas las respuestas anteriores son correctas.

995. Los procedimientos administrativos regulados en leyes especiales por razón de la materia que no exijan alguno de los trámites previstos en esta ley o regulen trámites adicionales o distintos se regirán:

a) En todo caso, por las leyes especiales.

b) En todo caso, por la regulación general.

c) Respecto a estos, por lo dispuesto en dichas leyes especiales.

d) Excepcionalmente por leyes especiales.

996. Las actuaciones y procedimientos de aplicación de los tributos en materia tributaria y aduanera, así como su revisión en vía administrativa:

a) Se regirán por su normativa específica.
b) Excepcionalmente, se regirán por su normativa específica.
c) Siempre y en todo caso se regirán por la normativa general.
d) Se regirán por ambas de forma equitativa, por la específica y por la general.

997. Las actuaciones y procedimientos sancionadores en materia tributaria y aduanera, en el orden social, en materia de tráfico y seguridad vial y en materia de extranjería:

a) Se regirán por su normativa específica.
b) Excepcionalmente, se regirán por su normativa específica.
c) Siempre y en todo caso se regirán por la normativa general.
d) Se regirán por ambas de forma equitativa, por la específica y por la general.

998. Las actuaciones y procedimientos en materia de extranjería y asilo:

a) Se regirán por su normativa específica.
b) Excepcionalmente, se regirán por su normativa específica.
c) Siempre y en todo caso se regirán por la normativa general.
d) Se regirán por ambas de forma equitativa, por la específica y por la general.

999. Para cumplir con lo previsto en materia de registro electrónico de apoderamientos, registro electrónico, archivo electrónico único, plataforma de intermediación de datos y punto de acceso general electrónico de la Administración, las Comunidades Autónomas:

a) Podrán adherirse voluntariamente y a través de medios electrónicos a las plataformas y registros establecidos al efecto por la Administración General del Estado, pero si no lo hacen ni hay inconveniente.
b) Deberán adherirse forzosamente y a través de medios electrónicos a las plataformas y registros establecidos al efecto por la Administración General del Estado, pero si no lo hacen ni hay inconveniente.
c) Podrán adherirse voluntariamente y a través de medios electrónicos a las plataformas y registros establecidos al efecto por la Administración General del Estado, pero su no adhesión, deberá justificarse en términos de eficiencia.
d) Deberán adherirse forzosamente durante el año 2024.

1000. En el caso que una Comunidad Autónoma justifique ante el Ministerio de Hacienda y Administraciones Públicas que puede prestar el servicio de un modo más eficiente, de acuerdo con los criterios previstos en el párrafo anterior, y opte por mantener su propio registro o plataforma, las citadas Administraciones deberán garantizar que este cumple con los requisitos del:

a) Esquema Nacional de Interoperabilidad.
b) Esquema Nacional de Seguridad.
c) Esquema Nacional de Regularidad.
d) Son correctas las respuestas a) y b).

Soluciones

901. a)	911. b)	921. a)	931. a)	941. c)	951. b)	961. a)	971. b)	981. d)	991. d)
902. b)	912. b)	922. d)	932. d)	942. c)	952. d)	962. a)	972. b)	982. d)	992. d)
903. d)	913. c)	923. b)	933. d)	943. d)	953. b)	963. a)	973. d)	983. b)	993. d)
904. d)	914. d)	924. c)	934. b)	944. d)	954. c)	964. d)	974. d)	984. b)	994. d)
905. c)	915. d)	925. d)	935. d)	945. c)	955. a)	965. a)	975. c)	985. b)	995. c)
906. d)	916. c)	926. c)	936. d)	946. d)	956. b)	966. a)	976. a)	986. d)	996. a)
907. b)	917. a)	927. b)	937. c)	947. b)	957. b)	967. b)	977. b)	987. d)	997. a)
908. b)	918. a)	928. b)	938. c)	948. c)	958. d)	968. b)	978. b)	988. d)	998. a)
909. a)	919. d)	929. c)	939. c)	949. a)	959. d)	969. b)	979. c)	989. d)	999. c)
910. d)	920. c)	930. b)	940. c)	950. b)	960. a)	970. b)	980. c)	990. d)	1000. d)

Cómo acceder al Curso

Test para oposiciones sobre la Ley 39/2015, de 1 de octubre, del Procedimiento Administrativo Común (1.000 preguntas de examen)
30 días gratis 1.000 test online Ley 40/2015

El uso de los códigos **es exclusivo de los compradores de los productos de Editorial MAD**. Cada producto posee un código único y de un solo uso. Es personal e intransferible y da acceso a servicios y contenidos adicionales. Editorial MAD se reserva el derecho de hacer cuantas comprobaciones sean necesarias para identificar al legítimo poseedor del código y dejar de dar servicio a quien haga uso fraudulento del mismo, además de emprender cuantas acciones legales estime oportunas según la legislación vigente.

Deberás acceder a:

mad.es/registro-campus

Si una vez aceptadas las condiciones de uso del Campus decides hacer uso del mismo, necesitarás del siguiente código de acceso junto con los códigos del resto de títulos que se exigen (si fuera el caso):

T58X6VHBFM